Doppiaggio & Doppiaggi

Doppiaggio, voci, cinema, televisione, spettacolo, festival, personaggi, retroscena e molto altro.

Tiziana Voarino

Doppiaggio & Doppiaggi

Doppiaggio, voci, cinema, televisione, spettacolo, festival, personaggi, retroscena e molto altro

di Tiziana Voarino

Editing e impaginazione: Valentina Foti, Chiara Pastorino, Ferdinando Buschetti e Fabio Montobbio

Grafica copertina: MontobbioDesign.it

Prima edizione, dicembre 2020

Tutti i diritti riservati

©Tiziana Voarino

Via Nizza 1/20, 17100 Savona

www.vocinellombra.com

Sommario

Doppiaggio & Doppiaggi	1
Introduzione	7
Capitolo 1	9
Monografia	12
Doppiaggio sì, doppiaggio no: la polemica infinita	17
Le voci dei maestri	19
Il doppiaggio e i suoi vizi	21
Giuseppe Rinaldi: l'ultimo dei Mohicani	23
La physique de la voix	25
La voce dei professionisti	28
Un esempio di buon doppiaggio	36
Harry Potter, un'elevata posta in gioco	40
Il Noir a Courmayeur	43
Ocean's Eleven - Fate il vostro gioco	45
Signori e signore degli anelli	47
Un plotone di voci	51
Almodóvar e Altman, alta professionalità	54
Voci e animazione	57
Nella tela degli effetti speciali	59
Le voci che verranno: dalla 59ª Mostra del Cinema di Venezia	61
Suoni di Francia	63
Echi da un adulterio	66
Speciale: Alberto Sordi e il doppiaggio	68
Delicatezze norvegesi in italiano: *Elling*	73
Stagioni calde per i doppiatori	75
"A Bordighera c'è il sole anche di sera..."	77
Londra da star male: il doppiaggio di *28 giorni dopo*	80
Prendimi l'anima, i toni del sentimento	82
Alla ricerca... delle voci perfette	84

Prima ti sposo poi ti rovino	87
La giuria	90
Giulio II: protagonista in teatro di un pezzo di storia	92
La sonorità del Sol Levante	93
Voci per emozionare: *Big Fish*	96
Il doppiaggio del film *Luther*	98
Adattamento e sottotitoli ne *La Passione di Cristo* di Gibson	100
Doppiaggio. Leggii d'oro	102

Capitolo 2 — 103

Troy, voci da eroi	104
Incredibili animatori di cartoni	107
The Aviator: un volo di vent'anni per la voce italiana di Di Caprio	110
Il codice da Vinci, un doppiaggio nel rispetto delle scelte registiche	112
Un clima da dittatura con un doppiaggio che rispetta la censura	115

Capitolo 3 — 117

Speciale: Tango Argentino	118
Buenos Aires. Il cuore dell'Argentina	119
Richiamo magico di amore e di cadenza	121
Conversazioni sul tango argentino	123
Come la vita: Pedro Monteleone	125
A Fivizzano, Tango World	127
Tra una "televisione colonizzata" e una televisione indipendente	129
Riflessi di Genova nella voce	134
Nando Gazzolo: "L'arte della voce, la voce come arte"	140

Capitolo 4 — 143

- Mario Paolinelli — 145
- Il doppiaggio del film *Genius* — 147
- Il doppiaggio del film *Sully* — 152
- Il doppiaggio di *Silence* — 156
- *La La Land* — 160
- *Un secolo al volo* — 164
- *The Circle* — 167
- *Bohemian Rhapsody*: rapsodia del doppiaggio — 170
- *The Old Man & the Gun* — 173
- *Il Corriere - The Mule* — 176
- Documentari, un genere sottovalutato — 179
- Stanlio e Ollio — 182
- Il doppiaggio di *Joker* — 186
- *Sorry we missed you* di Ken Loach — 189
- Festival di Sanremo 2020 — 192
- *Parasite* — 197
- Il doppiaggio non si arrende — 201
- Che ne sarà dei nostri festival? — 206
- Il Clint Eastwood italiano — 209
- *La Belle Époque* — 211
- Immagini da film, realtà per il nostro futuro — 214
- *Imprevisti digitali* — 224

Capitolo 5 — 227

- Anelli d'Oro: Oscar per voci da star — 230
- Dalle *Voci nell'Ombra* alle *Voci di Cartoonia* — 235
- La Settima edizione di *Voci nell'Ombra* — 239
- L'ottava edizione di *Voci nell'Ombra* — 242
- La nona edizione di *Voci nell'Ombra* — 245
- La tredicesima edizione di *Voci nell'Ombra* — 248
- Excursus. Un decennale da ricordare per *Voci nell'Ombra* — 251
- Un festival che resiste e giunge alla XVII edizione — 284

Le Voci di Cartoonia tornano — 286
Voci nell'Ombra: XVIII edizione — 289
Da diciannove anni, *Voci* dei doppiatori fuori dall'*Ombra* — 292
Voci nell'Ombra: un ventennale che inizia con il lancio alla Mostra del Cinema di Venezia — 296
Voci nell'Ombra 2019 — 300

Appendici — 303
   1 Convegno internazionale — 304
   2 La storia e la presentazione integrale del Festival — 326
   3 Presentazione integrale del ventennale — 332
   4 Il sito del Festival — 336

Riferimenti e sitografia — 340

Biografia — 341

Introduzione

Il libro è un insieme di speciali che ho curato e articoli che ho pubblicato: più che per recensire, l'intento era dare informazioni, far capire e far sapere di più, rendere meno sconosciuto il potere evocativo della voce, profondamente vicina all'animo, e del doppiaggio. Solo negli speciali sono presenti altre testimonianze dirette, che portano la firma degli autori.

Ci si ritrova immersi in immagini e scene dal sapore immediato di cinema e televisione, di teatro e spettacolo. Il libro avvolge in una panoramica del dietro le quinte del doppiaggio e ci fa stare sospesi tra le "controfigure sonore" italiane e non solo. La colonna sonora del libro sono le voci italiane del passato e del presente. Si legge di moltissimi professionisti del doppiaggio: doppiatori, direttori, adattatori, assistenti e fonici. Non mancano i festival di *Voci nell'Ombra* con i loro premi ed edizioni. Si rintracciano anche altre rassegne e forme di spettacolo.

Si parte dagli articoli stesi più in là nel tempo per il mensile *Primafila*, che ospitò la prima rubrica fissa di doppiaggio sulla carta stampata. Qui addirittura il direttore Nuccio Messina permise di inserire alcuni box con i crediti del lavoro di trasposizione. Poi, si passa ai pezzi di quella che da *Primafila* divenne, per esigenze di pubblicazione, *In Scena*. Seguono una serie di articoli apparsi su vari periodici, tra cui *Film Doc*, per approdare all'attuale *Diari di Cineclub*. Non manca di seguito la parte redazionale sul Festival *Voci nell'Ombra* e le produzioni a esso collegate. Anche l'ambiente e la sostenibilità riscontrano la loro "voce". In fondo si trovano delle appendici integrali, di approfondimento. Molte immagini sono tratte dall' archivio fotografico di *Voci nell'Ombra*.

Un lavoro minuzioso di conservazione, raccolta e riedizione per permettere di entrare nel mondo della voce e di quella professione che prima era nell'ombra. Ora il doppiaggio e i doppiatori sono conosciuti, sono stelle a cui sono dedicate trasmissioni radiofoniche e televisive. Il libro trascina in prima fila a scoprire pezzi di storia, chicche e qualche segreto della lavorazione che, con grande maestria, fa parlare in italiano le star di Hollywood e gli attori internazionali.

Rumorista al lavoro in uno studio di doppiaggio

Mensile di spettacolo
Direttore - Nuccio Messina
Coordinamento Cinema - Angelo Pizzuto

Monografia
La voce nell'ombra

Marzo 2002

Una colonna internazionale, costituita da musica ed effetti della copia originale del film, a cui è aggiunta, meglio dire mixata, la colonna o le colonne dialoghi con le voci italiane degli attori stranieri: questo è il doppiaggio.

Difficile da definire. Necessità, arte, mestiere, sicuramente un percorso complesso e sfaccettato che si deve confrontare con gli ostacoli della trasposizione, destinato fin dai suoi esordi a incappare in impedimenti, manipolazioni e polemiche, periodi di splendore e momenti bui. Più o meno amato, più o meno odiato, per molto tempo dimenticato, relegato nella memoria di pochi appassionati e nel paziente lavoro dei vari professionisti artigiani chiusi nelle oscure ed ermetiche sale d'incisione. Ed ora…

Pezzi di storia

Una serata al cinema in una città d'Italia alla fine degli anni Venti del Novecento. Sullo schermo scorre un film in bianco e nero, muto, proiettato con l'accompagnamento di un'orchestrina. Bastava un pianoforte per lo spettacolo del pomeriggio, ma il commento musicale non doveva mancare, era fondamentale nel periodo pre-sonoro. E fu l'inizio di tutto.

Poi furono creati i macchinari capaci di riprodurre alcuni rumori, come il rombo degli aeroplani, le raffiche di mitragliatrice. Questi apparecchi cominciarono a essere presenti nelle sale cinematografiche. *La grande parata* fu il primo esempio di amalgama di immagini e rumori. Fu, in seguito, la volta delle canzoni composte ad hoc, interpretate dal cantante dal vivo, sotto il grande schermo. Il passaggio al sonoro era imminente. Il primo film sonoro, *Il cantante di jazz*, fu presentato a Roma il 19 aprile 1929, a un anno e mezzo di distanza della prima mondiale di New York. Nel frattempo, in Italia, si continuava a presentare le pellicole in edizioni mute. Si sperimentò anche l'accoppiata macchina di proiezione e grammofono per i dischi. Apparvero le didascalie, colpevoli di aver creato i cosiddetti film "letti", per la grande quantità di parole che affollavano le inquadrature. A incrementare il ritardo nel processo di metabolizzazione del sonoro in Italia, che si completerà solo nel 1938, intervenne pure il divieto, nell'ottobre del 1930, di usare parole straniere, pena il taglio della scena.

L'impasse della cinematografia pose in crisi le major americane che tentarono la via delle versioni plurime dello stesso film; famosi gli studi francesi di Joinville dove girava la Paramount.

Per le edizioni italiane scelsero attori italoamericani con evidente accento dovuto ai molti anni di permanenza in America. L'esasperazione di tale particolarità linguistica creò il caso Laurel & Hardy/Stanlio e Ollio. I costi esorbitanti e insostenibili necessari per produrre una stessa pellicola in almeno cinque lingue (lo stesso film era girato con cast diversi in francese, spagnolo, tedesco e italiano oltre che in inglese) spalancarono la porta al miracolo del "doppiato". Inizialmente il doppiaggio, nel 1930-31 era eseguito in America con direttori artistici e attori italiani, scritturati in Italia o di passaggio in America. Nel 1933 un Decreto Regio impose la circolazione solo di pellicole doppiate in Italia e le case cinematografiche americane dovettero adattarsi all'attività della Cines-Pittaluga italiana, con direzione artistica del regista Mario Almirante, nata nel 1932.

Fu così che emersero le voci dei pionieri del doppiaggio: Andreina Pagnani, Tina Lattanzi, Gero Zambuto, Olinto Cristina. Essi divennero ben presto i protagonisti della grande stagione a cui condussero il doppiaggio italiano insieme a Emilio Cigoli, Rina Morelli, Giulio Panicali, Lauro Gazzolo, Carlo Romano, Lydia Simoneschi, Gualtiero De Angelis e molte altre indimenticabili voci. Il settore godette anche di un ampio interesse da parte dei critici che non tralasciavano di esprimere pareri favorevoli, o contrari, alla qualità della versione italiana nelle loro recensioni. Sopraggiunse il conflitto mondiale e inevitabilmente si chiuse l'epoca d'oro. Si tornò a doppiare negli Stati Uniti in attesa della lenta ripresa post-bellica in cui molti degli attori doppiatori si uniranno nella Cooperativa Doppiatori Cinematografici, la CDC, in piena attività ancor oggi con il nome di CDC Sefit Group. Essa annovera le voci celebri dei divi e delle dive di Hollywood.

Negli anni Quaranta e soprattutto Cinquanta il sincronismo sistematicamente applicato anche ai film nazionali, girati senza utilizzare la presa diretta, originò la piaga delle voci in prestito: visi di attori italiani che ci "ingannavano" con performance verbali appartenenti ad altri.

Il prorompente ingresso del piccolo schermo nella nostra quotidianità ha ampliato la domanda della committenza in termini di prodotto doppiato, ma ha generato anche una situazione di abbassamento della qualità, soprattutto con l'avvento delle televisioni private e l'infarcimento dei palinsesti con innumerevoli telefilm e serialità a lunga durata. Le società di doppiaggio hanno dovuto affrontare la richiesta di lavorazione in tempi brevissimi e a basso costo, con conseguente peggioramento degli standard qualitativi.

La varietà dei prodotti audiovisivi per cui è necessario il doppiaggio si è dilatata, mentre si è compressa negli ultimi anni, con l'incedere della fiction indigena, la domanda generale. Il livello è ormai tale da rendere precaria l'esistenza delle piccole società che si occupano di post-produzione, per usare il termine più attuale. In passato Clark Gable, Yul Brynner, John Wayne, Gregory Peck, Charlton Heston ci parlavano dallo schermo con la stessa voce, quella di Emilio Cigoli.

Oggi, dopo la scomparsa di Amendola riconoscibile dietro i volti di De Niro e Sylvester Stallone, ci rammarichiamo, al contrario, che gli attori siano sempre meno identificabili dalle voci dei loro doppiatori. Cambiano spesso per ogni film, tranne in rari casi.

Tiziana Voarino

Rina Morelli

Doppiaggio sì, doppiaggio no: la polemica infinita

Vita impossibile del signor Clark Costa, figura virtuale, composta dal volto di Clark Gable e dalla voce di Romolo Costa, l'attore italiano chiamato a doppiarlo, era il titolo di un articolo di Michelangelo Antonioni, pubblicato verso la fine del 1940 sulla rivista *Cinema*, decisamente contrario alla pratica del doppiaggio. Lo era per motivi estetici, e – sotto sotto – anche politici, poiché il doppiaggio in Italia non era una pratica facoltativa, ma obbligatoria. Il governo fascista, infatti, l'aveva imposta sin dal 1930, al fine di impedire che il cinema italiano "si mutasse in un diffusore e propagatore di lingue straniere" (testuale, da un editoriale di una rivista ufficiale dell'epoca). Ma nel 1940 il consenso al regime non era più unanime come dieci anni prima. Tra le righe – e non solo tra le righe – delle più autorevoli pubblicazioni culturali si potevano già individuare le avvisaglie di sia un pur timido dissenso. Ragione per cui, travolto il fascismo, si poteva prevedere che la pratica del doppiaggio sarebbe stata ridimensionata. Invece il cinema italiano del dopoguerra, ritrovatosi con gli impianti tecnici distrutti o razziati, fu costretto a doppiare anche i propri film, che erano girati con una semplice colonna guida o, addirittura, muti, come fu il caso di *Roma città aperta*. La presa diretta venne perciò abbandonata e rimase inutilizzata anche quando gli studi ripresero a funzionare a pieno regime. Germi preferiva scindere la dizione dalla espressione, concentrandosi sull'una e sull'altra in due tempi diversi. Fellini faceva recitare ai suoi attori, professionisti e non, la tavola pitagorica. Tanto, diceva, al doppiaggio si aggiusta tutto. Intanto i film stranieri continuavano a essere presentati doppiati; i sottotitoli erano una pratica ignorata. Con grande disappunto di Antonioni ma con la soddisfazione di Pasolini, il quale tra i due possibili mali, il doppiaggio e i sottotitoli, considerava il doppiaggio il male minore. Meglio perdere la voce originale dell'attore, diceva che costringere lo spettatore a leggere i sottotitoli, spezzando così il ritmo delle immagini. Una polemica che non finirà mai, se le società di distribuzione e le sale non si decideranno a presentare i film sia doppiati che sottotitolati, lasciando agli spettatori la scelta.

Callisto Cosulich

Le voci dei maestri

Quando Chistian Metz catalogò le materie sonore dell'espressione filmica, ossia la musica, la parola parlata, i rumori d'ambiente, avrebbe dovuto tenere in maggior conto il doppiaggio. La voce del doppiatore entra nell'impasto sonoro con un'autorevolezza e con effetti di cui i registi più esigenti sono ben consapevoli. Bastano a dimostrarlo, per quanto riguarda il cinema italiano, gli esempi di Federico Fellini e Pier Paolo Pasolini.

Il primo si affidò sì alle più accreditate cooperative (la ODI, la CDI, la SAS, da *Roma* in poi la CVD di Oreste Lionello), ma supervisionò sempre con la massima attenzione il doppiaggio dei propri film. Però non mancano aneddoti curiosi: come la scelta di affidare la voce di Bhishma la veggente, in *Giulietta degli spiriti*, all'imitatore Alighiero Noschese, o quella di costituire un pool di doppiatori appartenenti a organizzazioni diverse (Rita Savagnone, Massimo Turci, Carlo Croccolo, Corrado Gaipa, Gianni Giuliano) per *Satyricon*. Più vario ancora il caso di Pier Paolo Pasolini.

All'inizio il regista si servì delle cooperative ortodosse, con una predilezione per la CDI (*Accattone, Uccellacci e uccellini, Teorema, La ricotta*). In seguito, il fascino che provava per il doppiaggio – «conferisce» diceva «un sovrappiù di mistero al film» – si concretizzò in una serie di elaborazioni sperimentali, in nome del "rifiuto del naturale" e della "propensione per il pastiche" in cui egli stesso si riconosceva. Alla *Trilogia della vita* si prestarono come doppiatori attori celebri, dalle voci inconfondibili: come Eduardo De Filippo doppiando un vecchio in *I racconti di Canterbury*, e Laura Betti. A volte Pasolini usò amici intellettuali, quali Giorgio Bassani e Dario Bellezza. In altri casi della *Trilogia* ricorse a gente comune, dal marcato accento dialettale, per rendere l'eloquio arcaico di terre e di tempi lontani.

Roberto Nepoti

Il doppiaggio e i suoi vizi

È praticamente impossibile riassumere in poche righe meriti e demeriti del doppiaggio italiano. Vale a dire di un meccanismo di adattamento e di funzionamento che in Italia condiziona in modo definitivo, dall'avvento del sonoro ad oggi, il modo di conoscere, vedere, giudicare il cinema da parte di milioni di spettatori. I quali solo adesso, attraverso alcune reti satellitari, cominciano a imbattersi in maniera meno casuale e più sistematica nella proiezione di film stranieri in copie sottotitolate, prima d'ora riservate alle visioni elitarie dei festival internazionali e nei locali specializzati; ma non è il caso di ridestare qui insane "querelle" come l'antica polemica fra doppiaggio e sottotitolazione.

Sarà sufficiente ricordare che il doppiaggio, ove venga praticato senza il dovuto rispetto della deontologia professionale – purtroppo accade – può portare a storture d'ogni genere. Fra le minori, la sistematica violazione del significato di alcune parole. Per esempio, in molti western del tempo andato, la traduzione con la parola "sceriffo" sia di *sheriff* che di *marshal* probabilmente perché in questo secondo caso il letterale "maresciallo" sembrava poco adatto a un'ambiente americano e, comunque, tale da far pensare ai carabinieri di casa nostra (la differenza sta nel fatto che quella di "sceriffo" è una carica elettiva mentre il *marshal* è in ogni caso un dipendente federale, per l'esattezza un U.S. *marshal* con cammino professionale e competenze assai diverse). Altrettanto dicasi di "football", nel senso di *American football*, tradotto per decenni con "rugby", fra la legittima indignazione dei cultori delle diverse specialità della palla ovale. Per non parlare del modo fantasista con cui sono generalmente adattati in italiano i gradi dell'aviazione militare inglese e delle marine militari sia inglese che, soprattutto, americana. Per quel che riguarda i primi basterà dire che "maggiore" (*squadron leader*) è tradotto con "capo squadrone", che "tenente colonnello" (*wing commander*) è dato come "comandante d'ala" e che "colonnello" diventa "capitano di gruppo" (*group captain*), naturalmente col risultato che nessun italiano, salvo uno specialista di gradi, può capirci qualcosa. Ben più gravi naturalmente sono i casi in cui il doppiaggio sposta di luogo, di tempo e di motivazioni un intero film. È il caso, per fare un solo esempio, di *L'incubo dei Mau Mau* (*The Heart of the Matter*, 1953) di George More O'Ferrall, da Graham Greene, in cui tutto è falsificato: luogo, anno di svolgimento, motivazione finale, grazie a un dialogo che cerca di spostare in avanti di dieci anni la vicenda. Per non far cenno di film dove nell'originale si parlano almeno due lingue mentre nella versione italiana tutto è doppiato solo nella nostra lingua, con risultati ora paradossali ora apertamente comici. Qui il discorso si farebbe enorme e lo taglio subito.

A conclusione mi limito a rievocare una curiosa bizzarria segnalatami dall'amico Piero Pruzzo: nella versione ridoppiata negli anni Ottanta da Raitre del delizioso *Lettere da una sconosciuta* di Max Ophüls, tratto da un racconto di Stefan Zweig, in una battuta in cui si parla di vini italiani l'originale "Valpolicella" è adattato con "Bardolino", non si sa se per ragioni di spazio (quattro sillabe invece di cinque) o per polemica enologica. Credo, non lo sapremo mai.

Claudio G.Fava

Giuseppe Rinaldi: l'ultimo dei Mohicani

La figura di Giuseppe Rinaldi sta al doppiaggio italiano come Dario Fo sta al teatro. Qualcosa che attraversa i decenni e le mode e che si afferma come un punto di riferimento fondamentale per quanti amano quello strano mestiere che è fare il doppiatore. Ho avuto modo di conversare recentemente con Rinaldi. Attraverso la cornetta del telefono mi parlavano tutti i miei eroi con una voce ancora incredibilmente bella e intensa. Era Paul Newman che sollevava le braccia in *Detective Harper* o Steve McQueen che cerca di fuggire dal campo di prigionia ne *La grande fuga* o il mercante Steiger de *L'uomo del banco dei pegni* o Charles Bronson con la sua armonica nel capolavoro di Leone *C'era una volta il West*. Ma era anche il William Holden che corteggia *Sabrina*, Jack Lemmon, Richard Burton Rock Hudson, Peter Sellers e mille altri. Forse tutti non se li ricorda più nemmeno lui e certamente sono più di mille.

In occasione della V edizione del Festival del Doppiaggio *Voci nell'Ombra* abbiamo premiato Rinaldi per il suo contributo al mondo del doppiaggio con la Targa dedicata a un altro "monumento" del doppiaggio nazionale: Gualtiero De Angelis. Lui era assente per motivi di salute e la targa è stata ritirata dalla moglie Maria Pia Casilio e dal figlio Massimo. Ma un premio, per quanto sentito e sincero, è poco per raccontare il ruolo che Rinaldi ha avuto nel cinema del dopoguerra.

Anche adesso esistono voci formidabili e piene di fascino, ma c'è qualcosa nel timbro di Rinaldi che rende la sua interpretazione unica e irripetibile. Forse perché il cinema che lui raccontava appartiene a una dimensione sottilmente epica, fatta di storie e non di effetti speciali, fatta di divi e non di corpi sudati. Dove il gesto non aveva bisogno di essere eccessivo e dove la parola aveva un senso preciso e compiuto. Cioè un cinema che è diventato marginale e confinato in una riserva.

Quindi Rinaldi è veramente l'*Ultimo dei Mohicani*, testimone di un doppiaggio che sicuramente ha mutato strada e dinamiche progettuali, forse ha perso anche fascino e profondità. Ma questa è solo nostalgia, probabilmente. Rinaldi è semplicemente una delle più belle voci che il doppiaggio abbia mai avuto. Una voce piena, densa, capace di appiccicarsi come una seconda pelle ai principali attori americani del dopoguerra sino agli anni Settanta. Lo ricordiamo anche doppiatore di molti attori italiani come Renato Salvatori.

Anche la sua vita è stata intensa. Una carriera di attore legata a ruoli marginali – si pensi che in un film del 1941, *La bocca sulla strada*, Rinaldi è addirittura doppiato da Stefano Sibaldi – tre matrimoni e tre figli, due dei quali sono doppiatori e una attrice. Ma è il doppiaggio che lo rende unico, indimenticabile. Qualcosa che rimarrà per sempre scolpito nella storia del cinema.

Bruno Paolo Astori

Giuseppe Rinaldi

Parafrasando un maestro come Roberto De Monticelli, devo dire subito che la mia educazione – sentimentale e professionale – al cinema e al teatro, iniziata per svariate ragioni sin dall'infanzia, ha nutrito verso il doppiaggio una sorta di ammirazione mista a timore reverenziale. A mio agio sia nel buio dei cinema rionali, sia tra le quinte del vecchio "Don Bosco" e "Angelo Musco", in quel di Catania, avvertivo "le voci interiori" di quegli interpreti non italiani come una sorta di porticina segreta, misteriosa, impenetrabile.

Teoricamente sapevo benissimo cosa fosse il doppiaggio, in pratica immaginavo la saletta di registrazione come un antro delle meraviglie, una segreta di alambicchi vocali e fantasmi jamesiani. Solo in età matura ho conosciuto, tramite amici come Gullotta, Cortesi, Zambuto, cosa fosse in realtà quel laboratorio, quel mestiere affascinante e forzato che consiste nel trascorrere ore e ore a produrre "anelli", a non sforare nel labiale, a sincronizzare le proprie note vocali su quelle dell'attore-guida che indifferente "scorre" su uno schermo poco più grande di una vecchia moviola. "Che mestieraccio" ho pensato, ma anche "come sarebbe bello provarci!". E ancora: non basta essere un buon attore per essere un buon doppiatore. Tecnica e sentimento, solerzia e professionalità rendono in qualche misura "coatto" e gratificante il lavoro del doppiatore. Coatto perché costretto a "non diluire" le battute, così come avverrebbe a teatro o nel cinema in presa diretta, viceversa "al servizio" dei tempi e delle brevi pause dell'attore o dell'attrice straniera. Gratificante perché capace di affermare quella che, per neologismo, vorrei definire *la physique de la voix* – non secondaria alla *physique du rôle* di stampo naturalista. Occorrerebbe tanto più spazio per inoltrarsi in queste riflessioni.

Colgo invece l'occasione per focalizzare due o tre riflessioni. In primo luogo rafforzare, nero su bianco, l'istanza che da qualche tempo agita l'umanità dei doppiatori: ovvero il diritto, da sancire per vie sindacali e legali – in attesa della nuova legge sul cinema. Campa cavallo! – di vedersi attribuiti dei loro nomi e cognomi a fianco dei vari interpreti dei film, sin dallo scorrere dei titoli di testa, considerando quelli di coda del tutto superflui, non qualificati, talvolta nemmeno proiettati. E ancora l'opportunità di affidare l'apprendimento del doppiaggio non tanto alla casualità o alla gavetta dell'attore o dell'attrice, per non parlare delle improvvise e talvolta truffaldine "scuole private" di avviamento, quanto agli statuti, anch'essi da rivedere, delle due più importanti, o almeno istituzionali, scuole nazionali di spettacolo: l'Accademia di Arte Drammatica e l'ex Centro Sperimentale di Cinematografia. Un ultimo sommesso consiglio: è bene che attori e attrici prevalentemente operativi "nell'ombra" imparino a venire allo scoperto; affranchino sé stessi dalla diffusa ed errata opinione che "darsi al doppiaggio" sia un'alternativa alimentare dell'attore senza scritture o intorpidito dalla routine della suddetta camera oscura. È giunto il tempo che "le voci di dentro" (fior di interpreti che non tocca a noi citare) escano dal loro "ghetto" nemmeno poi tanto dorato; che – d'intesa con tecnici e direttori di doppiaggio – giungano alla ribalta di iniziative ove l'abbinamento, sostanzialmente estetico, di *physique du rôle* e *physique de la voix* non debba essere né una limitazione né una sorgente di timidezza. Giù l'invisibile maschera, e tanti auguri di cuore.

Angelo Pizzuto

Oreste Lionello premiato nel 2000 da *Voci nell'Ombra*, doppiatore di Woody Allen, nella foto con Natasha Lyonne in *Tutti dicono I love you*

La voce dei professionisti

Il dialoghista

Quando tento di spiegare a qualcuno che lavoro faccio, la reazione è sempre la stessa: "Ah, ho capito: traduci i film!". In effetti è la verità, ma il lavoro dell'adattatore dialoghista va, per forza di cose, ben oltre a quello della traduzione così come viene comunemente intesa. Si tratta di una minuziosa riscrittura dei dialoghi di un film nella quale si deve tenere conto non solo del sincronismo ritmico e labiale, ostacolo che già di per sé condiziona le soluzioni creative del dialoghista, ma di un'infinita quantità di elementi. Ogni battuta deve essere restituita allo spettatore con chiarezza e immediatezza mantenendo, ovviamente, il senso originale, ma anche il tipo di linguaggio del personaggio che la pronuncia, linguaggio che, a sua volta, deve essere adeguato al contesto storico, culturale, sociale, ambientale del film e alle scelte stilistiche del suo regista e del suo sceneggiatore.

Mary Pellegatta, dialoghista AIDAC (Associazione Italiana Adattatori Dialoghisti Cinetelevisivi)

Il direttore di doppiaggio

Chi è il direttore del doppiaggio? Si potrebbe rispondere: è l'ultimo anello di una lunga catena che parte dalla progettazione, passa attraverso la realizzazione e finisce con l'edizione di un'opera cinematografica; oppure che è una specie di "regista del suono". Io preferisco affermare che è "un traditore" che si sforza il più possibile di essere onesto. Mi spiego: per me il doppiaggio è comunque un "tradimento", come del resto tutte le traduzioni di opere letterarie. Si può mai restituire lo spirito originario di un'opera in una lingua che non è quella originaria? Si tratta di "tradire" nel modo più onesto possibile, senza nulla togliere alla fantasia e alla creatività. Non è facile. L'atteggiamento con cui mi avvicino a un film, quando devo visionarlo in lingua originale per realizzarne il doppiaggio, è quello di un grandissimo rispetto per il significato, lo stile, il linguaggio e un'estrema attenzione del percorso compiuto dal regista, dagli interpreti e da tutti i realizzatori dell'opera per cercare di seguirlo pienamente. Cerco di mettermi al servizio di chi ha lavorato su un'opera tanto a lungo per restituirne nella nostra lingua le emozioni del cuore e del pensiero.

Ludovica Modugno, direttrice di doppiaggio

Una doppiatrice

Doppiare è, a mio giudizio, uno dei lavori più interessanti e divertenti che si possano fare. In questo senso mi ritengo una persona molto fortunata perché è il mio lavoro da più di vent'anni e le soddisfazioni che ne ho potuto ricavare, a tutti i livelli, non si contano. Si diventa doppiatori attraverso molte strade. Tantissimi hanno cominciato da bambini perché figli, parenti o amici di doppiatori, altri sono arrivati al doppiaggio in quanto attori professionisti e il doppiaggio è una delle "specializzazioni" del mestiere dell'attore. Ci sono anche casi di semplici appassionati, o malati, di doppiaggio che sono mossi da un grandissimo desiderio e da una passione infinita.

La base fondamentale per fare questo lavoro è avere talento nella recitazione, tutto il resto viene con il tempo e l'esperienza. Nel doppiaggio si deve infatti imparare una tecnica. Per emergere ci vuole semplicemente quel qualcosa in più che viene dal talento e da un approccio che contenga amore per questo lavoro. Se si doppia come ripiego, se si hanno frustrazioni, se l'interesse fondamentale sono i soldi temo che possa mancare, nello svolgimento quotidiano di questo lavoro, la partecipazione emotiva necessaria al raggiungimento del massimo della qualità.

Io non ho mai usato nessun espediente particolare per cercare l'aderenza con un'attrice che dovevo doppiare. Mi sono sempre e solo limitata a guardarla il più attentamente possibile e, soprattutto, ad "ascoltarla" il più attentamente possibile, per il resto ho seguito quello che le immagini e i suoni suggerivano al mio cuore. Non ci sono trucchi, esistono emozioni e se si tratta di emozioni vere, che vengono dal profondo, sicuramente queste emozioni riescono ad arrivare al pubblico che ascolta. E l'attore o l'attrice cui noi prestiamo la voce non vedrà tradito, se non nei limiti inevitabili da un lavoro di trasposizione in un'altra lingua, quello che ha dato in prima persona quando ha recitato con il suo corpo e la sua voce.

Cristina Boraschi, doppiatrice e direttrice di doppiaggio

Un doppiatore

Una voce di cera, è quella dell'attore doppiatore. A lui il compito di recitare, di vestire i panni di un altro, di prestare i suoi strumenti vocali. È un gioco fatto di scambi dai risvolti affascinanti. La voce si adatta al volto del personaggio, lo modella in modo nuovo, come una cera, e al tempo stesso la figura sullo schermo dà corpo a una voce che gli è estranea. Sono mutue sovrapposizioni che ora determinano la fama dell'attore sullo schermo, rendendolo familiare a un pubblico che gli è straniero, ora valorizzano lo stesso attore doppiatore, che in virtù della prova attoriale acquista popolarità.

Naturalmente alcuni attori si limitano a "mimare" la voce, a cogliere questo mestiere come una prova professionale dimezzata, di ripiego – i doppiaggi di certe soap opera ne sono un esempio lampante – altri reinterpretano l'attore sul grande schermo, aggiungono lievi intonazioni personalizzando in modo sottile un lavoro che di per sé tende a cancellare la preparazione artistica. Costoro non si curano solo del labiale, ma delle emozioni che ogni interpretazione, anche la più nascosta, sa sempre offrire.

Pino Colizzi, attore e doppiatore

I tecnici del doppiaggio

Il lavoro di sonorizzazione del doppiaggio è svolto da tre tecnici: il fonico del doppiaggio, il sincronizzatore e il fonico del mixage. Il fonico del doppiaggio è il tecnico che materialmente registra le voci dei doppiatori nella sala doppiaggio, è suo compito controllare che l'emissione della voce corrisponda ai parametri definiti da normative tecniche e far convivere le esigenze tecniche con quelle artistiche. Il sincronizzatore è il tecnico che fa combaciare, ossia sincronizza, il suono registrato in sala doppiaggio ai movimenti labiali del filmato da sonorizzare. Il fonico del missaggio è colui che in sala mix provvede a rettificare i livelli di incisione, le tonalità, l'equalizzazione dei parametri delle basse-medie-alte frequenze e ad aggiungere echi e riverberazioni ambientali dove ritiene opportuno, o effetti sulla voce come distorsioni tipo robot, effetti telefonici, effetti TV, radio ecc. dove richiesto; nonché, cosa più importante, ad amalgamare, o meglio missare, la voce al resto della colonna sonora definitiva, musica ed effetti sonori.

Claudio Chiossi, fonico di mix

Le società di doppiaggio

Il mercato del doppiaggio è radicalmente cambiato e continua a cambiare, l'indirizzo della committenza è sempre più quello di affidare il lavoro a strutture organizzate, la richiesta di prodotti qualitativamente di alto livello e in tempi sempre più ristretti è costante, la corretta applicazione degli accordi vigenti e il rispetto degli adempimenti di legge impongono alle imprese di avere organizzazioni sempre più capillari. Il tutto, purtroppo, condizionato da una politica di contenimento dei costi applicata a tutti i livelli. È qui che nasce la contraddizione, perché per rispettare le richieste e gli adempimenti suddetti, è necessario ricorrere a continui investimenti, sia in tecnologia sia sulla forza lavoro. Il problema, forse, scaturisce dalla presenza di un'offerta troppo alta a fronte di una richiesta sicuramente ridotta rispetto al passato. Le aziende che operano nel settore della post-produzione audio e video – perché ormai così si chiama il nostro settore – sono ancora troppo numerose e con sostanziali differenze strutturali e organizzative. Sono molte le aziende che hanno una configurazione artigianale, se non in alcuni casi da bottegai.

La sinergia tra parte artistica e tecnica ormai è una costante richiesta della committenza, sempre più rivolta ad affidare il lavoro solo a quelle strutture che possano dare garanzie sia di qualità sia di affidabilità economica-organizzativa e che siano capaci di svolgere il processo produttivo interamente al proprio interno.

Altro aspetto importante sono i rapporti con le organizzazioni sindacali: anch'esse sono ormai convinte che i loro interlocutori debbano essere solamente aziende che abbiano i requisiti necessari per fregiarsi di tale titolo, in quanto garanti del rispetto delle regole che sono stabilite nelle sedi istituzionali.

Maurizio Ancidoni, amministratore delegato della CDC Sefit Group

Gli studiosi del doppiaggio

Da alcuni anni, presso la Scuola Superiore di Lingue Moderne per Interpreti e Traduttori dell'Università di Bologna, Sede di Forlì, si è costituito un gruppo di ricerca coordinato da Rosa Maria Bollettieri Bosinelli sulla traduzione multimediale che studia, con gli strumenti della linguistica, della pragmatica, dell'analisi conversazionale e della traduttologia, fenomeni di trasposizione di film e programmi televisivi dalla lingua d'origine (inglese, francese, spagnolo, tedesco e russo) in italiano. I risultati di questa ricerca sono documentati nei volumi pubblicati nella collana *Cinema e Traduzione*, edita dalla CLUEB di Bologna, in cui sono disponibili già diversi titoli. Il gruppo di ricerca fa ora capo al Dipartimento di Studi Interdisciplinari su Traduzione, Lingue e Culture (SITLeC, Forlì), di recente istituzione.

Nel 1997 è stato attivato un corso di perfezionamento post laurea sulla traduzione multimediale per il cinema e la televisione. Il corpo docente è formato da professori universitari, studiosi di cinema e professionisti del doppiaggio e della sottotitolazione. Le aree di studio riguardano: teoria della traduzione, linguaggio del cinema, analisi del dialogo, doppiaggio, sottotitolazione e *voice over*. Il corso, ora alla sua quarta edizione, si articola in centocinquanta ore e prevede un breve *stage* presso uno studio di doppiaggio. Tale iniziativa vuole fornire l'occasione di una riflessione approfondita sui processi di trasposizione di prodotti multimediali da una cultura a un'altra, nella consapevolezza che la componente della traduzione dei copioni è solo un tassello di una operazione articolata che richiede un ampio numero di competenze e di professionalità diverse, competenze e professionalità che certamente non si acquisiscono solo frequentando un corso di studio universitario. Siamo tuttavia convinti che l'università, soprattutto a livello post laurea, possa contribuire ad allargare il campo della ricerca, fornendo una metodologia di indagine e ponendo le basi su cui si possa poi costruire una specializzazione professionale fondata sulla consapevolezza dei problemi e l'esigenza di porre un freno all'improvvisazione di cui tanti prodotti multimediali importati e sommariamente "tradotti" risentono.

Rosa Maria Bollettieri Bosinelli, Direttrice SITLeC, Università di Bologna

Un esempio di buon doppiaggio

Moulin Rouge. Doppiare un musical, complicato?

La parola cantata, fu uno dei primi scalini superati nel passaggio dal cinema muto al sonoro. Nelle versioni italiane le canzoni rimanevano principalmente in originale, non erano quindi sottoposte a doppiaggio. In alcuni "polpettoni" degli anni '28, '29, '30 si accontentavano esigenze internazionali inserendo un pezzo magari in francese, un pezzo cantato in italiano da un tenore, un altro in tedesco, così da soddisfare ogni palato. Altra soluzione, decisamente drastica, era di eliminare le parti cantate. *Operazione Crêpes Suzette (1970)*, infatti, giunse in Italia come commedia, senza le dieci canzoni della colonna sonora. A volte si sostituì completamente la musica; ne fu esempio *Il masnadiero* (1953) con un insolito Laurence Olivier in veste di cantante. In questo caso la parte musicata fu rifatta completamente. È indubbio che la versione originale delle canzoni ci ha permesso di ascoltare le vere voci di Maurice Chevalier, Doris Day, Judy Garland e quelle delle altre formidabili star del musical, senza il filtro del doppiaggio.

Nel dopoguerra, dopo la fine della censura sui film di lingua straniera, le scelte traduttive per le canzoni non sono univoche, ma dettate da esigenze diverse. Ne fa esempio il caso di *Guys and Dolls* in cui Marlon Brando, peraltro stonatissimo, è doppiato anche nel cantato da Emilio Cigoli in quello che divenne *Bulli e Pupe* (1955). A partire dagli anni Cinquanta, i film tornano a essere proiettatati con le canzoni originali e i sottotitoli in italiano, come in *Un giorno a New York* (1949) o *Cantando sotto la pioggia* (1952). Non fu così quando prevalsero le esigenze di popolarità e cassetta. In *My fair lady* (1964) con Audrey Hepburn le canzoni sono doppiate, così come in *Mary Poppins* (1964). Appartengono a questa schiera tutti i film di Walt Disney per una precisa scelta strategica e promozionale: i destinatari sono i bambini e le canzoni cantate con i testi italiani ne facilitano la comprensione e la diffusione. La Disney impone quindi la trasposizione nelle altre lingue e un controllo sulla qualità del prodotto nella lingua d'arrivo. Nel mercato contemporaneo le stesse esigenze di popolarità, o meglio di commerciabilità, inducono, al contrario, a mantenere le colonne sonore originali per promuoverle come successi discografici.

Moulin Rouge riesce a rendere l'idea di una trasposizione traduttiva comunque equilibrata, in un'opera in cui gli interpreti cantano molto e in cui la parte musicale è dominante, in un avvicendarsi piuttosto rapido di primi piani, con una recitazione difficile e segmentata. Giusto sottolineare la scelta dei sottotitoli in rima delle canzoni, mantenute ovviamente in lingua originale, pure se nella frenesia del ritmo è impossibile seguirli interamente. Riusciti i passaggi dal cantato anglo-americano agli intermezzi parlati delle voci italiane. Voci che sicuramente "collano", scelte direttamente dal regista Baz Luhrmann tra una rosa di proposte del direttore di doppiaggio. Un'altra doppiatrice per la Kidman, che purtroppo non ha una "controfigura sonora" fissa – rubando un termine a Roberto Nepoti – che la identifichi. Si tratta di Roberta Pellini, voce di Cate Blanchett in *Elizabeth* (1998) di Kapur e nota al pubblico televisivo come l'infermiera Hathaway nella serie *E.R. – Medici in prima linea*. L'interprete del protagonista maschile, Ewan

McGregor, è Massimiliano Manfredi, già voce di Edward Norton. Manfredi ha doppiato in alcuni casi anche Andy García, Matt Damon, Hugh Grant. Ben amalgamate le voci dei non protagonisti fedeli alla forte caratterizzazione originale. Tra loro da segnalare Marco Mete che è stato la voce italiana e spagnola di Roger Rabbit.

Il sincronismo labiale mai sbavato, il sincronismo espressivo e la recitazione accentuata mantenuti nella versione italiana dimostrano che, pur partendo da un film sicuramente complesso, si possono ottenere risultati ottimali nella sua trasposizione. Certamente chi si occupa di doppiaggio può cogliere in questa pellicola la passione per il proprio lavoro, la professionalità e un'intelligente e scrupolosa direzione, a cura di Roberto Chevalier. Nulla da eccepire quindi su questo doppiaggio. Imperdonabile che i crediti dei doppiatori in coda al film scorrano troppo velocemente per essere letti, se pur posizionati prima dei credits originali.

Tiziana Voarino

Moulin Rouge

Regia di *Baz Luhrmann*
Direzione doppiaggio, dialoghi italiani, sottotitoli – *Roberto Chevalier*
Assistente al doppiaggio – *Silvia Menozzi*
Fonico di mixer – *Alessandro Checcacci*
Tecnico di sala – *Fabrizio Salustri*
Doppiaggio realizzato presso la CDC Sefit Group di Roma

Doppiatori:

Satine (Nicole Kidman) - *Roberta Pellini*	Argentino (Jacek Koman) - *Angelo Nicotra*
Christian (Ewan McGregor) - *Massimiliano Manfredi*	Dottore (Garry McDonald) - *Sandro Sardone*
Harold Zidler (Jim Broadbent) - *Luciano De Ambrosis*	Satie (Matthew Whittet) - *Simone Mori*
Toulouse-Lautrec (John Leguizamo) - *Marco Guadagno*	Audrey (David Wenham) - *Massimo De Ambrosis*
Duca di Monroth (Richard Roxburgh) - *Marco Mete*	Nini (Caroline O'Connor) - *Tiziana Avarista*

Monografia *La voce nell'ombra*, a cura di Tiziana Voarino, pubblicata nel marzo 2002 su Primafila.

Si ringraziamo per gli approfondimenti storici Riccardo Esposito, Enrico Lancia, Piero Pruzzo, Nunziante Valoroso.

Immagini tratte dall'archivio del Festival del Doppiaggio di Finale Ligure *Voci nell'Ombra* e dallo speciale apparso su Primafila.

Harry Potter, un'elevata posta in gioco

Febbraio 2002

Harry Potter, una delle pellicole di punta della stagione invernale 2001-02, non poteva che avere un doppiaggio accurato. Gli attori bambini sono stati doppiati da giovani interpreti italiani, scelti dalla produzione inglese tra i nomi forniti dalla società di doppiaggio.

Tutti professionisti, con nutriti curricula. Il quindicenne Alessio Puccio vanta di essere stato la voce di David, il "mega bambino" di *A.I. Intelligenza Artificiale* di Steven Spielberg. Letizia Ciampa affronta la recitazione di Emma Watson che per rendersi più antipatica spalanca molto la bocca rendendo difficoltoso il combaciare dell'italiano sulle chiuse inglesi. Flavio Aquilone interpreta bene i toni della personalità cattiva dell'invidioso Draco. Giulio Renzi Ricci/Ronald si cimenta con il primo doppiaggio da protagonista.

Il direttore, Francesco Vairano, specializzato in film di grande successo, ha puntato sulla qualità e sull'armonia timbrica delle voci e sulla perfezione del sinc. Ha adottato, in un paio di casi, anche la scelta di far pronunciare dai doppiatori nei fuori campo brevi testi descrittivi, per facilitare la comprensione a un pubblico costituito principalmente da giovani appassionati. Un esempio: i dolciumi, preferiti dai maghetti, sono in inglese "chocofrogs". I doppiatori specificano che si tratta di "cioccorane" traducendo il termine in un momento in cui non sono ripresi. Piccola stonatura: un troppo evidente "se eravamo in ritardo" pronunciata dagli apprendisti delle arti magiche, forse voluto.

Tra gli adulti: Dario Penne, voce di Anthony Hopkins, e Francesco Pannofino che ricordiamo anche come doppiatore di Forrest Gump.

Harry Potter e la pietra filosofale

Regia di *Chris Columbus*
USA 2001
Doppiaggio italiano – *CDC Sefit Group*
Sonorizzazione – *International Recording*
Dialoghi italiani – *Francesco Vairano*
Direzione doppiaggio – *Francesco Vairano*
Assistente al doppiaggio – *Roberta Schiavon*
Fonico di doppiaggio – *Ivano Casoni*
Fonico di mixer – *Gianni Pallotto*

Doppiatori:

Harry Potter (Daniel Radcliffe) - *Alessio Puccio*	Olivander (John Hurt) - *Giorgio Lopez*
Ron Weasley (Rupert Grint) - *Giulio Renzi Ricci*	George Weasley (James Phelps) - *Lorenzo De Angelis*
Hermione Granger (Emma Watson) - *Letizia Ciampa*	Fred Weasley (James Phelps) - *Lorenzo De Angelis*
Rubeus Hagrid (Robbie Coltrane) - *Francesco Pannofino*	Neville Paciock (Matthew Lewis) - *Gabriele Patriarca*

Albus Silente (Richard Harris) - *Gianni Musy*	Prof. Vitious (Warwick Davis) - *Vittorio Stagni*
Prof.ssa Minerva McGranitt (Maggie Smith) - *Paola Mannoni*	Nick Quasi Senza Testa (John Cleese) - *Dario Penne*
Prof. Severus Piton (Alan Rickman) - *Francesco Vairano*	Madama Bumb (Zoe Wanamake) - *Paola Giannetti*
Prof. Quirinus Raptor (Ian Hart) - *Marco Mete*	Marcus Flitt (Jamie Yeates) - *Simone Crisari*
Draco Malfoy (Tom Felton) - *Flavio Aquilone*	Percy Weasley (Chris Rankin) - *Emiliano Coltorti*
Oliver Baston (Sean Biggerstaff) - *Stefano Crescentini*	Tom, oste del Paiolo Magico (Derek Deadman) - *Enzo Garinei*
Zio Vernon Dursley (Richard Griffiths) - *Paolo Lombardi*	Cassiere folletto della Gringott (Warwick Davis) - *Sandro Pellegrini*
Zia Petunia Dursley (Fiona Shaw) - *Melina Martello*	Strega del carrello dei dolci (Jean Southern) - *Alina Moradei*
Dudley Dursley (Harry Melling) - *Fabrizio de Flaviis*	Lord Voldemort (voce) (Ian Hart) - *Ugo Maria Morosi*
Ginny Weasley (Bonnie Wright) - *Erica Necci*	Fiorenzo il centauro (voce) (Ray Fearon) - *Roberto Pedicini*
Sig.ra Weasley (Julie Walters) - *Anna Rita Pasanisi*	Cappello Parlante (voce) (Leslie Phillips) - *Ettore Conti*

Il Noir a Courmayeur

Febbraio 2002

Proiezioni di film, incontri letterari e retrospettive, serial televisivi, per quest'edizione di *Noir in Festival* svoltasi di recente a Courmayeur. Sul programma dei sette giorni ha aleggiato la macchia scura degli eventi dell'11 settembre. Essa ha condizionato le conseguenti, accese reazioni filoamericane, come nel film "a sorpresa" *Beyond Enemy Lines* di John Moore con Gene Hackman, che guida una nuova generazione di film di prossima uscita traboccanti di rinvigorito nazionalismo statunitense. Il film ha scatenato anche dinamiche antiamericane e antipropagandiste emerse, per esempio, dalla conferenza stampa del giallista John Le Carré, star del festival. Tracce della polemica anti USA si sono riscontrate anche in un altro scrittore presente nella località valdostana, Christopher Dickey, corrispondente del *Newsweek*, inventore della storia del *mujaheddin* biondo e dagli occhi azzurri, nato e cresciuto, addestrato come macchina per uccidere in America nelle forze speciali, protagonista del libro *Sangue innocente*. Vicenda che ha avuto un drammatico riscontro nella realtà come rilevato da Carlo Bonini de *La Repubblica*.

Di qui, una sorta di *leitmotiv* che ha condotto a esorcizzare e affrontare timori e insidie a esso riconducibili in un convegno dal titolo *Le nuove paure, conoscerle, raccontarle*. Una sezione del festival è stata dedicata all'Iran noir. Presentato inoltre da Salvatores il suo nuovo film *Amnèsia*, supportato dall'intervento di Diego Abatantuono e Bebo Storti. Non mancavano i corti di paura. La kermesse, diretta da Giorgio Gosetti, si è conclusa con la proiezione di *Spy Game* di Tony Scott, attori principali Robert

Redford e Brad Pitt. Il Premio Giorgio Scerbanenco, per il miglior giallo italiano edito, nel 2001 è stato consegnato a Claudia Salvatori per il libro *Sublime anima di donna*. Il Leone Nero, per il miglior film, è stato attribuito a *The Believer* di Henry Bean, distintosi in una selezione ufficiale forse non all'altezza delle precedenti edizioni. Scarsamente attinente al genere noir, il prodotto cinematografico vincitore narra di un ragazzo ebreo che abbraccia la fede nazista nelle formazioni neofasciste americane. Risolverà il lacerante dualismo nell'autodistruzione. Numerose le menzioni speciali.

Un doppiaggio accurato:
Ocean's Eleven - Fate il vostro gioco
Marzo 2002

La CDC Sefit Group, società storica del doppiaggio italiano, che ha puntato molto sul recente rinnovamento degli stabilimenti di via dei Villini a Roma, si è assicurata il doppiaggio dei film di maggiore appeal di questa stagione. Da *Moulin Rouge*, all'imminente *Vanilla Sky*, passando, tra gli altri, per *Harry Potter* e *Ocean's Eleven*. *Ocean's Eleven* rispecchia la situazione generale delle parti brevi e di secondo piano a cui sono spesso costrette le doppiatrici italiane: Cristina Boraschi, voce di Julia Roberts, ha risolto, infatti, la sua interpretazione in un solo turno di doppiaggio (tre ore). Ben si sa che il film è un remake di *Colpo Grosso* (titolo italiano) di L. Milestone (*Ocean's Eleven*, 1960); meno note sono le informazioni su quel doppiaggio eseguito, allora, dalla Fono Roma. Giuseppe Rinaldi e Gualtiero De Angelis erano le voci rispettivamente di Frank Sinatra e di Dean Martin. Nella nuova edizione i dialoghi e la direzione sono di Marco Mete. Ha optato per scelte accurate: la traduzione scritta del titolo di un quotidiano, importante per la comprensione della narrazione; farci ascoltare, tradotte, le conversazioni di sottofondo provenienti dal televisore; far pronunciare le poche battute dell'acrobata orientale da un attore giapponese per rispettare la cadenza e naturalmente un meticoloso controllo sul sinc. Profonda e misurata la voce di Pannofino su Clooney, simile a quella del divo di Hollywood. Meno convincente era sembrata la sua performance in *Fratello dove sei*, sempre su Clooney. L'affascinante Pitt ha la voce di Sandro Acerbo, come in *The Mexican* e in *Spy Game*. L'intera lavorazione si è confrontata con i controlli per il mixaggio di Larry Blake, montatore del suono della versione originale americana e la supervisione di Jeff Davidson, incaricato dalla Warner Bros per l'Europa. Per un film che è un "Film", un doppiaggio che è un "Doppiaggio".

Ocean's Eleven

Regia di *Steven Soderbergh*
Doppiaggio italiano – *CDC Sefit Group*
Sonorizzazione – *International Recording*
Dialoghi italiani e direzione del doppiaggio – *Marco Mete*
Assistente al doppiaggio – *Ivana Fedele*

Doppiatori:

Daniel 'Danny' Ocean (George Clooney) - *Francesco Pannofino*	Saul Bloom (Carl Reiner) - *Cesare Barbetti*
Rusty Ryan (Brad Pitt) - *Sandro Acerbo*	Bulldog (Scott L. Schwartz) - *Claudio Fattoretto*
Linus Caldwell (Matt Damon) - *Riccardo Rossi*	Yen (Shaobo Qin) - *(Originale)*
Terry Benedict (Andy García) - *Massimo Lodolo*	Josh (Joshua Jackson) - *Nanni Baldini*
Tess Ocean (Julia Roberts) - *Cristina Boraschi*	Holly (Holly Marie Combs) - *Rossella Acerbo*
Virgil Malloy (Casey Affleck) - *Roberto Gammino*	Croupier del blackjack al Bellagio (Lori Galinski) - *Anna Rita Pasanisi*
Turk Malloy (Scott Caan) - *Massimo De Ambrosis*	Topher Grace (Topher Grace) - *Fabrizio Manfredi*
Reuben Tishkoff (Elliott Gould) - *Angelo Nicotra*	Casinò manager Walsh (Michael Delano) - *Sandro Sardone*
Livingston Dell (Edward Jemison) - *Luigi Ferraro*	Billy T. Denham (Joe La Due) - *Sandro Iovino*
Frank Catton (Bernie Mac) - *Nino Prester*	Voce pubblicità TV - *Francesco Prando*
Basher Tarr (Don Cheadle) - *Simone Mori*	

Signori e signore degli anelli

Aprile 2002

Gli anelli erano l'unità di misura del doppiaggio. Ogni turno di doppiaggio prevedeva un certo numero di anelli da lavorare. La pellicola era tagliata in pezzi. Ciascuno era "giunto" ad anello e fatto passare sul proiettore fino all'ottenimento di una perfetta aderenza delle voci italiane su quelle straniere.

Ora la tecnologia digitale ha modificato il procedimento, ma l'anello rimane un termine di riferimento per gli addetti del settore. Così, i "signori degli anelli" – titolo di un famoso saggio di Caldiron-Hochkofler – oggi, sono coloro che con professionalità, adattandosi alle esigenze di un mercato cinematografico che imprime ritmi frenetici per economizzare sui budget, riescono a mantenere la qualità nel lavoro. Francesco Vairano si è specializzato nella direzione di film importanti, nei termini di attesa da parte del pubblico. Dopo *Harry Potter*, si è dedicato a *Il Signore degli Anelli*, per cui l'associazione tolkieniani ha esercitato controlli soprattutto sul linguaggio, e a *Il Favoloso mondo di Amélie*, in cui si è confrontato con la riproduzione di molti personaggi e di una recitazione improntata sulla naturalezza e sul parlato quotidiano. Una recitazione che non si deve vedere, nello specifico sentire.

I due film sono anche accomunati da un prologo narrato con la voce fuori campo. Nel primo caso è Cristiana Lionello, la figlia di Oreste, che, interpretando il personaggio di Galadriel/Cate Blanchett, ci trascina nel mondo mitico degli hobbit, degli elfi, degli gnomi. Nel secondo caso, una voce profondamente coinvolgente ci porta per mano nelle divertenti immagini del mondo semi-irreale di Amélie: si tratta di Omero Antonutti, attore di teatro e doppiatore di spessore. Una giovane Valentina Mari, dalle note vocali cristalline, che aderisce alla fisicità di Audrey Tautou e all'ingenuità del personaggio, è Amélie. Tocchi di classe nel film francese: Paila Pavese nel ruolo di Susan e Gianni Musy in quello di Dufayel, il vecchio inquilino del piano di sotto. Musy era Gandalf ne *Il Signore degli Anelli* e sua figlia, Stella Musy, era Arwen/Liv Tyler. Sempre all'altezza la recitazione di Massimiliano Manfredi con un ruolo in entrambi i film. Nei due film è particolarmente efficace il missaggio suoni ed effetti.

Il Signore degli Anelli - La compagnia dell'anello

Regia di *Peter Jackson*
Doppiaggio italiano – *CVD*
Sonorizzazione – *International Recording*
Direzione del doppiaggio e dialoghi italiani – *Francesco Vairano*
Assistente al doppiaggio – *Roberta Schiavon*
Fonico di doppiaggio – *Carlo Ricotta*
Fonico di mixer – *Gianni Pallotto*

Doppiatori:

Frodo Baggins (Elijah Wood) - *Davide Perino*	Sauron (voce) (Sala Baker) - *Carlo Baccarini*
Gandalf (Ian Mckellen) - *Gianni Musy*	Elrond Peredhil (Hugo Weaving) - *Luca Biagini*
Aragorn (Viggo Mortensen) - *Pino Insegno*	Bilbo Baggins (Ian Holm) - *Vittorio Congia*
Sam (Sean Astin) – *Massimiliano Alto*	Legolas (Orlando Bloom) - *Massimiliano Manfredi*
Boromir (Sean Bean) - *Massimo Corvo*	Galadriel (Cate Blanchett) - *Cristiana Lionello*
Arwen (Liv Tyler) - *Stella Musy*	Gollum (Andy Serkis) - *Francesco Vairano*
Gimli (John Rhys-Davies) - *Renato Mori*	Merry (Dominic Monaghan) - *Paolo Vivio*
Pipino (Billy Boyd) - *Corrado Conforti*	Saruman (Christopher Lee) - *Omero Antonutti*
Celeborn, marito di Galadriel (Marton Csokas) *Angelo Maggi*	Haldir, elfo a Lothlorien (Craig Parker) - *Christian Iansante*
Enrico Caprifoglio, guardiano delle porte di Brea (Martyn Sanderson) - *Oreste Rizzini*	(Extended Edition) Ted Sabbioso, Hobbit all'osteria del Gaffiere (Brian Sergent) - *Fabrizio Vidale*
Maggot il fattore (Cameron Rhodes, Mike Hopkins - voce) - *Vittorio Amandola*	(Extended Edition) Gaffiere Gamgee (Norman Forsey) - *Gerolamo Alchieri*
Nazgûl (Andy Serkis) - *Francesco Vairano, Carlo Baccarini*	(Extended Edition) Vecchio Naquercio (William Johnson) - *Goffredo Matassi*

Il favoloso mondo di Amélie

Regia di *Jean-Pierre Jeunet*
Doppiaggio italiano – *CVD*
Sonorizzazione – *Sefit-Margutta*
Direzione del doppiaggio e dialoghi italiani – *Francesco Vairano*
Assistente al doppiaggio – *Roberta Schiavon*
Fonico di doppiaggio – *Fabio Benedetti*
Fonico di mixer – *Danilo Moroni*

Doppiatori:

Amélie Poulain (Audrey Tautou) - *Valentina Mari*	Vicino di Amélie (Dominique Bettenfeld) - *Gaetano Varcasia*
Nino Quincampois (Mathieu Kassovitz) - *Massimiliano Manfredi*	Madeleine Wallace (Yolande Moreau) - *Cristina Noci*
Raymond Dufayel (Serge Merlin) - *Gianni Musy*	Joseph (Dominique Pinon) - *Massimo Wertmuller*
Sig. Collignon (Michel Robin) - *Roberto Stocchi*	Sig. Collignon (Michel Robin) - *Carlo Baccarini*
Eva (Claude Perron) - *Laura Latini*	Raphael Poulain (Rufus) - *Oliviero Dinelli*
Georgette (Isabelle Nanty) - *Roberta Gasparetti*	Telecronista - *Franco Mannella*
Suzanne (Claire Maurier) - *Paila Pavese*	Lucien (Jamel Debbouze) - *Fabrizio Vidale*
Gina (Clotilde Mollet) - *Franca D'Amato*	Edicolante (Frankie Pain) - *Lorenza Biella*
Cliente tabaccheria (Myriam Labbé) - *Barbara De Bortoli*	Marito della portinaia (Alain Floret) - *Massimo Rossi*
Dominique Bredoteau (Maurice Bénichou) - *Gerolamo Alchieri*	Proprietario bistrot (François Viaur) - *Goffredo Matassi*
Dominique Bredoteau donna (Valerie Zarrouk) - *Angela Citterich*	Voce narrante (Jacques Thébault) - *Omero Antonutti*

Un plotone di voci

Maggio 2002

Reparti speciali dell'esercito USA, truppe d'assalto, guerriglieri somali che si affrontano e combattono: sono i protagonisti di *Black Hawk Down* di Ridley Scott, il film che ricorda la battaglia di Mogadiscio nel 1993. La moltitudine di voci belle, cariche, diverse e convincenti dell'edizione italiana si mixa sulla colonna internazionale di un film sicuramente complesso da doppiare per la contemporanea presenza e sovrapposizioni di attori ed effetti sonori nelle scene d'azione. Manlio De Angelis, appartenente a una stirpe di doppiatori e direttori di doppiaggio, pilota tra gli altri, Oreste Baldini, Corrado Conforti, Massimo De Ambrosis, Vittorio De Angelis, Sandro Iovino, Angelo Nicotra, Nino Prester, Riccardo Rossi, Alessandro Tiberi.

Pluralità di voci – ben due colonne nei crediti – anche in *A Beautiful Mind* di Ron Howard. Il regista ha optato per affidare il doppiaggio alla Pumaisdue e la direzione a Fiamma Izzo, memore del lavoro da loro fatto su *Il Grinch*. Tra i tanti, Stefano Benassi, Francesco Bulckaen, Giorgio Borghetti, Lilian Caputo, la figlia di Fiamma Izzo di sei anni, Stefano De Sando, Christian Iansante, Davide Marzi. Giuppy Izzo interpreta la signora Nash. Russell Crowe, nei panni del matematico un po' folle Nash, è doppiato da Fabrizio Pucci. La sua performance si pone in luce, in particolar modo, nell'ultima parte della pellicola, quando il premio Nobel è ormai avanti negli anni. E la voce di Pucci si modifica, assumendo i toni di un anziano. La direttrice rivela che ciò è stato possibile impastando la bocca dell'attore con gomme da masticare. Sfumature di titubanza, tentennamento, segnali di timidezza nelle tonalità avrebbero, forse, reso la voce di Nash giovane e imbarazzato ancor più "collante" al disagiato personaggio. Supervisor Joan Giammarco. Consulente per i termini matematici il Prof. Piermarco Cannarsa.

Black Hawk Down

Regia di *Ridley Scott*
Doppiaggio italiano – *CDC Sefit Group*
Direzione del doppiaggio – *Manlio De Angelis*
Dialoghi italiani – *Elettra Caporello*
Assistente al doppiaggio – *Antonella Bartolomei*
Fonico del doppiaggio – *Fabio Benedetti*

Doppiatori:

Serg. Matt Eversmann (Josh Hartnett) - *Oreste Baldini*	Cap. Jamie Smith (Charlie Hofheimer) - *Alessandro Tiberi*
Serg. Norm 'Hoot' Hooten (Eric Bana) - *Vittorio De Angelis*	Serg. Jeff Struecker (Brian Van Holt) - *Ermanno Ribaudo*
Col. Danny Mcknight (Tom Sizemore) - *Angelo Nicotra*	Serg. Scott Galentine (Gregory Sporleder) - *Massimiliano Alto*
Ranger John Grimes (Ewan Mcgregor) - *Riccardo Rossi*	Serg. Lorenzo Ruiz (Enrique Murciano) - *Christian Iansante*
Gen. William Garrison (Sam Shepard) - *Sandro Iovino*	Serg. Randy Shughart (Johnny Strong) - *Massimiliano Virgilii*
Serg. Jeff Sanderson (William Fichtner) - *Massimo De Ambrosis*	Todd Blackburn (Orlando Bloom) - *David Chevalier*
Cap. Mike Steele (Jason Isaacs) - *Nino Prester*	Harrell (Zeljko Ivanek) - *Sandro Acerbo*
Shawn Nelson (Ewen Bremner) - *Corrado Conforti*	Goodale (Carmine Giovinazzo) - *Sacha De Toni*
Lance Twombly (Tom Hardy) - *Stefano Miceli*	Matthews (Glen Morshower) - *Manlio De Angelis*
Mike Durant (Ron Eldard) - *Davide Marzi*	Atto (George Harris) - *Ronny Grant*
Serg. Ed Yurek (Tom Guiry) - *Antonello Noschese*	Voce della lettera in chiusura del film - *Christian Iansante*

A Beautiful Mind

Regia di *Ron Howard*
Doppiaggio italiano – *Pumaisdue*
Sonorizzazione – *International Recording*
Dialoghi italiani e direzione del doppiaggio – *Fiamma Izzo*
Assistente al doppiaggio – *Simona Romeo*
Traduzione – *Matilde D'Agostino*
Fonico del doppiaggio – *Giovanbattista Mariani*
Fonico Di Mixer – *Roberto Moroni*

Doppiatori:

John Forbes Nash (Russell Crowe) - *Fabrizio Pucci*	Dott. Rosen (Christopher Plummer) - *Pietro Biondi*
Alicia Nash (Jennifer Connelly) - *Giuppy Izzo*	Richard Sol (Adam Goldberg) - *Christian Iansante*
William Parcher (Ed Harris) - *Stefano De Sando*	Bender (Anthony Rapp) - *Giorgio Borghetti*
Charles Herman (Paul Bettany) - *Francesco Bulckaen*	Thomas King (Austin Pendleton) - *Edoardo Nevola*
Marcee Herman (Viviene Cardone) - *Lilian Caputo*	Generale (Jesse Doran) - *Glauco Onorato*
Martin Hansen (Josh Lucas) - *Stefano Benassi*	Toby Keller (Alex Toma) - *Nanni Baldini*
Helinger (Judd Hirsch) - *Paolo Buglioni*	Nielsen - *Davide Marzi*

Almodóvar e Altman, alta professionalità

Giugno 2002

Parliamo di *Parla con lei*, l'ultimo film di Pedro Almodóvar. Quattro protagonisti, quattro doppiatori che si confrontano con un parlato quotidiano che trasuda emozioni, interrelazioni, scambi di affettività, sensazioni di vicinanza. Interpretazioni di voci che trasmettono naturalezza e scivolano in una sfera di atteggiamenti che il direttore di doppiaggio Francesco Vairano definisce di "mediterraneità". Roberto Pedicini, con timbri intensi, è il giornalista Marco; Laura Boccanera, con verve e perfezione di sinc è Lydia; Luigi Ferraro si cala nelle sfaccettature dell'ingenuo e complesso Benigno, non appartenendo ai parametri della normalità; Selvaggia Quattrini è Alicia. Una curiosità: Geraldine Chaplin doppia se stessa nel personaggio dell'insegnante di danza straniera Katerina. Ricordiamo che, tra gli altri, Pedicini è il "doppio" di Kevin Spacey, nonché voce di Jack Folla.

Riprodurre un mondo totalmente aristocratico, in cui la servitù parla come i loro padroni, citando una frase del film, è l'obiettivo raggiunto nella trasposizione italiana del complesso film di Altman, *Gosford Park*. Lavoro di adattamento ai toni nobili e superiori, raffinati ed eleganti, a volte stizziti. Voci affilate quelle delle donne, spesso come i loro profili. Interpretazione magistrale quella di Maria Ubaldi nel fluire di voce secca, perfettamente allungata e arrotondata sulle chiusure e sulle pause delle sottili labbra di Maggie Smith nei panni della contessa Constance di Trentham. Dario Penne – Derek

Jackobi/Probert nel film di Altman – è la nota voce di Anthony Hopkins. Esemplare per *Hannibal* e superbo nella voce del magnate di *Vi presento Joe Black*. I dialoghi italiani, l'adattamento e la direzione di doppiaggio di *Gosford Park* sono di Filippo Ottoni, presidente dell'Associazione Italiana Dialoghisti e Adattatori Cinetelevisivi. Egli ci dimostra che con buona volontà, forse con un pizzico di potere, si può imporre di apparire nei titoli di testa, in questo caso appena prima di quelli relativi alla sceneggiatura e alla regia. In coda, ben leggibili, quelli dell'assistente, dei doppiatori e dei tecnici.

Parla con lei

Regia di *Pedro Almodóvar*
Spagna 2002
Doppiaggio italiano – *CVD*
Dialoghi italiani e direzione del doppiaggio – *Francesco Vairano*
Assistente al doppiaggio – *Roberta Schiavoni*

Doppiatori:

Alicia (Leonor Watling) - *Selvaggia Quattrini*	Marco Zuloaga (Dario Grandinetti) - *Roberto Pedicini*
Benigno (Javier Camara) - *Luigi Ferraro*	Lydia (Rosario Flores) - *Laura Boccanera*

Gosford Park

Regia di *Robert Altman*
Italia / UK / USA / Germania 2001
Doppiaggio italiano – *CDC Sefit Group*
Dialoghi italiani e direzione del doppiaggio – *Filippo Ottoni*
Assistente al doppiaggio – *Daniela Losavio*

Doppiatori:

Constance Trentham (Maggie Smith) - *Marzia Ubaldi*	Isp. Thompson (Stephen Fry) - *Alessandro Rossi*
William Mccordle (Michael Gambon) - *Luciano De Ambrosis*	Rupert Standish (Laurence Fox) - *Vittorio De Angelis*
Sylvia Mccordle (Kristin Scott Thomas) - *Emanuela Rossi*	Mary Maceachran (Kelly Mcdonald) - *Valentina Mari*
Raymond Stockbridge (Charles Dance) - *Sandro Iovino*	Robert Parks (Clive Owen) - *Francesco Pannofino*
Louisa Stockbridge (Geraldine Somerville) - *Pinella Dragani*	Jane Wilson (Helen Mirren) - *Ada Maria Serra Zanetti*
Anthony Meredith (Tom Hollander) - *Lorenzo Macrì*	Elizabeth Croft (Eileen Atkins) - *Rita Savagnone*
Sig. Probert (Derek Jacobi) - *Dario Penne*	Elsie (Emily Watson) - Chiara Colizzi
Ivor Novello (Jeremy Northam) - *Vittorio Guerrieri*	Sig. Jennings (Alan Bates) - *Sergio Di Stefano*
Morris Weissman (Bob Balaban) - *Giorgio Lopez*	Lavinia Meredith (Natasha Wightman) - *Isabella Pasanisi*
Freddie Nesbitt (James Wilby) - *Antonio Sanna*	George (Richard E. Grant) - *Marco Mete*
Mabel Nesbitt (Claudie Blakley) - *Anna Rita Pasanisi*	Dorothy (Sophie Thompson) - *Stefanella Marrama*
Dexter (Ron Webster) - *Vittorio Stagni*	Arthur (Jeremy Swift) - *Angelo Nicotra*
Jeremy Blond (Trent Ford) - *Roberto Gammino*	Henry Denton (Ryan Phillippe) - *Fabrizio Manfredi*

Altre voci: *Nino Prester, Claudio Fattoretto, Sandro Sardone*

Voci e animazione

Luglio 2002

Un mammut schivo e solitario, un bradipo e una tigre dai denti a sciabola, che da cattiva diventa buona, sono i protagonisti di *L'era glaciale*, il film di Chris Wedge. Leo Gullotta, Claudio Bisio, e Pino Insegno sono coloro che li fanno parlare in italiano; Ray Romano, John Leguizamo e Denis Leary nella versione originale. Nei prodotti d'animazione, i personaggi, anche quando non sono esseri umani, ne vestono sentimenti, paure e sofferenze. La difficoltà maggiore consiste nell'attribuire la caratterizzazione giusta alle voci, adattandole alle peculiarità previste dal film o dal cartone animato. Il versatile Bisio riproduce le sfaccettature espressive di Sid, il bradipo, un po' giullare e saltimbanco.

La direzione del doppiaggio è di Marco Guadagno, l'adattamento è di Marco Bardella, che ha collaborato, in passato, al corso post laurea in Traduzione Multimediale della Scuola Superiore per Interpreti e Traduttori di Forlì. Tra gli altri doppiatori Francesca Guadagno, anche voce del cartone *Heidi*, Selvaggia Quattrini, Ennio Coltorti, Paolo Lombardi, Paolo Buglioni. E se i cartoni animati abitano la città immaginaria di Cartoonia, del film *Chi ha incastrato Roger Rabbit*, le loro voci hanno scelto come dimora Finale Ligure, già patria del doppiaggio. Dal 30 aprile al 5 maggio 2002, con *Le Voci di Cartoonia*, bambini e adulti hanno seguito proiezioni, visitato spazi espositivi, ascoltato e visto le voci dei loro beniamini. Rai, Mediaset, Raisat e canali satellitari di settore hanno presentato i loro prodotti di punta della stagione televisiva 2001-02 e rilasciato anticipazioni della prossima. Mauro Serio, conduttore di *Solletico*, trasmesso per anni nella fascia pomeridiana di Rai 1, ha presentato la serata d'onore di sabato 4 maggio, a cui ha partecipato anche Francesco Salvi, la voce di Lupo Alberto della prima edizione. Tonio Cartonio e il Fantabosco della Melevisione di Rai 3 sono stati tra i protagonisti di domenica 5 maggio. Appuntamento ancora con il doppiaggio a Finale Ligure (SV) per la sesta edizione di *Voci nell'Ombra* dal 26 al 28 settembre 2002.

L'era glaciale

Regia di *Chris Wedge*
Direzione del doppiaggio – *Marco Guadagno*
Adattamento e dialoghi italiani – *Marco Bardella*
Assistente al doppiaggio – *Monica Simonetti*
Fonico di doppiaggio – *Emanuele Leolini*
Doppiaggio a cura della Mar International

Doppiatori:

Manfred 'Manny' (Ray Romano) - *Leo Gullotta*	Oscar (Alan Tudyck) - *Paolo Buglioni*
Sid (John Leguizamo) - *Claudio Bisio*	Rachel (Lorri Bagley) - *Stella Musy*
Diego (Denis Leary) - *Pino Insegno*	Jennifer (Jane Krakowsky) - *Francesca Guadagno*
Soto (Goran Visnjic) - *Ennio Coltorti*	Sylvia (Tara Strong) - *Alessandra Korompay*
Zeke (Jack Black) - *Franco Zucca*	Carl (Cedric The Entertainer) - *Gerolamo Alchieri*
Lenny (Diedrich Bader) - *Paolo Lombardi*	Frank (Stephen Root) - *Mario Bombardieri*

Nella tela degli effetti speciali

Agosto-settembre 2002

Spiderman e le sue mirabolanti prodezze nei cieli di New York hanno costretto il direttore di doppiaggio Manlio De Angelis a cimentarsi con effetti sonori e esigenze tecniche complesse. L'Uomo Ragno salva individui sotto lo sguardo attonito di folle urlanti spaventate o estasiate. Un vociferare di sottofondo, un brusio costituito da frasi confuse, in americano, proveniente da migliaia di persone.

De Angelis, costatando che la riproduzione artificiale della duplicazione, dovuta all' effetto stereo, non donava spontaneità al sonoro delle scene, ha optato per la riproduzione in studio della sovrapposizione delle voci di molte persone che esprimono, in sincronia con le immagini, il loro entusiasmo o il loro panico. Un Francesco Pannofino dalla voce profonda e versatile interpreta sia la versione buona sia quella cattiva del nemico di Spiderman, sugli schermi Willem Dafoe. A dispetto delle apparenze, Pannofino riesce ad attribuire la venatura metallica e riverberante alla voce del perfido Goblin con un supporto tecnico minimo, adottando uno stratagemma semplice, ma da esperti: la mano sinistra che preme le corde vocali sul collo leggermente piegato in avanti, la mano destra libera per impugnare il microfono. Manlio De Angelis lo sperimentò personalmente doppiando *The Elephant Man* di Lynch (1980). Quattro le voci scelte dalla produzione: Pannofino, Marco Vivio per Spiderman e Peter Parker, Domitilla D'Amico per Mary Jane Watson e Sandro Iovino per J. Jonah Jameson. Abbondanti gli interventi in fase di mixaggio. L'intera operazione è stata controllata dal supervisore della Columbia Picture, Jeff Davidson.

Spiderman

Regia di *Sam Raimi*
Doppiaggio italiano – *CDC Sefit Group*
Direzione del doppiaggio – *Manlio De Angelis*
Dialoghi italiani – *Elettra Caporello*
Assistente al doppiaggio – *Daniela Losavio*
Fonico di doppiaggio – *Walter Mannina*
Fonico di mix – *Alessandro Checcacci*

Doppiatori:

Peter Parker/Spiderman (Tobey Maguire) - *Marco Vivio*	Joseph 'Robbie' Robertson (Bill Nunn) - *Roberto Draghetti*
Norman Osborn/Goblin (Willem Dafoe) - *Francesco Pannofino*	Dott. Mendell Stromm (Ron Perkins) - *Giorgio Lopez*
Mary Jane Watson (Kirsten Dunst) - *Domitilla D'Amico*	Ragazza punk rock (Lucy Lawless) - *Giovanna Martinuzzi*
Harry Osborn (James Franco) - *Massimiliano Manfredi*	Miss Betty Brant (Elizabeth Banks) - *Tiziana Avarista*
Zia May Parker (Rosemary Harris) - *Cristina Grado*	Dennis Carradine, il rapinatore (Michael Papajohn) - *Davide Marzi*
Zio Ben Parker (Cliff Robertson) - *Angelo Nicotra*	Philip Watson (Tim De Zarn) - *Bruno Conti*
J. Jonah Jameson (J.K. Simmons) - *Sandro Iovino*	Insegnante (Shan Omar Huey) - *Enrico Pallini*
Flash Thompson (Joe Manganiello) - *Paolo Vivio*	Enrique (Lou Torres) - *Vittorio Stagni*
Segaossa Mcgraw (Randy Poffo) - *Claudio Fattoretto*	Guida al laboratorio (Una Damon) - *Giovanna Martinuzzi*
Gen. Slocum (Stanley Anderson) - *Dario Penne*	Poliziotto (Myk Watford) - *Davide Marzi*
Annunciatore sul ring (Bruce Campbell) - *Massimo De Ambrosis*	Ragazza del check-in (Octavia Spencer) - *Tiziana Avarista*
Hoffman (Ted Raimi) - *Antonello Noschese*	Henry Balkan (Jack Betts) - *Luciano De Ambrosis*

Le voci che verranno: dalla 59ª Mostra del Cinema di Venezia

Novembre 2002

Ai festival di cinema i film sono proiettati in lingua originale e sottotitolati nella lingua ufficiale di ogni kermesse. A Venezia in italiano. In controtendenza, per questa 59ª edizione, si è anche parlato di doppiaggio. Fiorello ha dichiarato a Vincenzo Mollica, inviato Rai, in occasione della proiezione veneziana del lungometraggio d'animazione di Giulio Cingoli, che doppiare è un'attività affascinante.

Lo showman ha, infatti, prestato la voce al protagonista del film *Johan Padan a la descoverta de le Americhe*. Dario Fo, che scrisse e portò in scena nel 1991 il testo originale da cui è tratto il prodotto animato, dà la voce a Johan Padan ormai vecchio. Nell'ambito della Mostra è stato, inoltre, presentato il programma della VI edizione di *Voci nell'Ombra* in cui Claudio G. Fava, direttore artistico della manifestazione, ha confermato le sue doti di brillante intrattenitore.

Tra il pubblico Vittorio Sgarbi, doppiatore per caso di una puntata dei *Simpson*. In tale occasione, Angelo Pizzuto, caporedattore cinema di Primafila, ha sottolineato l'unicità di questa rubrica sul doppiaggio che è una delle peculiarità della sezione cinema di *Primafila*.

Fiamma Izzo ci permette qualche anticipazione sull'imminente doppiaggio del film di Mendes *Road to Perdition*, in distribuzione a dicembre, di cui sarà dialoghista e direttrice di doppiaggio.

Il presidente della distribuzione Fox, Osvaldo De Santis, ha scelto come voce di Tom Hanks quella di Fabrizio Pucci, per Paul Newman quella di Renato Izzo, per Jude Law quella di Riccardo Onorato. Fiamma Izzo sottolinea la difficoltà di riprodurre un linguaggio gangster degli anni Trenta, infarcito di slang, conservando la semplicità ed evitando i cliché.

Suoni di Francia

Febbraio 2003

Due film francesi sono usciti nelle sale cinematografiche italiane, quasi contemporaneamente, alla fine dello scorso anno, i cui titoli *8 femmes* e *Embrassez qui vous voudrez* sono stati tradotti diversamente nell'edizione italiana. In primo piano sono posti i personaggi: le loro peculiarità, il loro comportamento, il loro modo di parlare, di vestire, di porsi li rende rappresentativi di uno stereotipo. A ognuno non può mancare un dramma o un problema esistenziale, in alcuni casi un vizio o un atteggiamento superficiale nei confronti degli altri e dell'esistere: quadretti di uomini e donne. Come nella realtà le loro vite si intersecano o si sfiorano, in ogni modo entrano in contatto e innescano il motore delle vicende narrative dei due film.

In *Otto donne e un mistero*, le protagoniste hanno un legame più o meno morboso con un uomo, Marcel. Per la trasposizione italiana quindi otto doppiatrici e un direttore, Francesco Vairano: finalmente un film con abbondanza di ruoli femminili. Nei panni della nonna/Danielle Darrieux traspare la grande esperienza di doppiatrice di Miranda Bonansea, interprete di Judy Garland ne *Il Mago di Oz*, della prima Marilyn Monroe e della prima Grace Kelly, tra le altre. Tempi teatrali, recitazione marcata, scandita, senza sovrapposizioni nei dialoghi per questo giallo con numeri da musical sottotitolati in italiano, e reminiscenze cinematografiche. Voci che si adattano alla varietà dei ruoli: Chiara Colizzi è la cameriera un po' sgualdrina Louise/Emmanuelle Béart, Franca D'Amato è la zia acida e zitella Augustine/Isabelle Huppert, Valeria Ciangottini è la fatalona Pierrette/Fanny Ardant, Melina Martello è la donna di classe

Gabi/Catherine Deneuve, Alessia Amendola è la "Gian Burrasca" Catherine/Ludivine Sagnier, Alida Milana è la fanciulla falsamente ingenua Suzon/Virginie Ledoyen, Paola Giannetti è la domestica di colore Chanelle/Firmine Richard.

In *Baciate chi vi pare*, tratto dal romanzo *Summer things* di Joseph Connolly, il regista e sceneggiatore, Michel Blanc, anche interprete del geloso Jean-Pierre, trae spunto dalle partenze per le vacanze estive per far intrecciare e scombinare i tasselli dei rapporti tra i protagonisti. Commedia con qualche spunto comico che scaturisce soprattutto da abbozzate scene di sesso, da equivoci, adultèri e accanimenti del destino sugli "sfortunati". Blanc è abile a ironizzare sulle situazioni e a sfruttare la verve degli interpreti: una Charlotte Rampling che non ha smarrito il suo charme nei panni della borghese Elizabeth e Jacques Dutronc, il coniuge che la tradisce, la cui sola presenza riempie le scene; Carole Bouquet, sempre affascinante, è la moglie perseguitata dal marito ossessionato dai suoi inesistenti tradimenti; Karin Viard assolutamente vera nei panni della "sfigata" Veronique. Il doppiaggio è stato diretto da Carlo Valli, voce di Robin Williams in molti film, sull'adattamento dei dialoghi di Renato Cecchetto. Tra le voci: Maria Pia Di Meo è Elizabeth/Charlotte Rampling, Rodolfo Bianchi è Bertrand/Jacques Dutronc, Emanuela Rossi doppia Lulu/Carole Bouquet, Antonella Rendina è Veronique/Karin Viard, Luca Biagini è Jean Pierre/Michel Blanc.

8 donne e un mistero

Regia di *François Ozon*
Francia/Italia 2002
Doppiaggio italiano – *CVD*

Sonorizzazione – *International Recording*
Dialoghi italiani e direzione del doppiaggio – *Francesco Vairano*
Assistente al doppiaggio – *Roberta Schiavon*
Fonico di doppiaggio – *Ivano Casoni*
Fonico di mix – *Roberto Moroni*

Doppiatori:

Louise (Emmanuelle Béart) - *Chiara Colizzi*	Suzon (Virginie Ledoyen) - *Alida Milana*
Pierrette (Fanny Ardant) - *Valeria Ciangottini*	Mamy (Danielle Darrieux) - *Miranda Bonansea*
Gaby (Catherine Deneuve) - *Melina Martello*	Catherine (Ludivine Sagnier) - *Alessia Amendola*
Augustine (Isabelle Huppert) - *Franca D'Amato*	Madame Chanel (Firmine Richard) - *Paola Giannetti*

Baciate chi vi pare

Regia di *Michel Blanc*
Francia/ UK /Italia 2002
Doppiaggio italiano – *Cast Doppiaggio*
Dialoghi italiani – *Renato Cecchetto*
Direzione del doppiaggio – *Carlo Valli*

Doppiatori:

Elizabeth Lannier (Charlotte Rampling) - *Maria Pia Di Meo*	Julie (Clotilde Courau) - *Barbara De Bortoli*
Bertrand Lannier (Jacques Dutronc) - *Rodolfo Bianchi*	Maxime (Vincent Elbaz) - *Pasquale Anselmo*
Lulu (Carole Bouquet) - *Emanuela Rossi*	Kevin (Sami Bouajila) - *Oreste Baldini*
Jean-Pierre (Michel Blanc) - *Luca Biagini*	Loic (Gaspard Ulliel) - *Simone D'Andrea*
Veronique (Karin Viard) - *Antonella Rendina*	Rena / Nanoi (Mickael Dolmen) - *Fabrizio Vidale*
Emilie (Lou Doillon) - *Cristina Giachero*	Jerome (Denis Podalydès) - *Oreste Baldini*
Romain (Matthieu Boujenah) - *Nanni Baldini*	Dott. Davy (Nicolas Briancon) - *Alessio Cigliano*

Echi da un adulterio

Aprile 2003

L'Amore infedele è quasi un remake del film francese di Claude Chabrol, del 1968, *La femme infidèle*. Il regista Adrian Lyne, anche di *9 settimane e ½* e *Attrazione fatale*, non riesce a scovare soluzioni narrative e di regia tali da innovare il percorso di un tradimento e le scontate conseguenze. Le ambientazioni e la fotografia soddisfano l'occhio dello spettatore abituato, ormai, dalla cinematografia statunitense a forti sollecitazioni. Il triangolo è quello trito e ritrito di centinaia di altri film: lui, lei, l'altro. Belli i protagonisti: di fascino esotico il giovane Olivier Martinez nei panni del mercante di libri, una brava Diane Lane calata nel ruolo della moglie infedele Connie. Per esigenze di sceneggiatura, Richard Gere, il "distrutto" marito tradito Edward Summer, inizia di fatto a recitare nella seconda parte. Le scene di sesso sono senza mordente, né riescono a essere patinate come in *9 settimane e 1/2*. Non disattende le aspettative neppure il finale: il perbenismo americano ha come sempre la meglio.

Risultano aderenti le voci italiane. Roberta Pellini interpreta Diane Lane. Aveva superato una prova ancor più difficile, doppiando Nicole Kidman, nel vorticoso *Moulin Rouge*. Si addice la voce di Massimo Cordova al maturo Richard Gere, quasi il suo "doppio" ufficiale a partire da *Sommersby (1993)*.

Christian Iansante contribuisce al fascino di Olivier Martinez. Una curiosità: il simpatico bambino di casa Summer è doppiato da Flavio Aquilone, già presente nel cast voci del primo *Harry Potter*. La direzione del doppiaggio è di Rodolfo Bianchi che si è spesso confrontato con film d'autore, mentre l'adattamento e i dialoghi italiani sono di Carla Vangelista. Danilo Moroni ha curato il missaggio.

L'amore infedele

Regia di *Adrian Lyne*
USA 2002
Doppiaggio italiano – *CDL*
Direzione del doppiaggio – *Rodolfo Bianchi*

Doppiatori:

Connie Sumner (Diane Lane) - *Roberta Pellini*	Bob Gaylord (Erich Anderson) - *Angelo Maggi*
Edward Sumner (Richard Gere)- *Mario Cordova*	Tracy (Kate Burton) - *Aurora Cancian*
Paul Martel (Olivier Martinez) - *Christian Iansante*	Sally (Margaret Colin) - *Alessandra Korompay*
Charlie Sumner – (Erik Per Sullivan) - *Flavio Aquilone*	Barista Al Cafè (Marc Forget) - *Rodolfo Bianchi*
Frank Wilson (Dominic Chianese) - *Carlo Reali*	Det. Dean (Zeljko Ivanek) - *Danilo De Girolamo*
Gloria (Myra Lucretia Taylor) - *Laura Boccanera*	Det. Mirojnick (Gary Basaraba) - *Enzo Avolio*
Bill Stone (Chad Lowe) - *Francesco Bulckaen*	

Speciale: Alberto Sordi e il doppiaggio

Giugno 2003

Il ruolo del doppiaggio nella carriera artistica di Alberto Sordi fu di certo decisivo al suo esordio. Alberto Sordi cominciò, infatti, nel mondo dello spettacolo vincendo il concorso bandito dalla Metro per trovare un nuovo doppiatore a Oliver Hardy. Precedentemente, Carlo Cassola (Stan Laurel) e Paolo Canali (Oliver Hardy) avevano doppiato i due comici soprannominati "Cric e Croc".

Dal 1938 al 1953 Mauro Zambuto e Alberto Sordi doppiarono Stanlio e Ollio, così chiamati italianizzando i nomi originali, a partire dal film *Fra' Diavolo* del 1933, rendendoli straordinariamente divertenti accentuandone le peculiarità linguistiche.

Sordi diede la voce a Robert Mitchum in *Notte senza fine* (Walsh, 1947), a John Ireland ne *Il fiume rosso* (Hawks 1948), a Van Johnson di *Lo stato dell'Unione* (Capra, 1948), a Bruce Bennet ne *Il tesoro della Sierra Madre* (Huston 1948) e ne *La fuga* (Daves, 1947), a J. Carrol Naish di *Sahara* (Korda, 1943), a Pedro Armendáriz di *Il massacro di Fort Apache* (Ford, 1948), a John Sutton ne *La maschera dei Borgia*, a Torin Thatcher in *Grandi speranze* (Lean, 1946), ad Alan Marshal ne *Il giardino di Allah* (Boleslawski, 1936, noto come *Il giardino dell'oblio*), a Scott McKay in *Duello al sole* (Vidor, 1948), a Bruce Lester in *Ombre Malesi* (Wyler, 1940), a Peter Whitney in *Destinazione Tokio* (Daves, 1943). Enrico Lancia, una vera enciclopedia vivente del doppiaggio italiano, ricorda che Sordi prestò la voce anche ad attori italiani: caso celebre fu l'occasione in cui doppiò Marcello Mastroianni in *Domenica d'agosto* (Emmer, 1950). Quando, negli anni Cinquanta, la sua attività cinematografica divenne più intensa, Sordi abbandonò progressivamente quella di doppiatore a favore del cinema.

Il critico cinematografico Claudio G. Fava, che ha ripubblicato un libro su Alberto Sordi per la terza volta con Gremese, ha annunciato che nella prossima VII edizione del Festival Nazionale del Doppiaggio *Voci nell'Ombra*, a fine settembre a Finale Ligure (SV), un'intera sezione sarà dedicata a Sordi per ricordare il suo ruolo nel doppiaggio italiano.

Alberto Sordi ha un clone vocale, autentico testimone della storia del doppiaggio in Russia. Si chiama Artëm Karapetjan e ha festeggiato i cinquant'anni di carriera come attore di teatro e di cinema in Russia. A questa ha affiancato un'altrettanto lunga attività di doppiatore e di direttore di doppiaggio. Ha permesso che non solo Alberto Sordi parlasse in russo: Yves Montand, Gérard Philipe, Louis de Funès, Otto Fischer, Pierre Brasseur sono stati conosciuti nel continente sovietico grazie al suo lavoro. Abbiamo potuto ascoltare la sua possente voce baritonale incollata all' "Albertone nazionale" e percepirne anche le sfumature, la risata particolare, le sue peculiarità perfettamente riprodotte. Spezzoni della versione russa di *Il medico della mutua*, con uno strepitoso Alberto Sordi, sono stati proiettati a Finale Ligure in occasione della V edizione del Festival del Doppiaggio *Voci nell'Ombra*. Questa chicca è stata una delle tante iniziative dell'ormai affermato evento, scelta per porre a confronto mondi diversi, ma affini, dell'universo doppiaggio di cui l'intero pianeta audiovisivo non può ancora fare a meno. Per contribuire ad alimentare la memoria storica del doppiaggio, Karapetjan ha partecipato alla giornata di studi dedicata all'*Eurodoppiaggio: alle soglie dell'unità europea una riflessione sul doppiaggio in Europa.* Paladino del doppiaggio di qualità ha descritto i percorsi e la crisi di questo settore in Russia, regalandoci una preziosa testimonianza.

Nell'ex Unione Sovietica, infatti, dopo l'avvento del sonoro si tentarono le strade dei sottotitoli, della voce fuoricampo, successivamente della sincronizzazione solo dell'inizio e della fine della frase senza badare all'articolazione delle parole intermedie. Il doppiaggio terminò per essere accolto come unica e insostituibile soluzione possibile del problema traduttivo in questo paese totalitario, ma costituito da quindici repubbliche con caratteristiche linguistiche diverse. I film girati, in quella nazione, avevano l'obbligo di essere approvati da Stalin stesso e dal Comitato per gli affari cinematografici di Mosca. Per permettere l'analisi dello staff di controllo le pellicole, realizzate in qualsiasi territorio e in qualsiasi lingua dell'ex Unione Sovietica, dovevano essere doppiate in russo. Gli errori commessi nella trasposizione erano pagati a caro prezzo, anche con la perdita della libertà, oltre che con la bocciatura del prodotto e la conseguente *impasse* economica. Intere troupe, in alcuni casi pure il Ministro della Repubblica sovietica ove il film era stato realizzato, si trasferivano a Mosca per affrontare le varie fasi di lavorazione necessarie a perfezionare il prodotto da presentare al Comitato. Quando il doppiaggio non era realizzato nella capitale, ma in una delle repubbliche, i doppiatori, gli adattatori e i direttori giungevano da Mosca per l'"evento". La scuola russa nacque quindi all'insegna di standard qualitativi elevatissimi, includendo il confronto con i film provenienti da altre nazioni: la selezione dei "doppi" russi era severissima ed effettuata tra attori affermati dei teatri di Mosca e Leningrado.

Risale al 1938 il primo doppiaggio di un film in lingua originale straniera. *L'uomo invisibile* (James Whale, 1933) richiese sei mesi di lavoro. "Veri staff artistici", usando le parole di Karapetjan, seguivano sia la sincronizzazione tecnica sul labiale, che l'aderenza espressiva alla recitazione degli attori e allo stile dell'opera. Non tralasciavano, neppure, la corrispondenza alla musicalità e ai ritmi della lingua russa. Molta cura e professionalità distinsero la grande scuola di doppiaggio russo: il perfezionamento delle varie fasi condusse, negli anni Ottanta, a poter concludere l'iter del doppiaggio di un film in dieci, quindici giorni, sempre garantendone la qualità.

Con il crollo dell'Unione Sovietica le Repubbliche raggiunsero l'indipendenza da Mosca e fu superata la necessità dell'assenso centrale della capitale alla circolazione dei film. Altra importante conseguenza fu che i film stranieri, per mancanza di risorse economiche, smisero di essere doppiati e si ritornò, quindi, all'ausilio della voce fuori campo.

Negli ultimi anni, seppure in pochi casi, si optò nuovamente per il doppiaggio: ciascuna delle poche società che potevano permettersi, nonostante il momento di malessere dell'intera collettività russa, di svolgere tale attività, lavorava circa dieci prodotti, con budget ridotti e con i conseguenti risultati.

A noi non rimane che ricordare le prestigiose performance della scuola del doppiaggio russo del passato, quelle versioni affrontate con scrupolo e passione per il proprio lavoro e l'esperienza dei paladini come Artëm Karapetjan, la cui voce è stata scelta come modello e punto di riferimento di questa arte in tutta la Russia. E per molto tempo…

Artëm Karapetjan, doppiatore di Alberto Sordi

Delicatezze norvegesi in italiano: *Elling*

Giugno 2003

Elling è un film delicato – come già rilevava la recensione di Giuseppe Liotta – su Primafila, nato inizialmente come prodotto per la televisione alla stregua di altri titoli cult tra cui *Duel* di Spielberg e *Un angelo alla mia tavola* di Jane Campion.

Rivelatosi un apprezzato film d'essai, è stato candidato all'Oscar 2002 nella categoria miglior film straniero. Il doppiaggio, diretto da Mario Cordova, tiene ben presente la necessità di trasmettere una dimensione di diversità, nonostante i suoni lunghi e duri di una lingua ostica come il norvegese: una tenera e fragile diversità. Oliviero Dinelli raggiunge l'alchimia della sostituzione vocale usando la più leggera delle sue tonalità per far parlare Elling, il protagonista affetto da manie di persecuzione, e aderire alle corde di Per Ellefsen. Pensare che è anche il doppiatore del personaggio comico inglese Mr Bean.

I dialoghi italiani sono di Enzo Bruno, l'assistente al doppiaggio è Sabrina Merlini. Massimo Lodolo interpreta l'amico e compagno di appartamento Kjell Bjarne. Antonella Rinaldi, figlia d'arte, presta la voce all'unica figura femminile del film. Enrico Di Troia è l'assistente sociale Frank e Bruno Alessandro, meglio conosciuto come l'ispettore Derrick italiano, è il poeta Alfons Jorgensen.

Elling

Regia di *Petter Næss*
Norvegia 2001
Doppiaggio italiano – *Multimedia Network Cinema*
Sonorizzazione – *Studio 1*
Dialoghi italiani – *Enzo Bruno*
Direzione del doppiaggio – *Mario Cordova*
Assistente al doppiaggio – *Sabrina Merlini*
Fonico di doppiaggio – *Christian Murgia*
Fonico di mix – *Angelo Raguseo*

Doppiatori

Elling (Per Christian Ellefsen) - *Oliviero Dinelli*	Frank Asli (Jørgen Langhelle) - *Enrico Di Troia*
Kjell Bjarne (Sven Nordin) - *Massimo Lodolo*	Alfons Jorgensen (Per Christensen) - *Bruno Alessandro*
Reidun Nordsletten (Marit Pia Jacobsen) - *Antonella Rinaldi*	

Stagioni calde per i doppiatori

Luglio 2003

Nel bel mezzo di questa estate del 2003, calda da record, anche il settore del doppiaggio ha acceso un'altra stagione di polemiche e scioperi in nome di una definizione della piattaforma sindacale e delle categorie e dei professionisti che lo costituiscono.

L'ANAD (Associazione Nazionale Attori Doppiatori) e l'AIDAC (Associazione Italiana Dialoghisti Adattatori Cinetelevisivi), rappresentando attori, direttori, assistenti e dialoghisti hanno sospeso di nuovo in luglio la loro attività per circa dieci giorni. I turni di doppiaggio sono saltati, le consegne dei dialoghi sono scivolate con l'obiettivo di smuovere le controparti ossia ANICA (Associazione Nazionale Industrie Cinematografiche Audiovisive Multimediali), ALIED (Associazione Libere Imprese Edizioni Doppiaggio), Editori Associati e altri rappresentanti.

Con il negoziato ci si propose di affrontare le questioni vere attinenti al sistema delle regole e delle garanzie che devono avere i professionisti del settore, il tutto finalizzato a salvaguardare la qualità di un lavoro che è e rimane di elevato livello artistico. Punti salienti sono stati la richiesta di dilatare e non contrarre, seguendo le esigenze economiche, i tempi di lavoro necessari per doppiare le opere audiovisive mantenendo la qualità dei risultati, e l'inserimento dei prodotti destinati ai bambini nella fascia alta di retribuzione, come per le opere cinematografiche o le serie televisive "importanti".

Emerge in particolar modo il problema delle troppe e inutili intermediazioni, interferenze o ingerenze nelle contrattazioni tra i committenti, chi siano realmente i veri committenti e chi esegue le fasi di lavorazione per ottenere l'"edizione italiana".

L'autunno, che prevede la lavorazione dei film in uscita per Natale e nella stagione invernale, si preannuncia altrettanto caldo.

"A Bordighera c'è il sole anche di sera..."

Agosto-settembre 2003

Un hotel dal nome elegante, Hotel Parigi, si affaccia a Bordighera sulla passeggiata a mare, frequentata da turisti e locali in cerca di sole e di aria buona. Una brezza sottile, quasi tiepida, increspa il mare, gli abiti, gli sguardi attoniti dei passanti che assistono a bocca aperta a una scena degna della migliore Cannes dei divi. Paolo Villaggio, sprofondato in un'importante poltrona di vimini, gli occhi e il portamento stanco, sorseggiando una birra fresca dinanzi all'altisonante albergo. Subisce le telecamere. Il giornalista della nuova sede Rai di Sanremo, Antonio Devia, con gran contrasto, professionale, in forma, abbronzato sotto i curati capelli argentati, cerca di far assorbire al microfono, spugnato di nero, pensieri e confidenze del distaccato Villaggio.

Questo momento indimenticabile, della IX edizione di *Bordighera, città dell'umorismo*, dal titolo *Cattivi si nasce*, si è dilatato in una curiosa e particolare serata in cui il mitico critico cinematografico Claudio G. Fava si è cimentato in un'intervista senza rete con l'interprete di quel Fracchia tragicomico che tutti conosciamo. La voce di Paolo, da sola, ci immerge in immagini del cinema italiano, che in alcuni casi il comico rinnega con l'amarezza di chi ha ceduto alle lusinghe di facili e cospicui guadagni. Da due sedie sul palco, da due uomini, quasi caleidoscopi della storia del cinema italiano, uno di fronte all'altro, sono sgorgati, come da un vaso di Pandora improvvisamente aperto, ricordi, emozioni, frammenti di vita artistica e professionale conditi dal "mestiere" dei due autentici showmen. Un pezzo di teatro straordinario.

A Bordighera "si ride" da oltre mezzo secolo. Dalle vignette e dai disegni umoristici del *Salone* che ha ispirato i fidanzatini di Peynet, alla trasformazione, dieci anni fa, in festival sulla comicità, ricco di appuntamenti e spettacoli con i nomi più famosi del panorama nazionale.

Sul palcoscenico del Teatro Palazzo del Parco, dal 26 aprile al 3 maggio 2003, si sono alternati oltre a Villaggio artisti del calibro di Neri Marcorè, Serena Dandini, Ezio Greggio, Max Pisu, Antonio Ricci, la Iena Debora Villa, Cinzia Leone, dal circo di *Zelig* Paolo Migone, Sergio Sgrilli e Alberto Patrucco. Poi mostre, proiezioni, eventi tutti dedicati al rapporto tra una "sana" cattiveria e una "buona" comicità.

Chicca indimenticabile Flavio Oreglio e Leonardo Manera, nella serata d'apertura. Hanno commosso la platea coinvolgendola nelle note di una canzone diventata immediatamente inno dell'intero festival:

❞

A Bordighera c'è il sole anche di sera

estate e inverno è sempre primavera.

E c'è il confine della Francia un po' più in là,

andate voi che io sto bene qua!

Paolo Villaggio e Claudio G. Fava al teatro Palazzo del Parco, Bordighera, 2003

Londra da star male: il doppiaggio di *28 giorni dopo*

Agosto-settembre 2003

Silenzi tombali che fanno presagire l'apocalisse, orde di rumori infernali, mugolii che divengono spasmi vocali disperati, nulla di umano resta negli esseri viventi contagiati da un virus letale, esclusivamente ossessionati dall'istinto di soddisfare la fame: è l'ambientazione di *28 giorni dopo* di Danny Boyle.

Fin dalla scena iniziale, un laboratorio scientifico in cui stridono le grida delle enormi scimmie infette da rabbia che si avventano sui liberatori – animalisti convinti della loro buona azione – e li contagiano, si insinua nello spettatore una sensazione di angoscia, che perdura, anzi cresce. Jim, unico sopravvissuto all'aggressione dei "primati", dopo 28 giorni si risveglia in un ospedale abbandonato e scopre una Londra desolata. È solo, vaga nella capitale devastata: Big Ben, Westminster Palace, Tower Bridge, spettrali lo accompagnano nel percorso di inquadrature della macchina da presa. Da star male! Incontrerà qualche pugno di superstiti nelle campagne inglesi, lande sterminate dal flagello, e un gruppo di militari, ormai alienati, da cui sarà costretto a fuggire per proteggere le donne rimaste con lui. Le due figure femminili, Selena, una giovane di colore, e Hannah, una ragazzina, sono la speranza di avere un futuro; la scia bianca dell'aereo straniero, che fa ricognizione alla ricerca di *survival*, pure. Circa due settimane sono state impiegate per doppiare questo film, rispettando lo standard di tempo richiesto per la trasposizione cinematografica, dalla società Cast Doppiaggio, con la direzione di Luca Dal Fabbro: voce, tra gli altri, di Steve Buscemi e direttore anche di *One Hour Photo* con Robin Williams. Ha azzeccato la scelta delle voci. Simone D'Andrea, riconoscibile per i vari personaggi doppiati nelle serie televisive è Jim/Cillian Murphy; Alessandra Cassioli è Selena/Naomie Harris; Domitilla D'Amico è Hannah/Megan Burns; Massimo Corvo, anche doppiatore di Jean Reno in *Léon*, è Frank/Brendan Gleeson. La voce secca di Massimo Lodolo rende bene l'asciutto Maggiore Henry West/Christopher Eccleston. Ottimo lavoro dei fonici, per il doppiaggio Paolo Battisti e per il missaggio Roberto Cappannelli, che si sono cimentati nella riproduzione di un panorama sonoro piuttosto complesso e frastagliato.

28 giorni dopo

Regia di *Juan Carlos Fresnadillo*
UK / Spagna 2007
Doppiaggio italiano – *Cast Doppiaggio*
Dialoghi italiani – *Valerio Piccolo*
Direzione del doppiaggio – *Luca Dal Fabbro*
Assistente al doppiaggio – *Michela Barbera*
Fonico di doppiaggio – *Paolo Battisti*
Fonico di mix – *Roberto Cappannelli*

Doppiatori:

Donald Harris (Robert Carlyle) - *Massimo Rossi*	Flynn (Harold Perrineau) - *Fabrizio Vidale*
Tammy Harris (Imogen Poots) - *Emanuela Damasio*	Alice Harris (Catherine Mccormack) – *Giò Giò Rapattoni*
Andy Harris (Mackintosh Muggleton) - *Manuel Meli*	Gen. Stone (Idris Elba) - *Antonio Palumbo*
Magg. Scarlet (Rose Byrne) - *Laura Lenghi*	Jacob (Shahid Ahmed) - *Francesco Meoni*
Serg. Doyle (Jeremy Renner) - *Loris Loddi*	Geoff (Garfield Morgan) - *Silvio Anselmo*

Prendimi l'anima, i toni del sentimento

Ottobre 2003

Adesso che *Prendimi l'anima* è disponibile nei circuiti home video, ecco una buona ragione per riassaporare la qualità del doppiaggio, o apprezzare il film per chi era mancato alla proiezione in sala. L'opera di Roberto Faenza è un esempio di coproduzione cinematografica italo-anglo-francese. L'inglese è la lingua adottata per la presa diretta, nonostante sia un film sostanzialmente italiano, ma girato con attori protagonisti stranieri, è stato necessario trasporlo con un accurato doppiaggio della Time Out di Roma per la visione nazionale. Un film di dialogo emozionante, non patinato come i prodotti americani. I doppiatori sono stati guidati a toccare le giuste corde della spontaneità, delle ricerche dei profondi dolori dell'animo, ad abbandonare i vezzi e i cliché dei doppiaggi più abituali, senza imporre esercizi di stile.

Così Roberto Pedicini, voce di molti *macho man*, raggiunge le sfumature più delicate delle sue doti vocali, attingendo nel rovescio della medaglia del suo carattere un po' sfacciato, per rappresentare un dottor Jung complesso e fragile, né sensuale e né ammiccante nel rapporto con la sua paziente. Emanuela Rossi contribuisce a donare un'immagine vincente alla protagonista femminile. La sensibilità con cui la doppiatrice si cala nel personaggio di Sabina Spielrein, le fa superare la differenza d'età che non è stata d'ostacolo all'interpretazione, alquanto sfaccettata, di una giovane donna dalla psiche malata, ma dotata di un'enorme energia interiore.

Faenza ha donato il suo contributo presenziando alle fasi di lavorazione del doppiaggio. La direttrice, Tiziana Lattuca, che confessa di aver instaurato un'atmosfera di calda collaborazione per raggiungere risultati ottimali, potremmo definirla specializzata nel doppiaggio di film di produzione italiana. Ha lavorato sul doppiaggio delle opere di registi italiani fino a curare le integrazioni di post-produzione dei film di Aldo, Giovanni e Giacomo. La sua ultima fatica, il *Soraya* televisivo di Lodovico Gasparini, considerato un evento di fiction per la Rai, in programmazione per l'autunno, ci farà ascoltare anche un Roberto Pedicini, voce dello Scià di Persia.

Prendimi l'anima

Regia di *Roberto Faenza*
Italia / Francia / Regno Unito 2002
Doppiaggio italiano – *Time Out Cin.Ca*
Sonorizzazione – *CDC Sefit Group*
Dialoghi italiani – *Elettra Caporello*
Direzione del doppiaggio – *Tiziana Lattuca*
Assistente al doppiaggio – *Gigliola Grassi*
Fonico di doppiaggio – *Fabrizio Salustri*
Fonico di mix – *Danilo Moroni*
Consulente – *Anna Mazzotti*

Doppiatori

Dott. Carl Gustav Jung (Iain Glen) - *Roberto Pedicini*	Richard Fraser (Craig Ferguson) - *Francesco Prando*
Sabina Spielrein (Emilia Fox) - *Emanuela Rossi*	Emma Jung (Jane Alexander) -- *Jane Alexander*
Marie (Caroline Trousselard) - *Claudia Catani*	Madre Di Sabina (Joanna David) - *Aurora Cancian*

Alla ricerca... delle voci perfette

Dicembre 2003

"Muto come un pesce": non è il caso di Nemo e dei suoi compagni di avventura, o meglio di disavventura, nelle profondità oceaniche, protagonisti del campione d'incassi natalizio *Alla ricerca di Nemo*. Il tenero Nemo, coraggioso pesciolino con una pinna atrofica, suo papà Marlin, apprensivo e protettivo verso il figlioletto, le meravigliose e vivaci creature marine, che incontrano nelle loro peripezie acquatiche, parlano. E con che voci! Performance vocali che completano l'appagamento visivo della strepitosa animazione digitale della Disney-Pixar, pioniera da sempre nel genere.

"Signorineggia" la smemorata, esilarante Dory con i guizzi e il talento dell'attrice e affermata intrattenitrice comica Carla Signoris: canta, balla con la voce, cambiando i registri recitativi ci immerge nel caleidoscopio degli stati d'animo. La Signoris confessa una grande emozione nell'affrontare la sua prima esperienza come doppiatrice, nel porsi in un ruolo che le permetterà di rimanere nella memoria sonora di tanti bambini. Luca Zingaretti, Marlin, riesce a trasmetterci i toni della malinconia, dell'apprensione che scaturisce dal cuore di un genitore preoccupato per la sorte del proprio figlio. Il doppiatore di Nemo è Alex Polidori: otto anni, dalla voce sembra essere più piccino, può già vantare esperienze televisive e di fiction nel suo curriculum.

Carlo Valli, autore dei dialoghi italiani e direttore del doppiaggio, a cura della Cast, con l'assistenza di Andreina D'Andreis, si attiene all'originale nel lungo percorso della trasposizione di questo film, sia nella fedeltà al testo, particolarmente controllata alla stregua delle altre produzioni Disney, sia nella scelta delle voci. Nella versione americana Dory è la brillante Ellen DeGeneres, Marlin è Albert Brooks e Nemo è Alexander Gould. Valli ha diretto altre opere d'animazione, da *Toy Story 1* e *2*, ad *Atlantis - L'impero perduto*, da *Monsters & Co.* ai *Pokémon*.

Gli addetti al doppiaggio dei vari cartoons, presenti sugli schermi cinematografici nel periodo di Natale, tra gli altri *Looney Tunes: Back in Action, Sinbad - La leggenda dei sette mari, Totò Sapore e la magica storia della pizza*, e su quelli televisivi come serie cult, si danno appuntamento a Finale Ligure (SV) a fine marzo 2004, per la terza edizione del festival *Le Voci di Cartoonia*.

Alla ricerca di Nemo

Regia di *Andrew Stanton*
USA 2003
Doppiaggio italiano – *Cast Doppiaggio*
Dialoghi italiani e direzione del doppiaggio - *Carlo Valli*
Assistente al doppiaggio – *Andreina D'Andreis*
Fonico di doppiaggio – *Sandro Galluzzo*
Mix effettuato a Londra

Doppiatori:

Marlin (Albert Brooks) -*Luca Zingaretti*	Bernie - *Ambrogio Colombo*
Dory (Ellen Degeneres) - *Carla Signoris*	Randa (Eric Bana) - *Pasquale Anselmo*
Nemo (Alexander Gould) - *Alex Polidori*	Fiocco (Bruce) - *Dario Penne*
Bombo (Brad Garrett) - *Massimo Corvo*	Darla (Lulu Ebeling) - *Erica Necci*
Branchia (Willem Dafoe) - *Angelo Nicotra*	Scorza (*Andrew Stanton*) - *Stefano Masciarelli*
Diva (Allison Janney) - *Silvia Pepitoni*	Perla (Erica Beck) - *Benedetta Manfredi*
Gluglù (Austin Pendleton) - *Danilo De Girolamo*	Bruto (Barry Humphries) - *Alessandro Rossi*
Bloblo' (Stephen Root) - *Gerolamo Alchieri*	Varenne (Erik Per Sullivan) - *Mattia Nissolino*
Deb e Flo (Vicki Lewis) – Giò Giò *Rapattoni*	Maestro Ray (Bob Peterson) - *Marco Mete*
Jacques (Joe Ranft) - *Jacques Peyrac*	Papà di Perla - *Roberto Draghetti*
Amilcare (Geoffrey Rush) - *Pietro Ubaldi*	Papà di Pulce - *Vittorio Stagni*
Pulce *(Jordan Ranft)* - *Manuel Meli*	Papà di Pulce - *Vittorio Stagni*
Coral (Elizabeth Perkins) - *Roberta Pellini*	Mr. Johanssen - *Mario Bombardieri*
Guizzo (Nicholas Bird) - *Furio Pergolani*	Jimmy - *Andrea Ciccarone*
Capo Moonfish- *Renato Cecchetto*	Segretaria - *Cristina Giachero*
Pellicano #1 - *Franco Mannella*	Moonfish Ted - *Stefano Billi*
Krill - *Luigi Morville*	

Di commedia in commedia.
Prima ti sposo poi ti rovino

Gennaio 2004

Prima ti sposo poi ti rovino, dal titolo originale *Intolerable Cruelty*, dei fratelli Coen, va ben oltre la "commedia americana". Si prende gioco e ironizza sui suoi cliché, sui ruoli scontati e predefiniti. Spicca la silhouette della cacciatrice di mariti facoltosi Catherine Zeta-Jones/Marilyn Rexroth doppiata, come in *Chicago*, da Francesca Fiorentini. Brillante la performance del carismatico George Clooney, interprete di Miles Massey, celebre e ricco avvocato. Se il divo si diverte a recitare anche con i denti e con le sopracciglia, la sua voce italiana, Francesco Pannofino, dal timbro profondo e corposo, si incolla perfettamente sul volto di Clooney e alla sua mimica facciale. Lo ha doppiato in quasi tutte le pellicole cinematografiche, finora.

Il direttore del doppiaggio, Carlo Cosolo, si cimenta con le difficoltà di adattamento che il genere della commedia comporta. Le battute, il far ridere, i meccanismi del provocare ilarità attingono spesso a un bagaglio culturale e, quindi, difficile da rendere fruibile a spettatori di un'altra nazione, con un altro background. L'adattamento è una fase essenziale. Cosolo, con equilibrio, ha lavorato in questa ottica cercando di non stravolgere i riferimenti originali, i vari accorgimenti e incastri, anche linguistici, peculiari delle opere dei fratelli Coen. Ha mantenuto il registro interpretativo del grottesco, della caricatura, del giocare sugli schemi, senza far scadere le reinterpretazioni vocali nella macchietta e nella banalità. Un esempio è uno spontaneo Pietro Ubaldi che doppia il buffo Rex Rexroth/Billy Bob Thornton: il nome allitterato non è stravagante quanto il suo vizietto di fare trenini con tante donne nude e raggiungere la massima soddisfazione nell'emissione del fischio della locomotiva.

Il responsabile dell'edizione italiana della UIP è Paolo Mangiavacchi; l'assistente al doppiaggio è Andreina D'Andreis; il fonico del doppiaggio è Fabrizio Salustri; il fonico del missaggio è Alessandro Checcacci.

Prima ti sposo poi ti rovino

Regia di *Joel Coen*
USA 2003
Doppiaggio italiano – *Cast Doppiaggio*
Dialoghi italiani e direzione del doppiaggio – *Carlo Cosolo*
Assistente al doppiaggio – *Andreina D'Andreis*
Fonico di doppiaggio – *Fabrizi Salustri*
Fonico di mix – *Alessandro Checcacci*

Doppiatori:

Miles Massey (George Clooney) - *Francesco Pannofino*	Claire O'Mara (Kiersten Warren) - *Maria Letizia Scifoni*
Marilyn Rexroth (Catherine Zeta-Jones) - *Francesca Fiorentini*	Heinz, Barone Krauss Von Espy (Jonathan Hadary) - *Carlo Reali*
Donovan Donaly (Geoffrey Rush) - *Saverio Moriones*	Herb Myerson (Tom Aldredge) - *Gianni Musy*
Howard D. Doyle (Billy Bob Thornton) - *Ennio Coltorti*	Joe Fischietto (Wheezy Joe, Irwin Keyes) - *Gerolamo Alchieri*
Gus Petch (Cedric The Entertainer) - *Stefano Mondini*	Ragazza di Rex (Kristin Dattilo) - *Emanuela D'Amico*
Rex Rexroth (Edward Hermann) - *Pietro Ubaldi*	Ollie Olerud (Jack Kyle) - *Fabio Boccanera*
Wrigley (Paul Adelstein) - *Sergio Lucchetti*	Sig.Ra Gutman (Judith Drake) - *Franca Lumachi*
Freddy Bender (Richard Jenkins) - *Oliviero Dinelli*	Avvocato di Gutman (George Ives) - *Bruno Alessandro*
Sarah Sorkin (Julia Duffy) - *Alessandra Korompay*	Sig. Mackinnon (John Bliss) - *Sergio Di Giulio*
Ramona Barcelona (Mia Cottet) - *Barbara De Bortoli*	Segretaria di Miles (Wendle Josepher) - *Tatiana Dessi*

Altre voci: *Mario Milita, Luca Biagini, Carlo Reali, Oreste Rizzini*

La giuria

Febbraio 2004

Runaway Jury, del regista Gary Fleder, è tratto da un legal thriller di John Grisham. Nel film dal titolo italiano *La giuria* è appunto la giuria, e il procedimento della sua scelta, a diventare prioritario ed essenziale nel processo che intenta una giovane vedova nei confronti di una multinazionale, produttrice di armi. Un processo che può trasformarsi nel "precedente" per migliaia di richieste simili. L'accusa studia i giurati cercando soggetti manovrabili e corruttibili. La difesa cerca giurati che possano essere obiettivi e sensibili. Il giovane Nicholas Easter/John Cusack riesce a farsi accettare come membro giudicante e, con azioni dall'interno ed espedienti attuati dall'esterno dalla fidanzata Marlee, rende la giuria manovrabile: ricatterà sia l'accusa sia la difesa per indirizzare il verdetto. Il finale scioglie il dilemma. Easter è animato da buone e nobili intenzioni, o è un individuo malvagio che vuole solo far soldi? Dustin Hoffman, l'avvocato, tutto d'un pezzo, della difesa Wendell Rohr, è doppiato da Giorgio Lopez e non è la prima volta con Hoffman. Spesso, nella sua carriera, ha doppiato Danny DeVito. Il leader dell'accusa Rankin Fitch/Gene Hackman ha la voce di Sergio Fiorentini come già in *Verdetto finale*, *I Tenenbaum*, *Nemico pubblico*, *Piume di struzzo*, nei vari *Superman*, solo per citarne alcuni. Una curiosità: ha doppiato anche il comico inglese Benny Hill. Emanuela Rossi abituata a far parlare le "belle" del cinema, da Michelle Pfeiffer, a Rene Russo, Nastassja Kinski, Debra Winger, Emma Thompson, Kim Basinger, Jessica Lange, Madonna, Sharon Stone e molte altre, doppia la figura femminile di Marlee/Rachel Weisz. Francesco Prando rende bene l'ambiguità che caratterizza il personaggio di Nicholas

Easter/John Cusack. La direzione del doppiaggio è di Claudio Sorrentino, tra l'altro doppiatore ufficiale di Mel Gibson e di John Travolta, che confessa che anche il settore del doppiaggio rivendica una valutazione equa del proprio ruolo riavviando nel mese di febbraio azioni di sciopero, con la speranza di riscontri fruttuosi.

La giuria
Regia di *Gary Fleder*
USA 2003
Doppiaggio italiano – *CIS Comunicazione Immagine Suono*
Sonorizzazione – *Fono Roma Film Recording*
Dialoghi italiani – *Mauro Trentini*
Direzione del doppiaggio – *Claudio Sorrentino*
Assistente al doppiaggio - *Liselotte Parisi*
Fonico di doppiaggio – *Franco Mirra*
Fonico di mix – *Franco Coratella*

Doppiatori:

Nicholas Easter (John Cusack) - *Francesco Prando*	Frank Herrera (Cliff Curtis) - *Saverio Moriones*
Rankin Fitch (Gene Hackman) - *Sergio Fiorentini*	Lamb (Leland Orser) - *Mino Caprio*
Wendell Rohr (Dustin Hoffman) - *Giorgio Lopez*	Lonnie Shaver (Bill Nunn) - *Stefano Mondini*
Marlee (Rachel Weisz) - *Emanuela Rossi*	Eddie Weese (Guy Torry) - *Nanni Baldini*
Durwood Cable (Bruce Davison) - *Claudio Sorrentino*	Millie Dupree (Rusty Schwimmer) - *Lorenza Biella*
Giudice Harkin (Bruce Mcgill) - *Michele Kalamera*	Prof. Phelan (Peter Jurasik) - *Carlo Sabatini*
Doyle (Nick Searcy) - *Stefano De Sando*	Jacob Wood (Dylan Mcdermott) - *Massimo Rossi*
Henry Jankle (Stanley Anderson) - *Cesare Barbetti*	Jerry Hernandez (Luis Guzmàn) - *Roberto Draghetti*
Ussell (Orlando Jones) - *Massimo Bitossi*	

Altre voci: *Mario Milita, Luca Biagini, Carlo Reali, Oreste Rizzini*

Giulio II: protagonista in teatro di un pezzo di storia

Marzo 2004

Curioso per iniziare: un papa protagonista di un lavoro teatrale, e per di più recitato alla maniera di Dario Fo, scritto e realizzato per rendere omaggio al pontefice Giulio II nel cinquecentenario dell'elezione al soglio pontificio. Giuliano della Rovere nacque ad Albissola e in questa cittadina in provincia di Savona *Il papa cowboy* è stato solo uno degli appuntamenti del ricco calendario per celebrarlo.

Il testo, scritto e diretto dal savonese Marco Ghelardi con la collaborazione di Christine Hooper e la Compagnia dei Cattivi Maestri, è una lezione di storia che diventa spettacolo attraverso l'ironia e la comicità, veicoli eccezionali per far arrivare informazioni, avvenimenti, epoche e personaggi. Ed è anche una lezione ai nuovi signori della guerra di oggi, che non indugiano nel voler governare mediante essa. Sconfinando oltre la figura del pontefice, un po' guerriero, un po' mecenate, rappresentante della fede, principe, personalità coinvolgente e controversa del Rinascimento, *Il papa cowboy* tratteggia un uomo a tutto tondo con pregi, difetti, insicurezze e sentimenti, assecondando i toni del tragicomico.

L'interprete, Mario Pirovano, reduce da un enorme successo nella sua tournée in Australia con il *Johan Padan*, al Festival Internazionale delle Arti di Melbourne, si cala vigorosamente nelle vicende del papa, in un continuo movimento sulla scena con espressioni del corpo, del viso, con l'arte dello stare sul palcoscenico assimilata durante il suo percorso artistico a fianco di Dario Fo, che lo ha definito "un autodidatta di grandi qualità espressive". Per aggiungere una precisazione e qualche informazione in più, visto che spesso scrivo di doppiaggio: oltre a Mario Pirovano, attore di teatro, su Milano gravita anche il suo omonimo nel cognome Pino Pirovano: attore teatrale e televisivo, visto in televisione anche a Portobello, e noto doppiatore.

Mario Pirovano

La sonorità del Sol Levante

Marzo 2004

Nel film *L'ultimo samurai,* Nathan Algren, un veterano della guerra civile divenuto rappresentante della Winchester, dopo varie imprese di guerra, si ritrova in Giappone nel 1876 per istruire le truppe dell'Imperatore Meiji all'uso delle armi da fuoco, da utilizzare per combattere gli ultimi samurai che si oppongono all'inevitabile processo di modernizzazione del Giappone e al potere che lo persegue. Catturato e tenuto in ostaggio in un villaggio, Algren, interpretato da Tom Cruise, vivendo a stretto contatto con le tradizioni e il codice d'onore dei samurai, rimane affascinato dai profondi valori di lealtà e coraggio che lo animano. Anche in questo film, la voce di Tom Cruise è di Roberto Chevalier, encomiabile nel doppiaggio del militare americano. Un consulente lo ha preparato per pronunciare le frasi e le parole in giapponese e recitarle con le giuste intonazioni.

Il direttore di doppiaggio e dialoghista del film, Marco Mete, ha affrontato un lungo lavoro: una delle maggiori difficoltà con cui si è cimentato, è proprio quella di rendere il contrasto di due mondi a confronto e di due universi di suoni e di lingua completamente differenti. Con l'aiuto di un'assistente di consistente esperienza Ivana Fedele, ha selezionato, tra duecento, i giapponesi che potessero recitare in italiano trasmettendoci le sonorità dell'idioma del Sol Levante e le evocazioni connesse.

Claudia Gvirtzman, responsabile del FIGS per la Warner, ossia della supervisione delle quattro edizioni europee distribuite in

Francia, Italia, Germania e Spagna, ha controllato ogni fase del doppiaggio. Spiega Marco Mete: «Accogliendo la richiesta di Claudia Gvirtzman, le scene girate in esterni sono state doppiate con gli attori al leggio in una specie di "baracchino" costruito in sala, per eliminare ogni riverbero e ottenere una pulizia e una distinzione del suono eccellente»

La fase di missaggio, piuttosto complicata, si è svolta negli studi Fox di Los Angeles locati per l'occasione dalla Warner.

L'ultimo samurai

Regia di *Edward Zwick*
Usa / Nuova Zelanda / Giappone 2003
Doppiaggio italiano – *CDC Sefit Group*
Sonorizzazione – *International Recording*
Supervisione della versione italiana – *Claudia Gvirtzman*
Dialoghi italiani e direzione del doppiaggio – *Marco Mete*
Assistente al doppiaggio – *Ivana Fedele*

Doppiatori:

Nathan Algren (Tom Cruise) - *Roberto Chevalier*	Simon Graham (Timothy Spall) - *Oreste Rizzini*
Katsumoto (Ken Watanabe) - *Haruhiko Yamanouchi*	Omura (Masato Harada) - *Mitsuru Suzude*
Serg. Zebulah Grant (Billy Connolly) - *Ugo Maria Morosi*	Ambasciatore Swanbeck (Scott Wilson) - *Luciano De Ambrosis*
Col. Benjamin Bagly (Tony Goldwyn) - *Tonino Accolla*	Winchester Rep (William Atherton) - *Ennio Coltorti*

Voci per emozionare: *Big Fish*

Aprile 2004

Storie che raccontano una vita incredibile: l'esistenza di Edward Bloom. Un film che commuove ed emoziona: *Big Fish*. Un regista definito "visionario": Tim Burton. Un direttore di doppiaggio dall'ampia esperienza: Filippo Ottoni, attuale presidente dell'AIDAC, l'Associazione Italiana Dialoghisti Adattatori Cinetelevisivi. Ottoni ha ovviamente curato anche i dialoghi italiani e ha intrapreso un percorso interpretativo nella misura che ci permette di assaporare ogni sfumatura di un arcobaleno, che nasce dal reale e raggiunge l'irreale. Preserva lo spirito della fiaba, l'essenza romantica di alcune scene, l'atmosfera felliniana. Si confronta con attori inglesi che parlano con l'appreso accento dell'Alabama.

La semplicità del linguaggio scelto, un po' affabulato, stimola l'evocazione tipica della favola: tocca le corde di quell'animo da bambini che ognuno di noi ha in fondo a se stesso, forse celato dalla quotidianità, soffocato e pressato dai malesseri del nostro tempo e aiuta l'emozione a sgorgare dagli angoli dei nostri occhi.

Edward da giovane/Ewan McGregor parla con la voce di Riccardo Rossi, ormai affermato nel doppiaggio italiano, Edward da anziano/Albert Finney è Luciano De Ambrosis, mentre l'anziana moglie Sandra/Jessica Lange è interpretata da Micaela Esdra e la giovane Sandra/Alison Lohman da Valentina Mari. Alla voce già cavernosa di Alessandro Rossi è stato sufficiente aggiungere l'effetto dell'amplificazione e del riverbero per ottenere il tonare del gigante Karl/ Matthew McGrory. Vittorio De Angelis con una voce bella, ma neutra, è adatto al personaggio del figlio di Edward Will/Billy Crudup e una Cristiana Lionello, abituata ad interpretare ruoli di donne più carnali, riesce a dare fascino anche a Jenny/Helena Bonham Carter.

Giorgio Lopez riproduce la stessa follia, il medesimo stare sopra le righe, l'atteggiamento da imbonitore di Danny DeVito, il padrone del circo, Amos. «Pignolo il supervisor Jeff Davidson», confessa Filippo Ottoni, «niente in confronto ai ritardi nella lavorazione del film *Troy* di Wolfgang Petersen, con Brad Pitt, provocati dallo sciopero indetto nel periodo di febbraio e marzo dai doppiatori e dai dialoghisti per il rinnovo del Contratto Collettivo Nazionale».

Big Fish
Regia di *Tim Burton*
USA 2003
Doppiaggio italiano – *CDC-Sefit Group*
Dialoghi italiani e direzione del doppiaggio – *Filippo Ottoni*
Assistente al doppiaggio – *Daniela Losavio*

Doppiatori:

Ed Bloom da giovane (Ewan McGregor) - *Riccardo Rossi*	Dott. Bennett (Robert Guillaume) - *Angelo Nicotra*
Ed Bloom da anziano (Albert Finney) - *Luciano De Ambrosis*	Josephine (Marion Cotillard) - *Tiziana Avarista*
Will Bloom (Billy Crudup) - *Vittorio De Angelis*	Norther Winslow (Steve Buscemi) - *Mino Caprio*
Sandra Bloom da adulta (Jessica Lange) - *Micaela Esdra*	Karl, il gigante (Matthew Mcgrory) - *Alessandro Rossi*
Sandra Bloom da giovane (Alison Lohman) - *Valentina Mari*	Beaman (London Wainwright Iii) - *Nino Prester*
Jenny / La strega (Helena Bonham Carter) - *Cristiana Lionello*	Mildred (Missi Pyle) - *Isabella Pasanisi*
Amos (Danny DeVito) - *Giorgio Lopez*	

Il doppiaggio del film *Luther*

Luglio 2004

La Cast Doppiaggio di Roma ha curato la post-produzione di *Luther*, sonorizzandolo presso gli Studios di Cinecittà. Dopo i primi tre, quattro turni di doppiaggio, fu obbligata a sospendere la lavorazione per quasi un mese, a causa dello sciopero indetto dal settore. Carlo Cosolo, adattatore e autore dei dialoghi italiani, ha basato il suo lavoro su una versione in presa diretta americana e una doppiata in tedesco. Il supervisore Renato Maiocchi, rappresentante della Chiesa Evangelica Valdese, ha confermato la corretta scelta di Cosolo di ritenere maggiormente affidabile l'edizione teutonica, indubbiamente più vicina al personaggio di Lutero e alla *vexata quaestio* dello scisma religioso. In controtendenza rispetto alla quasi prassi degli ultimi anni di affidare alla stessa persona adattamento, dialoghi e direzione, Carlo Valli ha diretto il doppiaggio cercando di mantenere un parlato né troppo didascalico, né troppo da film di avventura, che potesse sembrare antico, proferito, sul sinc di una lingua tedesca piuttosto infervorata dall'argomento. Le indulgenze sono state definite "salvacondotto per le gioie celestiali del paradiso".

Sono rimasti autentici e non sono stati tradotti i nomi dei personaggi, per esempio. Martin Lutero/Joseph Fiennes ha la voce italiana del milanese Simone D'Andrea. Si distingue Sergio Graziani nel doppiare Federico, donandogli una perfetta verve ironica, interpretato dal recentemente scomparso Peter Ustinov. L'affermata attrice di teatro Galatea Ranzi esordisce al doppiaggio nel ruolo di Katharina von Bora/Claire Cox, colei che diverrà la moglie di Lutero, con un misurato tono recitativo.

Roberto Pedicini è Papa Leone X, Alessandro Quarta è Spalatino, Massimo Rossi è Johann Tetzel, Gianni Giuliano è il Cardinal Caetano, Giorgio Lopez è Johann von Staupitz, Niseem Onorato è Girolamo Aleandro.

Luther

Regia di *Eric Till*
USA 2003
Doppiaggio italiano – *Cast Doppiaggio*
Dialoghi italiani – *Carlo Cosolo*
Direzione del doppiaggio – *Carlo Valli*
Assistente al doppiaggio – *Patrizia Salmoiraghi*

Doppiatori:

Martin Lutero (Joseph Fiennes) - *Simone D'Andrea*	Johann Von Staupitz (Bruno Ganz) - *Giorgio Lopez*
Johann Tetzel (Alfred Molina) - *Massimo Rossi*	Aleandro (Jonathan Firth) - *Niseem Onorato*
Duca Federico il Savio di Sassonia (Peter Ustinov) - *Sergio Graziani*	Papa Leone X (Uwe Ochsenknecht) - *Roberto Pedicini*

Adattamento e sottotitoli ne *La Passione di Cristo* di Gibson

Ottobre 2004

La Passione di Cristo, il film di Mel Gibson, è recitato in aramaico, la lingua di Gesù, e in latino, la lingua dei Romani. Per ogni versione il regista ha voluto i sottotitoli, curati da Alessandro Rossi nell'edizione italiana.

Un film dalle azioni rallentate, fin dalle prime scene, in cui Gesù prega nella nebbia, tentato dal diavolo, catturato dai prigionieri. I sottotitoli rispettano i dialoghi scarni, essenziali, dalle parole scandite, proferite per ampliarne il significato. Preservano i suoni delle lingue di quel tempo che integrano e si mescolano alla colonna sonora mistica, ai suoni penetranti che ci infliggono i rumori della sofferenza fisica perpetrata: rumori acuti, stridenti, taglienti degli strumenti di persecuzione e il vociferare, l'urlare del popolo, i versi del branco inferocito. Un film che può permettersi di non essere doppiato perché i silenzi sfondano e oltrepassano il muro delle parole, sempre pronunciate lentamente.

La distribuzione italiana della Eagle ha richiesto ad Alessandro Rossi di rispettare maggiormente nell'edizione italiana la vicinanza letterale al Vangelo, onorando l'essenza cristiana che sta alle nostre origini, la coscienza religiosa del nostro popolo. Alessandro Rossi, che solitamente veste i panni del doppiatore e del direttore di doppiaggio, ha ricostruito i sottotitoli delle parole di Gesù unendo parti di frasi tratte dai quattro vangeli e li ha sottoposti ai supervisori chiosandoli con le citazioni dei versi.

Ha adattato a un livello arcaico pure le conversazioni degli altri personaggi, con l'intento di tutelare il soggetto del film.

Alcune scene sono state doppiate, in aramaico o in latino, per migliorare il risultato non ottenuto – dal punto di vista della recitazione vocale – con la presa diretta. Un esempio: la scena in cui le guardie fustigano Gesù infarcita, inizialmente, di insulti un po' romaneschi.

Doppiaggio. Leggii d'oro

Ottobre 2004

Il comune di Magnago, in provincia di Milano, ha sicuramente affrontato uno sforzo organizzativo ed economico per creare un altro riconoscimento ai doppiatori. Il Leggio d'Oro è il premio che si è svolto il 10 e l'11 luglio 2004, presentato da Raffaella Cesaroni e Luciano Mastellari, in un "teatro-tenda" montato nel parco comunale, con tanto di banda cittadina, esibizione della scuola di ballo, ringraziamenti del neoeletto sindaco agli elettori e una mostra e un film dedicati ad Alberto Sordi.

L'iniziativa è stata organizzata in collaborazione con l'ENDAS (Ente Nazionale Democratico di Azione Sociale) che ha anche selezionato i vincitori di questa prima edizione per le seguenti categorie così definite dagli organizzatori: Francesco Pannofino come voce maschile, Melina Martello come voce femminile, Monica Ward come voce cartoon, Francesco Pezzulli come voce giovane e menzione speciale "Il Giornale dell'Alto Milanese", Natale Ciravolo come voce della TV, Elisabetta Bucciarelli come premio direzione doppiaggio, Filippo Ottoni come premio dialoghista. Oreste Rizzini ha ricevuto il premio alla carriera e Oreste Lionello una menzione speciale.

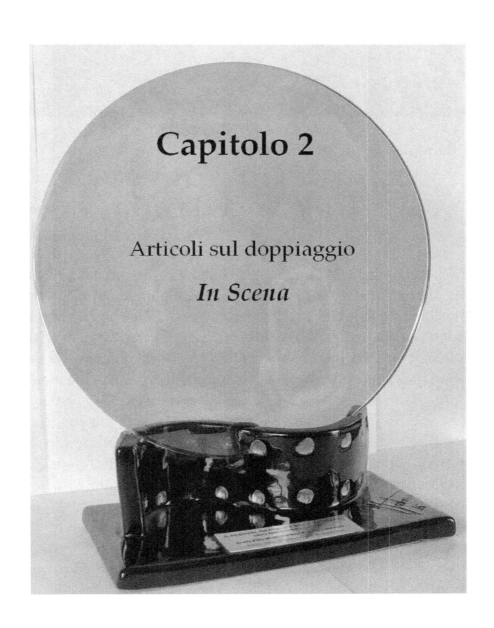

Rivista mensile dello spettacolo
Direttore - Nuccio Messina
Coordinamento Cinema - Angelo Pizzuto

Troy, voci da eroi

Dicembre 2004

Troy, il colossal di Wolfgang Petersen, ha avuto un dialoghista e un direttore del doppiaggio di prestigio, Filippo Ottoni, presidente dell'AIDAC, l'Associazione Italiana Dialoghisti Adattatori Cinetelevisivi, e un'assistente di vasta esperienza nel settore, Ivana Fedele. Per questo film "molto combattuto" la fase di adattamento e post-produzione all'edizione italiana non è stata semplice come potremmo pensare. La versione americanizzata dell'Iliade ha privilegiato le battaglie e le storie d'amore, una sorta di "soap storica" che enfatizzando gli intrighi, le rivalità, le passioni si avvale di un linguaggio abbastanza semplice e immediato. La difficoltà non è stata la riproduzione dello stile epico, ma ottenere dai doppiatori una recitazione epica, un proferire altisonante consono alla grandezza dei personaggi, alla spettacolarità del film. Ottoni si è posto l'obiettivo di "far sentire parlare da eroi e non da uomini comuni".

La voce di Brad Pitt nel ruolo di Achille era certamente importante, in un film quasi costruito attorno a lui. Necessitava una voce maschia, corposa, diversa da quella di Sandro Acerbo, che lo ha doppiato spesso. Dopo molti provini la scelta è ricaduta su Loris Loddi, proveniente dal teatro, un estroso. Niseem Onorato è Ettore/Eric Bana. Massimiliano Manfredi è Paride/Orlando Bloom, Adalberto Maria Merli è Agamennone/Brian Cox, Massimo Lodolo è Ulisse/Sean Bean, Sergio Graziani è Priamo/ Peter O'Toole – lo ha doppiato spesso – Stefano De Sando è Menelao/Brendan Gleeson, Renato Cortesi è Nestore/John Shrapnel, Gianfranco Miranda è Patroclo/Garrett Hedlund, Enzo Avolio è Eudoro/Vincent Regan. Tra le donne: Roberta Pellini è Andromaca/Saffron Burrows, la voce fresca di Ilaria Stagni – doppia tra l'altro Burt dei *Simpson* – aderisce al personaggio di Briseide/Rose Byrne, mentre Stella Musy dona sensualità a Elena/Diane Kruger.

Troy

Regia di *Wolfgang Petersen*
USA 2004
Doppiaggio Italiano – C.D. *Cine Doppiaggio*
Sonorizzazione – *International Recording*
Dialoghi italiani e direzione del doppiaggio – *Filippo Ottoni*
Assistente al doppiaggio – *Ivana Fedele*

Doppiatori:

Achille (Brad Pitt) - *Loris Loddi*	Enea (Frankie Fitzgerald) - *Davide Perino*
Ettore (Eric Bana) - *Niseem Onorato*	Patroclo (Garrett Hedlund) - *Gianfranco Miranda*
Paride (Orlando Bloom) - *Massimiliano Manfredi*	Menelao (Brendan Gleeson) - *Stefano De Sando*
Elena (Diane Kruger) - *Stella Musy*	Triopa (Julian Glover) - *Glauco Onorato*
Agamennone (Brian Cox) - *Adalberto Maria Merli*	Glauco (James Cosmo) - *Bruno Alessandro*
Briseide (Rose Byrne) - *Ilaria Stagni*	Lisandro (Owain Yeoman) - *Enrico Di Troia*
Priamo, re di Troia (Peter O'toole) - *Sergio Graziani*	Teti, madre di Achille (Julie Christie) - *Elettra Bisetti*
Andromaca, moglie di Ettore (Saffron Burrows) - *Roberta Pellini*	Aiace Telamonio (Tyler Mane) - *Massimo Pizzirani*
Nestore (John Shrapnel) - *Renato Cortesi*	Eudoro (Vincent Regan) - *Enzo Avolio*
Ulisse, re di Itaca (Sean Bean) - *Massimo Lodolo*	

Altre voci: *Tiziana Avarista, Vittorio De Angelis.*

Incredibili animatori di cartoni

Marzo 2005

Gli Incredibili, il film animato in 3D – frutto, come già i due capolavori precedenti *Monsters & Co.* e *Alla ricerca di Nemo*, del connubio tra Disney e Pixar – è stato progettato per uscire nelle sale nella stagione invernale 2004-2005. Distribuito dalla Buena Vista, con la supervisione all'edizione italiana di Roberto Morville, punta sulla scelta delle voci e la cura nella trasposizione che, in prodotti come questo destinati soprattutto a un pubblico giovane, devono mantenere la fedeltà, privilegiando, però, la finalità di far divertire. Il doppiaggio, a cura della Cast e sonorizzato dalla CDC Sefit Group, ha la direzione di Carlo Valli, come per *Monsters* e *Nemo*, ed evidenza il ruolo dei "talent", le voci famose scelte con lo scopo di attribuire caratteristiche e sfaccettature umane ai personaggi animati: Amanda Lear, con il suo parlare profondo e inconfondibile, regala alla stilista – anche di tute da supereroi – Edna Mode il tocco di singolarità necessario per sottolineare una figura eccentrica. Fa risaltare, ancor meglio che nella versione francese da lei stessa interpretata, la personalità di Edna. Nell'originale americano ha la voce dello stesso regista Brad Bird. Il capofamiglia Bob Parr si trasforma da normale genitore in Mr. Incredibile basandosi sulla cifra vocale tranquillizzante di Adalberto Maria Merli. Laura Morante è la scattante, un po' nevrotica Elastigirl, la mamma di questo nucleo famigliare di supereroi costretto a tornare in azione per salvare il babbo in pericolo.

Alessia Amendola, nipote di Ferruccio Amendola e Rita Savagnone, seguendo la tradizione di famiglia, si cimenta con successo nel doppiaggio di Violetta Parr. Flash Parr ha la voce di Furio Pergolani, pure uno dei principali interpreti sonori del film *Polar Express* con Tom Hanks, di cui Carlo Valli è anche direttore. Una curiosità: il figlio di Valli, il piccolo Ruggero, dà la voce al bambino che appare sul triciclo sia all'inizio che al termine del film. Siberius, interpretato da Samuel Lee Jackson, per l'Italia è Christian Iansante, mentre il "cattivo" del film Sindrome è Massimo Corvo. Cammeo verbale di Michele Cucuzza nel ruolo di uno speaker televisivo. Il prossimo anno Pixar e Disney lanceranno nelle sale *Cars*. Nel frattempo, a Finale Ligure, nella primavera 2005 si svolgerà *Le Voci di Cartoonia*, il festival cuginetto di *Voci nell'Ombra*, interamente dedicato ai prodotti di animazione e alle loro voci.

Gli Incredibili

Regia di *Brad Bird*
USA 2004
Doppiaggio italiano – *Cast Doppiaggio*
Sonorizzazione – *CDC Sefit Group*
Dialoghi italiani e direzione del doppiaggio – *Carlo Valli*
Assistente al doppiaggio – *Sabina Monatarella*
Supervisione artistica – *Roberto Morville*

Doppiatori:

Bob Parr/Mr. Incredibile (Craig T. Nelson) - *Adalberto Maria Merli*	Bomb La Tour (Dominique Louis) - *Patrick Osmond*
Helen Parr/Elastigirl (Holly Hunter) - *Laura Morante*	Speaker TV (Teddy Newton) - *Michele Cucuzza*

Lucius Best/Siberius (Samuel L. Jackson) - *Massimo Corvo*	Sig.Ra Hogenson (Jean Sincere) - *Alina Moradei*
Buddy Pine/Sindrome (Jason Lee) - *Christian Iansante*	Il minatore (John Ratzenberger) - *Ambrogio Colombo*
Violetta Parr (Sarah Vowell) - *Alessia Amendola*	Tony Rydinger (Michael Bird) - *Alessio Nissolino*
Flash Parr (Spencer Fox) - *Furio Pergolani*	Rick Dicker (Bud Luckey) - *Pietro Biondi*
Bernie Kropp (Lou Romano) - *Pasquale Anselmo*	Kari (Bret Parker) - *Teresa Pascarelli*
Gilbert Huph (Wallace Shawn) - *Daniele Formica*	Honey (Kimberly Adair) - *Daniela D'Angelo*
Mirage (Elizabeth Peña) - *Emanuela Rossi*	Preside (Wayne Canney) - *Stefano Oppedisano*
Edna Mode (Brad Bird) - *Amanda Lear*	Rusty - *Ruggero Valli*
Jack-Jack Parr (Eli Fucile, Maeve Andrews) - *Francesco Mangiavacchi*	

Altre voci: *Edoardo Nordio, Sergio Lucchetti, Leonardo Graziano, Manuel Meli, Eva Padoan, Ruggero Valli, Euridice Axen, Irene Di Valmo, Massimiliano Plinio, Achille D'Aniello, Gianfranco Miranda, Emidio La Vella, Gaetano Lizzio, Maurizio Palladino, Graziella Polesinanti, Francesca Manicone, Gabriele Trentalance, Carlo Scipioni, Cristina Giachero, Marco Benvenuto, Carlo Valli.*

The Aviator: un volo di vent'anni per la voce italiana di Di Caprio

Aprile 2004

Francesco Pezzulli ha doppiato Leonardo DiCaprio in quasi ogni film: da *Titanic*, *Romeo e Giulietta*, *The Beach* a *Celebrity*, *Gangs of New York* e *Prova a prendermi*, seguendolo nel miglioramento delle capacità attoriali. In *The Aviator*, per doppiarlo nel ruolo di Howard Hughes, ha affrontato un vero percorso vocale. Infatti, è un individuo dalla personalità complessa, carismatico, potente. Assistiamo al suo incrudelirsi, all'acuirsi delle sue manie, delle sue idiosincrasie. Naturalmente questi cambiamenti si riflettono nei toni, nelle cifre espressive. Pezzulli lavora sul timbro della voce per trasmettere i mutamenti di un uomo che da ventenne raggiunge i quarant'anni, aggiungendo al suo carattere evidenti e incontrollabili alterazioni percepibili dal recitato di Pezzulli: spavaldo, adirato, depresso, maniacale, folle, devastato dal dolore fisico conseguente all'incidente aereo che gli ha ustionato il sessanta per cento del corpo.

Cristiana Lionello riproduce la raffinatezza di Katharine Hepburn interpretata da Cate Blanchett, mentre è Giuppy Izzo a doppiare l'avvenente e decisa Ava Gardner. Due doppiatrici abituate a dare la voce a molte delle famose star hollywoodiane contemporanee. Paolo Buglioni esegue il doppiaggio di Alec Baldwin, ossia il proprietario della linea aerea Panama. Dario Penne, il doppiatore di Anthony Hopkins in *Il silenzio degli innocenti*, è il senatore corrotto Ralph Owen Brewster.

Francesco Vairano, per la società CVD, ha diretto il doppiaggio basandosi sull'adattamento e i dialoghi italiani di Elettra

Caporello e lavorando sul recupero dell'eleganza degli anni Trenta, in cui il film è ambientato, donando alla pellicola gusto per il retrò e lasciando aleggiare atmosfere vecchio stile.

The Aviator

Regia di *Martin Scorsese*
USA 2004
Doppiaggio italiano – *CVD*
Sonorizzazione – *CDC Sefit Group*
Dialoghi italiani – *Elettra Caporello*
Direzione del doppiaggio – *Francesco Vairano*
Assistente al doppiaggio – *Roberta Schiavon*

Doppiatori:

Howard Hughes (Leonardo DiCaprio) - *Francesco Pezzulli*	Louis B. Mayer (Stanley Desantis) - *Angelo Nicotra*
Katharine Hepburn (Cate Blanchett) - *Cristiana Lionello*	James McNamara (James McNamara) - *Saverio Indrio*
Ava Gardner (Kate Beckinsale) - *Giuppy Izzo*	Ludlow (J.C. MacKenzie) - *Stefano Mondini*
Noah Dietrich (John C. Reilly) - *Franco Mannella*	Roland Sweet (Willem Dafoe) - *Massimo Lodolo*
Juan Trippe (Alec Baldwin) - *Paolo Buglioni*	Faith Domergue (Kelli Garner) - *Perla Liberatori*
Sen. Ralph Owen Brewster (Alan Alda) - *Dario Penne*	Joseph Breen (Edward Herrmann) - *Sandro Pellegrini*
Prof. Fitz (Ian Holm) - *Vittorio Congia*	Jack Frye (Danny Huston) - *Angelo Maggi*
Howard Hughes da bambino (Jacob Davich) - *Furio Pergolani*	Dott. Hepburn (Kenneth Welsh) - *Luciano De Ambrosis*
Jean Harlow (Gwen Stefani) - *Tiziana Avarista*	Kit Hepburn (Frances Conroy) - *Elettra Bisetti*
Errol Flynn (Jude Law) - *Niseem Onorato*	Johnny Meyer (Adam Scott) - *Roberto Certomà*
Glenn Odekirk (Matt Ross) - *Oreste Baldini*	

Altre voci: *Enrico Di Troia, Oliviero Dinelli, Vincenzo Ferro, Francesco Vairano.*

Il codice da Vinci, un doppiaggio nel rispetto delle scelte registiche

Giugno 2006

Inseguimenti, fughe, rivelazioni, colpi di scena, tradimenti, ricerche, intrecci tra Vaticano e Opus Dei di certo non mancano ne *Il codice da Vinci*, a caccia del Sacro Graal. Il suo doppiaggio, invece, rincorre sempre la versione originale anche sostituendo ai sottotitoli in inglese americano, usati per far comprendere conversazioni o citazioni in latino e francese, quelli italiani. Un lavoro di post-produzione impostato nel rispetto delle scelte del regista Ron Howard, per trasporre *Il codice da Vinci*, uno dei romanzi più letti della nostra contemporaneità, in opera filmica.

Manlio De Angelis ha diretto il doppiaggio, a cura della CDC Sefit Group, con un approccio accurato, proporzionale alla grande attesa suscitata dall'uscita di questo *american movie* ponendosi l'obiettivo di ottenere un'edizione italiana fedele alla pellicola, equidistante dal libro quanto lo ha voluto, o non voluto, l'*american director*. Manlio De Angelis con il suo bagaglio di esperienza ha, quindi, mantenuto un parlato con accenti francesi per ognuno dei personaggi di questa nazionalità. Ed è stata molto brava Anne Marie Sanchez, la doppiatrice della vivace Audrey Tautou per la crittologa Sophie Neveu, a trasmetterlo con naturalezza. Sono efficaci Jacques Peyrac, nel dare la voce al Jean Reno interprete del capitano Fache, e Cesare Barbetti, che attribuisce importanza al ruolo dominante per carisma di Ian McKellen nel personaggio di Sir Leigh Teabing. Roberto Chevalier conserva il distacco, la freddezza di Tom Hanks, ma gli regala un'ulteriore rotondità con dei tempi perfetti e un recitato di classe: lavoro meno faticoso dell'interpretazione vocale italiana di Truman Capote – il vincitore dell'Oscar come miglior attore maschile Philip Seymour Hoffman – di Bennett Miller, in cui ha avventurato la sua voce nel caleidoscopio emozionale dello scrittore americano. Massimo Lodolo caratterizza le conversazioni del vescovo Aringarosa/Alfred Molina con cadenza spagnola, e pure Roberto Pedicini per l'albino Silas. Spesso Pedicini ha doppiato personaggi appartenenti alla tipologia dei "non buoni": a Solinas attribuisce toni disgustosi, trascinati, consunti, aderenti al volto emaciato e al fisico indebolito dalle pene corporali autoinflitte. Per completare i crediti del doppiaggio: adattamento Elettra Caporello, assistenza al doppiaggio Silvia Ferri, fonico del doppiaggio Fabio Benedetti e fonico di mix Alessandro Checcacci.

Il codice da Vinci

Regia di *Ron Howard*
USA 2006
Doppiaggio italiano – *CDC Sefit Group*
Dialoghi italiani – *Elettra Caporello*
Direzione del doppiaggio – *Manlio De Angelis*
Assistente al doppiaggio - *Silvia Ferri*
Fonico di doppiaggio – *Fabio De Benedetti*
Fonico di mix – *Alessandro Checcacci*

Doppiatori:

Robert Langdon (Tom Hanks) - *Roberto Chevalier*	Silas (Paul Bettany) - *Roberto Pedicini*
Sophie Neveu (Audrey Tautou) - *Anne-Marie Sanchez*	André Vernet (Jürgen Prochnow) - *Francesco Vairano*
Sir Leigh Teabing (Ian Mckellen) - *Cesare Barbetti*	Isp. Capo Biggin Hill (Clive Carter) - *Luciano Roffi*
Bezu Fache (Jean Reno) - *Jacques Peyrac*	Nonna di Sophie - *Rita Savagnone*
Vescovo Manuel Aringarosa (Alfred Molina) - *Massimo Lodolo*	Prefetto (Francesco Carnelutti) -- *Francesco Carnelutti*

Altre voci: *Tiziana Avarista, Vittorio De Angelis.*

Massimo Lodolo, spazio interviste, Savona, *Voci nell'Ombra*, 2018

Un clima da dittatura con un doppiaggio che rispetta la censura

Giugno 2007

Nel film del regista Cristian Mungiu *4 mesi, 3 settimane, 2 giorni*, il girato della telecamera a mano con un'inquadratura fissa trasmette allo spettatore non solo un senso di fastidio e di nausea causati dal continuo movimento dell'immagine, ma lo rende consapevole di una presenza esterna. Una sorta di occhio-orecchio che controlla le azioni e le conversazioni dei personaggi, che impregna il pubblico di percezioni di controllo dal di fuori, di divieti, di oppressione dei colori, degli accenti, dei ritmi, delle caratterizzazioni. In tal modo si delineano i tratti peculiari di qualsiasi dittatura "seria", nello specifico quella della Romania ai tempi di Ceaușescu. Nella pellicola prevale il grigio, un parlato lento e costretto e un costante condizionamento espressivo. Il lavoro per arrivare all'edizione italiana che riesce a infondere la situazione di ristrettezze ambientali e psicologiche in chi vede il film è basato principalmente sul mantenere queste limitazioni di contenuti: censure e autocensure più o meno palesi, ma percepibili da ogni situazione, sequenza, inquadratura e frase pronunciata. Infatti, il recitato degli attori rumeni è trasposto dai doppiatori italiani in ugual maniera, come se fosse un parlato naturale estremamente controllato, continuamente sulle stesse corde, animando le conversazioni con i silenzi e le pause. L'adattamento dei dialoghi è stato sviluppato su una traduzione letterale dal rumeno, scegliendo termini appartenenti a un lessico non attuale, privo di neologismi e di connotazioni mediatiche. Scarse le difficoltà riscontrate per l'applicazione del sinc labiale e della lunghezza dei periodi del rumeno che è pur sempre una lingua latina. Per l'incisione delle colonne del doppiato si è optato per un utilizzo del microfono impostato per la "presa diretta" al fine di ricavarne le medesime sonorità dell'originale. La società che ha curato il doppiaggio è la CVD di Roma e la direzione è stata affidata alla professionalità di Maura Vespini che con la collaborazione di Laura Cosenza ha pure adattato i dialoghi. Per mantenere le stesse abilità vocali si è preferito l'attore di teatro Luca Biagini per interpretare Vlad Ivanov, nel ruolo del signor Bebe, colui che pratica l'aborto, anche lui abituato alle performance dal palcoscenico. Claudia Catani è la voce di Anamaria Marinca/Otilia, l'amica che aiuta la ragazza ad abortire e Valentina Mari è Laura Vasiliu/Gabita la ragazza che subisce l'aborto. E tra i doppiatori dei personaggi non protagonisti: Fabio Boccanera, Melina Martello, Miranda Bonansea, Ilaria Stagni, Stefano De Sando, Francesca Guadagno, Ludovica Modugno.

4 mesi, 3 settimane, 2 giorni
Regia di *Cristian Mungiu*
Romania 2007
Doppiaggio italiano – *CVD*
Sonorizzazione – *Technicolor Sound Service*
Dialoghi italiani – *Maura Vespini, Laura Cosenza*
Direzione del doppiaggio – *Maura Vespini*
Assistente al doppiaggio – *Sabrina Lettini*
Fonico di doppiaggio – *Antonello Giorgiucci*
Fonico di mix – *Roberto Moroni*

Doppiatori:

Otilia (Anamaria Marinca) - *Claudia Catani*	Adi (Alexandru Potocean) - *Fabio Boccanera*
Sig. Bebe (Vlad Ivanov) - *Luca Biagini*	Sig. Radu - *Gianni Giuliano*
Gabita (Laura Vasiliu) - *Valentina Mari*	Sig.ra Radu - *Ludovica Modugno*

Capitolo 3

Tutto quanto fa spettacolo…

Speciale: Tango Argentino
A cura di Tiziana Voarino

Gennaio 2003,
Primafila

"

Si può discutere sul tango, ed è quanto facciamo, ma esso racchiude in sé, come tutto ciò che è autentico, un segreto. I dizionari musicali ne danno, universalmente accettata, una breve e sufficiente definizione; è una definizione elementare, che non promette nessuna difficoltà, ma il compositore francese o spagnolo che, facendovi affidamento, compone correttamente un tango, scopre, non senza meraviglia, di aver ordito qualcosa che le nostre orecchie non riconoscono, che la nostra memoria non alberga e che il nostro corpo rifiuta. Si direbbe che senza i crepuscoli e le notti di Buenos Aires non possa nascere un tango, e che in cielo ci attende, noi argentini, l'idea platonica del tango, la sua forma universale, e che questa specie fortunata abbia, per quanto umile, il suo posto nell'universo.

Jorge Luis Borges

Buenos Aires. Il cuore dell'Argentina

L'Argentina è il paese delle contraddizioni, dell'eterogeneità, dei confini aperti, dei paesaggi diversi ed estremi. Si protende verso la fine del mondo, va verso il vuoto australe.

Ha montagne, la Cordigliera delle Ande, che la sorreggono da nord a sud come una colonna vertebrale: nella "Valle della Luna" sono stati ritrovati resti di dinosauri; sono terre desolate e fantastiche, scrigni per i paleontologi. *La quebrada del Toro*, catena preandina, rivela alla vista tonalità inaspettate, quando le sue rocce sono riscaldate dal sole del tramonto. La Pampa lascia spazio nel nostro immaginario a storie di *gauchos* e mandrie di bovini, cavalli selvaggi sospinti verso i recinti di solitarie *estancias*, le tenute nelle proprietà terriere dei latifondisti, in questo far west. Nel caleidoscopio argentino non mancano praterie battute dal vento, quelle della Patagonia, lande sconfinate, quelle della Terra del Fuoco, superfici sterminate di ghiaccio e temperature polari. Le Cascate dell'Iguazú, ai confini con il Brasile, ci ricordano l'imbattibile forza dell'acqua e ci immergono in lussureggianti foreste subtropicali e terre indie.

Anche la sua storia è complessa. Percorsi cosmopoliti, popolazioni diverse che arrivano si mescolano e ripartono, flussi di immigrazioni alternati a emigrazioni. Dittature, colpi di Stato, guerre come quella per le Falkland-Malvinas, non hanno reso facile il destino di questa nazione. Contraccolpi economici e l'incubo dell'inflazione, mai sotto controllo, mettono a dura prova la sopravvivenza della classe media.

Ma l'Argentina ha un "centro". Buenos Aires è il cuore che pulsa; la metropoli dalle mille luci riflette, nelle acque del Río de la Plata, le difficoltà e le varietà del paese. Vanta stili architettonici differenti. Vertiginosa, non dorme mai, ferve in sensazioni e tinte contrastanti, ammicca ai turisti, come a una di quelle seducenti femmine *porteñe* che gli europei sognano. Elegante e pericolosa, a volte violenta, mai inerte.

Un ammaliante luccicare che cela luoghi d'altri tempi: le milonghe, dove si balla il tango. Racchiudono odori, colori e ombre del passato; luci soffuse di candele, di abat-jour, lunghi banconi da bar, legno che pare aver assorbito secoli di fumo, di tabacco e di corteggiamenti.

Richiamo magico di amore e di cadenza

Il frutto succulento dell'Argentina è la cultura del tango. La varietà, gli orizzonti aperti, gli umori di questo paese confluiscono, alimentano le possibilità di combinazioni infinite che è il tango. Non solo danza, costituita da dinamiche e accattivanti acrobazie, ma letteratura, cinema, canti popolari, musica, poesia, filosofia di vita. Gli argentini non possono farne a meno. Gli appartiene, attraversa la loro esistenza. Questa miscela di input trascende l'identificazione nazionale. Rende riconoscibile nel mondo non un fenomeno, ma un popolo.

Le cartoline che raffigurano il tango ne eleggono due simboli: *zapatos* e *bandoneón*. Le prime non sono scarpe, ma veri comodi guanti per piedi che si inarcano in conflitti di movimenti. Il secondo una piccola fisarmonica che si allunga serpeggiando per gemere, per esprimere le note dolorose, ma profonde dell'esistere. I cliché sono quelli della notte, del grigio, dei vestiti morbidi e lisi, della pioggia, dei marciapiedi, delle prostitute, dei lampioni, dei guappi, della città, delle scommesse, degli amori persi e falliti.

Alchimia di intrecci, piedi che amoreggiano con il pavimento strusciandolo, per poi abbandonarlo in un baleno, e ricongiungersi a esso pronti per un'altra immediata fuga; un andare e un tornare: il tango come ballo è un rito. Rito di coppia, di avvicinamento, di conquista, con un pizzico di gusto per la performance.

Procedere e arrestarsi, attirarsi e rifiutarsi, in cambi di direzione repentini e *pivot* da vertigine, seguendo la cadenza, nel tentativo di disegnare la musica: questo è ballare il tango. L'eleganza sta nel non concedersi la tanto anelata vicinanza. Per la velocità d'esecuzione il contatto si consuma in un batter d'ali, in carezze di sguardi suadenti. Visi accostati, assorti nel piacere dell'intesa. Abbracci sinuosi permettono alla ballerina di seguire le indicazioni del petto maschile, guida di movimenti morbidi e fluidi e di altri colmi d'energia. Abbracci che rendono i due corpi giunchi piegati nel vento della musica. I loro assi, ben eretti e indipendenti, interagiscono; a volte si invadono, ma riguadagnano la loro autonomia e il loro stato d'allerta sulla scia dell'improvvisazione suggerita dall'uomo. Le gambe si insinuano rapide, accorte, mirano a spostare, invadere, creare spazi per poi farsi respingere. Un tango è la sintesi del tempo che trascorre inesorabile.

Il tango, inteso come ballo, è un cerchio ideale in cui stare. Stare per non pensare all'inspiegabile follia del mondo, alla propria vita, alle proprie solitudini, per sentirsi vivi, per cercare complicità, per esorcizzare i silenzi del proprio animo.

Il tango danzato non è tutto uguale. Se ne tramandano forme più antiche, popolari. Sono il *canyengue* e la sua quasi nipote *milonga*. Preziose sono le testimonianze di Martha Antón e Pedro Monteleone: una donna e un uomo che lo ballano.

Quando ne parlano, i loro occhi brillano, si commuovono ancora. Loro, resteranno nel cuore di chi li ha conosciuti come danzatori e insegnanti di grande esperienza. Non li scorderanno sicuramente per il loro essere individui carismatici, veri, appassionati e appassionanti.

Tangueros Foto di Lio Arippa

Conversazioni sul tango argentino

Il *canyengue* nel cuore: Martha Antón

Iniziai a studiare ballo all'età di sette anni, ma fu a diciotto che scoprii il tango e dopo quarant'anni non posso ancora farne a meno. Ebbi l'opportunità di studiare con grandi maestri. Quello che lasciò un segno indelebile fu Antonio Todaro. Fui sua assistente. Affinai ottanta orecchie e spalancai ventimila paia di occhi per carpire il più possibile. Lui sapeva tutto. Ebbi la sensazione di essere risvegliata, di spalancare una porta su un nuovo mondo.

Nel mio cuore c'è soprattutto il *canyengue*. Vivo per ballarlo e insegnarlo. Il *canyengue* è l'essenza pura del tango, quello delle origini. Questo termine afro ha il significato di "camminare cadenzato". È un ballo picaresco, sensuale.

Un'esperienza incomparabile. Movimenti sincopati, interrotti e ben marcati che attribuiscono informalità: quella tralasciata dalla rigorosità nella postura e dall'eleganza così evidenti nel tango attuale.

Quando mi appresto a fare lezione elimino quello che mi circonda, dono me stessa. Se ballare il tango è come fare l'amore, insegnare è trasmettere il proprio bagaglio, questo modo di danzare il tango vicini vicini e ottenere che gli allievi assorbano come spugne e a loro volta non lo dimentichino, testimonino la continuità.

Sopra: Martha Antón y Manuel Salvador
Sotto: Immagini di tango della pittrice Manuela Bertazzo

Oggi faccio tournée in tutto il mondo, esibizioni, stage, lezioni. Sto ballando con Manuel Salvador, conosciuto come "el Gallego Manolo". Balla il mio stesso *canyengue*, appreso nello stesso *barrio*, perché questo tipo di danza cambia da quartiere a quartiere. Lui proviene dalle parti di Ciudadela, Beiró. Abbiamo lo stesso stile, tango da strada molto diverso dal tango show, da esibizione.

Credo che oggi le milonghe, i luoghi dove si balla il tango, stiano rivivendo, siano nuovamente frequentati perché è il ballo dell'abbraccio: nella società contemporanea c'è veramente bisogno di questo tipo di avvicinamento, di incontro, di contatto.

Come la vita: Pedro Monteleone

Sono nato in Italia, in Calabria. La mia famiglia emigrò in Argentina quando avevo sei mesi. Ho sempre conservato il passaporto italiano. I miei primi maestri di tango furono Carlos Estévez e Antonio Todaro. Ero giovanissimo, ma il tango era già la mia ragione di vita. Ho ballato e insegnato. Tra i miei allievi Osvaldo Zotto, Guillerma Quiroga, Gustavo Russo, Marcela Durán hanno raggiunto fama internazionale.

Non scorderò mai il film *Evita* di Alan Parker. E non solo perché ho avvicinato la star Madonna al tango, a ballarlo nelle vesti di Evita, ad acquisirlo nella sua essenza di dinamica che proviene dalle profondità dell'animo. Il periodo di Evita Perón l'ho vissuto, allora ero un ragazzo. Mi ricorda tante cose della mia famiglia, quando andavo a scuola e leggevo *La razón de mi vida*, scritto da lei.

Con spettacoli e consulenze per film ho contribuito a diffondere l'autentica cultura del tango nel mondo. Ora mi sono trasferito in Italia, a Torino, a Genova. Ho una certa età, potrei stare tranquillo, riposarmi, ma non riesco a farlo. Continuo ad aprire scuole, fare tournée e dare lezioni. È sempre un gran piacere ballare, entrare in queste riattualizzate milonghe italiane dove senza dubbio si balla un tango diverso da quello di Buenos Aires, parlare con i giovani e cercare di far intendere loro che il tango non è esibizione: è generosità, è procurare piacere.

Il tango si è evoluto. Da una forma di ballo da strada, da contatto è ora soprattutto tecnica, ginnastica. Mi propongo di trasmettere quel tango sincero che scaturisce dal sentimento, dalla passione, dalla musica. Il suo punto di partenza è la musica. Anch'essa è mutata. È passata dal vecchio al nuovo negli anni Quaranta-Cinquanta. Un innovatore fu Osvaldo Pugliese. Cambiò le partiture senza scordare la matrice iniziale, le origini: come chi perfeziona la carrozzeria di un'auto, ma ne rispetta le peculiarità. Astor Piazzolla ha vissuto l'epoca brillante del passaggio dalla Guardia Vieja a quella Nueva. Lui è un inventore, un creatore. Il suo è tango d'avanguardia, è un'astronave rispetto al precedente.

Pedro Monteleone

Nel duemila il tango impazza: in Italia, in Europa; raccoglie abbondanti messi nel continente asiatico. Ho constatato la perfezione di esecuzione di ballerini nipponici, forse un poco distaccati, completamente impegnati nell'applicare i passi appresi. Il tango, quello che insegno, che con pazienza tramando, non ha priorità atletiche. È completamento, sfericità, eleganza e improvvisazione. I motori sono il trasporto e il coinvolgimento. L'esplosione è nell'esibizione. Ma è un'altra cosa, il tango show.

E poi come può il tango essere solo tristezza, malinconia? Non è così. Parla di amore, di passione. Sono imprescindibili la dimensione del gioco, del divertimento, del piacere che lo impregnano. Parla di rapporti umani, di storie di persone, attraversa l'esistenza di ogni argentino. Il tango è come la vita, un inseguirsi di gioie e dolori.

A Fivizzano, Tango World

Al termine dell'estate un paesino immerso nella Lunigiana, Fivizzano in provincia di Massa Carrara, ogni anno si trasforma e diviene la meta di gruppi musicali e performer provenienti da tutto il mondo per World Music. All'interno di questa kermesse si è svolta dal 4 all'8 settembre 2002 la IV edizione del Festival internazionale di tango argentino *Tango World*. Molti i *tangueros* riuniti nella campagna toscana. Alloggiati in tipici agriturismi hanno colto l'occasione per incontrarsi, apprendere e cercare di smaltire i consistenti apporti calorici procurati dalla buona tavola. Non hanno tralasciato di cimentarsi, di sfoggiare vorticismi nelle milonghe serali, previste sotto un apposito tendone dal listellato *piso*, pavimento di legno. Hanno invece scordato come si balla a Buenos Aires: si rispetta e si preserva l'intimità della coppia, si danza in armonia, in sordina, provando piacere nel solo assecondare la musica; inutile correre, agitarsi, prevaricare.

Di qualità internazionale le coppie partecipanti, insegnanti dello stage. Erica Boaglio e Adrián Aragón hanno rivelato e testimoniato un approccio naturale, spontaneo, quasi popolare al tango che permette di viverlo, gustarlo. Questo senza rinunciare a plastiche acrobazie nel loro show durante lo spettacolo conclusivo del festival. Inaspettate capacità didattiche, in proporzione alla giovane età, per le stelle emergenti del panorama mondiale Geraldine Rojas y Javier Rodríguez. Brillanti nelle performance. Tra gli altri Marcela Guevara, da Madrid Leo y Eugenia, da Firenze Patricia Hilliges y Matteo Panero. Il ruolo di paladino del tango, quello delle origini, era affidato a Pedro Monteleone. Il *musicalizador* Felix Picherna ha vivacizzato le serate di ballo. Sorta di imbonitore di orde di ballerini; quasi un'arte la sua. Un disk jockey *ante-litteram* del tango, ne incarna anche gli stereotipi: il fumo, le donne, il gioco, la passione, le sbornie. Selezionare i dischi gli ha permesso di fuggire la povertà e girare il mondo. Per concludere, un particolare significativo: ballerine giovani, belle, eleganti, affascinati e brave, nonostante la precarietà dei service audio e luci durante le esibizioni, non hanno ricevuto in omaggio, dall'organizzazione, neanche una rosa.

Ambiguità del corpo danzante, opera della pittrice Mirella Ribaudo

Tra una "televisione colonizzata" e una televisione indipendente

Dicembre 2003, The Indipendence Store – Arti e culture in libertà

Il "villaggio globale" ha una piazza universale, autostrade informatiche e telematiche, una *new economy* che sostituisce lo scambio di informazioni e servizi a quello dei beni. La comunicazione è mobile, immediata, satellitare, digitale e multimediale, ma soprattutto televisiva. Il piccolo schermo ha una capacità e una facilità di intromettersi e di contaminare la nostra quotidianità inequiparabile. La nostra "attualità", in continua evoluzione, è sostanzialmente creata e divorata dal medium televisivo. Il vero potere è quello mediatico e, da quando la TV esiste sistematicamente, i governi democratici o di regime hanno tentato di controllarla, di "servilizzarla". Nella nostra penisola prima l'informazione era sì lottizzata, ma pluralista. Ora "nello stivale del cavaliere" è unificata: crea una situazione latente di atrofizzazione dello spirito critico. Esistono una Rai "colonizzata", una Mediaset identificata con il suo proprietario Berlusconi e una televisione innocua, per la non casuale difficoltà di riceverla, che è La 7.

Dalla caduta del fascismo, la nostra Costituzione stabilisce che la censura preventiva non può controllare il diritto di stampa e d'informazione, altrimenti il potere potrebbe proibire o nascondere ogni notizia sgradita. Nella comunicazione televisiva sono facilmente individuabili delle strategie adottate per mirare ai medesimi obiettivi. Immaginate un talk show, un dibattito, uno studio-salotto con cui si identifica il genere "approfondimento". Si affida l'ideologia di governo a personaggi importanti, considerati vincenti; si riserva l'ultima parola, quella che fa la differenza, alla maggioranza; il conduttore non è un vero moderatore evitando di porre fine a tecniche di disturbo come urlare, borbottare mentre altri si esprimono, al monologo irrispettosamente senza sosta. Non ne sono esenti i telegiornali: ampio spazio è occupato dalla cronaca, alle vicende politiche è dedicata un'attenzione piuttosto blanda, in taluni casi evidentemente di parte.

Si possono altresì sospendere i programmi fastidiosi, ostracizzare i conduttori irriverenti, non simpatizzanti. Purtroppo, il male peggiore sono i meccanismi di autocensura che s'innescano, più o meno volontariamente, per tutelare chi distribuisce il lavoro e garantirsi la continuità degli incarichi. I modelli culturali americani hanno invaso il pianeta anche mediante un veicolo – ingenuamente –non sospettabile: i telefilm. Nella fiction italiana si scinde l'universo, rappresentato semplicemente in "buoni e cattivi". Ai buoni a tutto tondo appartengono le varie forze dell'ordine e i loro impeccabili protagonisti: alcuni esempi sono *Il maresciallo Rocca*, *La squadra*, *Distretto di polizia*, *Il commissario Montalbano*.

Non è da meno *Carabinieri*, anzi. Nel suo cast c'è, può sembrar strano, Dario Vergassola. Cassato in Rai, una vera bagarre si è scatenata attorno a lui e alla questione della censura come in precedenti eclatanti episodi; solo per nominare un altro comico, Daniele Luttazzi.

Dario Vergassola, ma è stato censurato da Rai 2?
«Credo di no, conto troppo poco.»

E quel clamore intorno alla sua sostituzione con Bertolino, a Rai 2, in *Bulldozer* e nella programmazione della domenica mattina di Rai Radio 2 dopo tre anni di *Psicofaro*?
«Clamore appunto! Mi sentirei troppo onorato. Sono finito in mezzo a nomi come Biagi e Santoro! Non sono mai stato molto simpatico a questo governo e alla dirigenza della TV di stato. Ma, non penso di essere stato censurato. Sono contento di come sono andate le cose. Ho investito molto energie e creatività nella trasmissione di Rai 2. Il prodotto funzionava. Altri personaggi meno antipatici, o meglio graditi, dovevano essere degnamente collocati. Era l'unica trasmissione papabile: si sono rimischiate le carte... non ero io ad avere quel jolly.»

Ora sta conducendo una trasmissione su Sky?
«Sono soddisfatto di questo talk show sul calcio. S'intitola *Dieci* e va in onda il venerdì sera alle 21 su Sky Sport 1. Abbiamo un salotto, facciamo interviste, servizi esterni, riesce a essere irriverente, non tagliamo nulla.»

Pensa possa esistere una televisione indipendente?
«Indipendente può essere tutto, ma non la televisione. Una televisione indipendente la identifico con un "farla" in modo coraggioso: occupare la prima serata con trasmissioni in cui il conduttore cambia i suoi collaboratori. Lamento la fossilizzazione nei soliti schemi di gioco. Bisogna variare la

squadra per avere nuovi risultati dal gioco. È troppo facile con i propri "fidati", i risultati sono omologati.

Dovrebbe essere indipendente dal monopolio artistico. Solo chi fa i numeri impone regole e scelte. Dovrebbe essere indipendente dall'audience, dallo share.»

E non dovrebbe essere insidiata dalla censura?
«Più che censura, dovrebbe essere un lavorare avulso dal timore della responsabilità che sfocia in una sorta di autocensura. È una censura di basso profilo, protratta da quel "caporalato" timoroso di perdere i privilegi del proprio ruolo. Sì, una battuta può essere bloccata dal responsabile del programma, si suggeriscono delle direzioni di pensieri e atteggiamenti.»

Biagi, Santoro, Luttazzi: censurati celebri?
«Biagi è inconcepibile che sia stato sollevato dall'incarico, solo una TV senza cultura può farne a meno. Santoro faceva il 20% di share, Socci, che lo sostituisce, fa il 3%. Mi piacerebbe vederli insieme alla conduzione di un appuntamento di approfondimento. Luttazzi decise di schierarsi contro Berlusconi e i suoi. Ha scelto di rischiare la fucilazione televisiva coscientemente.»

Da ligure, Grillo è un indipendente?
«Grillo è un indipendente dal pulpito congeniale che si è costruito. Mi piacerebbe vederlo fare TV di stato, vederlo dentro la TV. È facile criticare la televisione stando in un limbo da cui può criticare e non essere criticato.»

Che telegiornali guarda Vergassola?

«Quelli che non sono diventati meri rotocalchi. Il TG24 di Sky. Mi è parso significativo che quando il centrodestra ha perso le amministrative servizi banali hanno deviato l'attenzione dell'informazione, e ho capito il da farsi.»

Vergassola si è autocensurato in questa intervista?
«Me lo chiede perché ho accennato a nuove chance per un altro programma in Rai?»

Quindi nuovi orizzonti nel futuro professionale?
«Il primo progetto sarà una godibile televisione indipendente su satellite: Telepippa!»

Riflessi di Genova nella voce

Intervista a Mario Cordova, attore, doppiatore, direttore di doppiaggio

Marzo 2014, FILMDOC – n° 100, numero speciale

Mario, sei un affermato attore di cinema, TV, teatro, doppiatore e direttore di doppiaggio di elevato profilo. Abiti e lavori a Roma – e non potrebbe che essere così – ma è a Genova che sei cresciuto, vero?

È a Genova che sono cresciuto. Il legame con questa città, me lo porto nel cuore. Ricordo nitidamente dove abitavo in corso Magenta, la zona di Castellotto, piazza Manin, piazza Corvetto, il liceo Cristoforo Colombo che frequentavo. Buona parte della mia formazione di attore risale a questi anni, ma la nota più bella e prolungata, che mi rimane e mi appartiene fin da piccolissimo, è la mia fede calcistica: la Sampdoria. Sono appassionato da sempre, ora ne leggo sui quotidiani liguri e la seguo durante le partite di campionato. Torno spesso a Genova, mio fratello Antonio ci abita e non perdo occasione per fargli visita.

Ho maturato la formazione di attore proprio al Teatro Stabile di Genova. Durante quegli anni studiai, tra gli altri, con Marco Sciaccaluga, Anna Laura Messeri, Renzo Trotta, Luciana Lanzarotti, Enrico Campanati. Per un anno lavorai al Teatro Aperto della città con compagni come Gianni Fenzi, che peraltro fu assistente di Squarzina. E nel 1973 partecipai alla messa in scena per l'ente lirico genovese della *Giovanna D'Arco* al Teatro Margherita.

Hai lavorato in teatro, poi nel cinema, per la televisione. Non ti sei fatto mancare nulla?
In teatro mi sono esibito moltissimo: mi sono dedicato persino agli spettacoli con i burattini. Non mi sono fatto mancare neanche il musical. Nel 2006, con Alessandro Preziosi, sono stato al Sistina di Roma e poi in giro per i teatri del centro-sud con *Datemi tre caravelle* – nel ruolo del re di Spagna, Ferdinando D'Aragona, ho pure eseguito una canzone come solista. Poi il cinema e la televisione. Ho recitato in film come *Sotto il vestito niente* di Vanzina e in varie produzioni Rai come *Storia di Anna*, *Piccolo mondo antico*, *Nero Wolfe*; mi sono anche confrontato con la breve e lunga serialità come *L'onore e il rispetto*, *Distretto di polizia 10*, *CentoVetrine* e più recentemente *Le tre storie di Eva* andati in onda su Mediaset. Fare l'attore mi ha attribuito il grande privilegio di poter scegliere quale interpretazione costruire sul personaggio con le movenze, l'espressione, l'intonazione, e anche "il lusso" di permettermi di morire decine di volte, sempre in modi diversi.

Ma è il doppiaggio il tuo mondo? A quali doppiaggi sei più affezionato?

Il doppiaggio lo considero il mio vero lavoro. Al mio mondo appartengono ore e ore trascorse nel buio degli studi di registrazione, con colonne sonore da missare, leggii, scritti originali, scritti trasposti, senso delle immagini che deve coincidere con il movimento delle labbra e delle parole pronunciate, grande responsabilità. E sono particolarmente orgoglioso per aver spesso doppiato Richard Gere, un attore importante, che gli ha permesso di spaziare nell'interpretazione di molti tipi di personaggi. Jeremy Irons è l'attore di cui preferisco essere "il doppio sonoro", perché lo ritengo un grande uomo e un attore di spessore. L'ho conosciuto all'anteprima del film *Lolita*: oltre a complimentarsi vivamente con me, in spagnolo, mi chiese di essere sempre io a dargli la voce in Italia. Anche se poi non è stato così. Tra le mie performance, non posso scordare quella di *Ghost*: con i sussurri di Patrick Swayze ho fatto battere il cuore a migliaia di ragazze, a migliaia di donne.

E poi sono molto grato a Rossella Izzo che nelle vesti di direttrice di doppiaggio mi ha dato la possibilità di divertirmi, e non poco, interpretando Rowan Atkinson, il Mr. Bean inglese per intenderci, in *Quattro matrimoni e un funerale* in cui sono riuscito a far emergere anche le più inattese declinazioni comiche della mia personalità.

Preferisci il ruolo del doppiatore o del direttore di doppiaggio?
Negli ultimi anni prediligo dedicarmi alla direzione del doppiaggio. Nel 2003 a Finale Ligure, durante il festival *Voci nell'Ombra* – la più longeva manifestazione dedicata al settore, diretta da Claudio G. Fava, ideata e organizzata da Bruno Astori, scomparso di recente – fui insignito dell'Anello d'Oro per il miglior doppiaggio generale della serie TV *24*. Questa è

un'attività minuziosa, artigianale, che va dallo studio delle sceneggiature tradotte, all'adattamento, alla decisione delle voci, alla regia della riproduzione sonora e alla supervisione della post-produzione. Inevitabilmente, come nel far crescere un bambino, si genera un'enorme sensazione di attaccamento all'opera filmica o al prodotto televisivo che si è curato mediante un profondo studio sia dei significati voluti dal vero regista sia delle singole scene, per non parlare della scommessa che ogni volta si fa individuando come "collante" una voce piuttosto che un'altra. Una scelta anche di animi, di caratteri, di persone. Ciascuna può apportare peculiarità differenti: più forza, più debolezza, più ironia, più sensualità, più eroicità, più leggerezza; quelle corde, insomma, che rispecchiano le qualità umane. Come un direttore d'orchestra che dirige i musicisti mentre suonano con i loro strumenti una partitura, il direttore di doppiaggio impartisce ai doppiatori le indicazioni per delineare e far aderire un personaggio. È fondamentale, con turni di lavoro massacranti che spesso costringono il doppiatore a passare da un cartone animato a un gladiatore, da un casanova a un disadattato.

A cosa stai lavorando in questo momento?
Attualmente mi sto dedicando alla direzione di *Lone Survivor*, un film d'azione, di guerra, scritto e diretto da Peter Berg (sarà nelle sale da gennaio 2015), con attori del calibro di Mark Wahlberg, Taylor Kitsch ed Eric Bana. Parallelamente, continuo a essere la voce del responsabile D.B. Russell in *CSI - Scena del crimine*, in onda su Sky, ormai all'ultima stagione.

Un tuo parere sull'attuale crisi, che si riflette anche sul settore dello spettacolo, e quali soluzioni proporresti?

La crisi dei nostri tempi come un allagamento, un'epidemia. Dallo scadere della politica, al rimpicciolirsi dei valori umani, dalla recessione economica, al contrarsi della quantità del lavoro nel settore dello spettacolo – dove si risparmia persino sui mezzi dei runner, ora automuniti e rimborsati solo per il consumo della benzina, neanche per i costi di usura, e dove si opta per luoghi di produzione a bassissima remunerazione come la Romania, la Bulgaria, l'Argentina e questo solo per risparmiare sulla retribuzione delle troupe. Fino ad arrivare all'inevitabile accelerazione dei tempi di lavorazione nel doppiaggio, che non permette più di essere garanzia di qualità. Ma ancor più grave è l'impoverimento e il logorio delle idee. Il nostro contratto collettivo nazionale dei doppiatori del 2007 è scaduto nel 2010, resta in sospeso non ancora rinnovato; rilevo una sorta di timore nell'affrontare la questione. Bisogna far tesoro della crisi, a patto di non farsene spaventare, di usarla come spunto per superarla. Non dobbiamo avere paura di perdere ciò che abbiamo, perché solo in questo modo possiamo conquistare altro. Come quando ci facciamo operare: sappiamo che ci porteranno via un pezzo del nostro corpo, che soffriremo e rischieremo anche la vita, ma poi staremo meglio e guariremo.

FILMDOC
Direttore responsabile – Renato Venturelli Coordinamento editoriale e redazionale – Riccardo Speciale

Copertina di Filmdoc

Nando Gazzolo: "L'arte della voce, la voce come arte"

Dal blog sul sito di *Voci nell'Ombra*

Nando Gazzolo fu premiato nel 2003 a Finale Ligure. Fu insignito al Festival Nazionale del Doppiaggio *Voci nell'Ombra* della Targa Riccardo Cucciolla che portava con sé la motivazione "l'arte della voce, la voce come arte". Calzava a pennello a Nando Gazzolo. Nato a Savona il 16 ottobre del 1928 in un nucleo familiare con nel DNA più che certi geni artistici: il padre

Lauro era un attore e doppiatore, la madre Aida Ottaviani un'annunciatrice radiofonica, il fratello Virginio pure lui attore.

Nando esordì giovanissimo alla radio, debuttò a teatro quand'era appena ventenne con Antonio Gandusio in *Gente magnifica* di Saroyan. Il successo arrivò nel 1951 con l'*Antonio e Cleopatra* allestito da Renzo Ricci e nel 1954 il ruolo di Orazio nell'*Amleto* portato in scena da Gassman e Squarzina con il Teatro d'Arte Italiano confermò il suo talento.

Profondo fu il suo rapporto con il teatro, ma dal 1957 iniziò a dedicarsi a un'intensa attività televisiva agevolato dalla voce calda, dalla dizione perfetta, dall'importante presenza scenica, dalla spontanea telegenia. Interpretò personaggi alteri: dal duca di Vallombrosa in *Capitan Fracassa* (1958), a Freddie Hamson in *La cittadella* (1964), da Colline ne *L' ultima Bohème* (1964) a Andrej Stolz in *Oblomov*, da Dobbin in *La fiera della vanità* (1967) a Sherlock Holmes nell'omonimo sceneggiato (1968). Fu l'indimenticabile voce narrante de *Il mulino del Po* e Thomas in *I Buddenbrook* (1971). La notorietà gliela regalò il popolare Carosello con la pubblicità dell'Amaretto di Saronno. Recitò anche nel cinema, in qualche film d'avventura e western all'italiana. Fu negli anni Sessanta che Gazzolo si dedicò soprattutto a prestare la voce, sempre ben impostata, a moltissimi attori di cinema italiani e stranieri. Fu proprio lui a far pronunciare a Gian Maria Volonté rivolto a Clint Eastwood, doppiato da Enrico Maria Salerno, l'indimenticabile frase di *Per un pugno di dollari* di Sergio Leone: "Quando un uomo con la pistola incontra un uomo con il fucile quello con la pistola è un uomo morto". E doppierà Volonté anche in *Per qualche dollaro in più*. Aveva iniziato a doppiare nella CDC, fin dagli anni cinquanta: fu Grant Williams in *Tramonto di fuoco*, Frank Sinatra in *Orgoglio e passione* e in *Can-Can*, Martin Balsam in *Psyco*, Rock Hudson in *Qualcosa che vale*, Jean-Paul Belmondo in *A doppia mandata* di Chabrol, David Niven in *Tutte le ragazze lo sanno*, *Bonjour tristesse*, *Non mangiate le margherite*, *Il giro del mondo in 80 giorni* e ne *La Pantera Rosa* in cui il buffo ispettore Clouseau interpretato da Peter Sellers era doppiato da Giuseppe Rinaldi. Ancora, tra gli altri, fu la voce di Robert Alda in *Lo specchio della vita*, Gordon Scott in *Tarzan e lo stregone*, James Mason in *Lama alla gola* e *Infamia sul mare*, Yul Brynner ne *I bucanieri* e ne *I dieci comandamenti*, Stanley Baker in *Le colline dell'odio*, George C. Scott in *Il dottor Stranamore*, Rex Harrison in *My Fair Lady*, Anthony Franciosa in *Un cappello pieno di pioggia* e *La lunga estate calda*, Walter Matthau in *La via del male*, Montgomery Clift in *I giovani leoni*, E.G. Marshall in *La parola ai giurati*, Rock Hudson in *Qualcosa che vale*, Marlon Brando in *Gli ammutinati del Bounty*, Henry Fonda in *C'era una volta il West*. Sua la voce narrante in film come *Orizzonti di gloria*, *La ribelle del West*, *Salomone e la regina di Saba* e molti altri. Recentemente lo ricordiamo come la voce calda e magica del prologo di *La bella e la bestia* di Disney.

Ci ha lasciati, ma ricorderemo la sua voce coinvolgente.

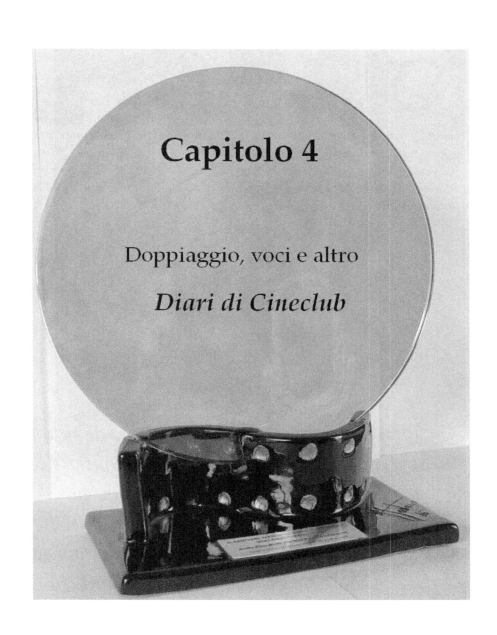

Capitolo 4

Doppiaggio, voci e altro

Diari di Cineclub

Periodico indipendente di cultura e informazione cinematografica diretto da Angelo Tantaro. XXIV Premio Domenico Meccoli "ScriverediCinema" Magazine online di cinema 2015. Premio Nazionale Tatiana Pavlova 2019-Riconoscimento per la Divulgazione dell'Arte Contemporanea

Alla fine di agosto ci ha lasciato in punta di piedi il nostro caro amico Mario Paolinelli, traduttore e dialoghista di tanti capolavori del cinema internazionale. Di seguito uno tra gli scritti in ricordo di Mario, veloce futurista, generoso amico, che si somma all'affettuoso ricordo di tutta la redazione di Diari di Cineclub

Diari di Cineclub

Mario Paolinelli
che tanto ha fatto per gli adattatori dialoghisti, ci ha lasciati

Ottobre 2016

Il mese di settembre si è aperto con la mesta notizia della scomparsa di Mario Paolinelli, sessantaduenne, vincitore della Targa alla Carriera di adattatore dialoghista nella passata edizione del Festival Nazionale del Doppiaggio *Voci nell'Ombra*: lo ricordiamo sul prestigioso palcoscenico del Teatro Chiabrera con la moglie Eleonora Di Fortunato, anche lei adattatrice e dialoghista, in un momento di ribalta per la preziosa professione di artisti della trasposizione multimediale: spesso non è così conosciuta e non deve, invece, assolutamente passare per scontata. Nella stessa edizione ricevette l'ambito premio anche Rosalba Oletta. Mario si laureò in Discipline delle Arti, della Musica e dello Spettacolo presso l'Università di Bologna e svolse dal 1979 la professione di traduttore-adattatore dei dialoghi di opere cinematografiche e televisive di origine straniera.

Nel suo ruolo di Vicepresidente della Commissione della Sezione Olaf di Siae, ha svolto fino all'ultimo un accorato ed instancabile lavoro in difesa del diritto d'autore (ndr. Opere letterarie e arti figurative – la sezione Olaf svolge servizi di deposito di inediti e di registrazione software); già membro della Commissione centrale cinema del MiBACT, membro del gruppo ESIST (European Association for Studies in Screen Translation) e componente del Comitato consultivo permanente per il diritto d'autore, Paolinelli ha pubblicato numerosi interessanti testi relativi alle sue materie.

Per approfondire l'argomento consigliamo la lettura del fortunato libro edito da Hoepli e intitolato *Tradurre per il doppiaggio – La trasposizione linguistica nell'audiovisivo: teoria e pratica di un'arte imperfetta*, scritto insieme alla moglie Eleonora Di Fortunato. Mario Paolinelli non può che essere ringraziato per il lavoro svolto nella sua professione e come pioniere della difesa dei diritti degli autori. La speranza è che possa essere un valido esempio per chi continuerà questo mestiere in futuro.

Mario Paolinelli premiato con la Targa alla carriera di adattatore e dialoghista

Il doppiaggio del film *Genius*
Macchine da scrivere a ritmo di blues e di genialità

Dicembre 2016

Colori bigi e ambientazioni opache sono equazione con anni bui, di miseria e recessione provocati dal crollo della Borsa di Wall Street nel 1929. Pur i pochi rossi si intravedono scoloriti e scialbi. La luce rarefatta, ma pesante, è spesso filtrata da finestre, vetrate, fasci che penetrano e non rischiarano mai. Vie di New York percorse da migliaia di cappelli da uomo sempre grigi o neri, borsalini mantenuti sul capo pure a casa per cenare al tavolo di famiglia, sul divano a correggere le bozze, o ad ascoltare la radio. L'ambientazione contrasta con incisivi suoni ripetuti e cadenzati, scanditi dal battere le dita di perfette dattilografe su macchine da scrivere con i tempi scanditi dalle calde note del jazz e dal sottile rumore della matita rossa che depenna righe di parole da centinaia e centinaia di fogli. Un film in cui il ritmo è incessantemente ricercato nell'operazione di doppiaggio abilmente diretta da Lorenzo Macrì negli studi della CDC Sefit Group e su dialoghi adattati da lui stesso. *Genius* è soprattutto costruito attorno a scambi dialettici, a confidenze e avvicinamenti che suggellano il crescere di un rapporto di amicizia anche attraverso la creazione dei capolavori letterari come *Angelo, guarda al passato* e *Il fiume e il tempo*, attraverso scontri verbali istintivi, accesi, drammatici a volte, canzonatori in altri momenti. Molte scene sono parlate e realizzate in interni, come se si fosse sul palcoscenico a recitare la pièce di fronte agli spettatori. È la prima opera cinematografica del regista inglese

Michael Grandage, dal passato pregno di esperienze teatrali che si riversano nel suo approccio al lungometraggio, a cui si affidano grandi attori come Colin Firth, Jude Law e Nicole Kidman. Presentato all' ultima edizione del Festival del Cinema di Roma *Genius* ha trascina con sé anche il gran ritorno di Jude Law pure protagonista di *The Young Pope*: in entrambi i casi doppiati da un veramente bravo Riccardo Niseem Onorato.

Colin Firth è Luca Biagini, per altro premiato per l'interpretazione italiana sempre di Colin Firth nel ruolo di re Giorgio ne *Il discorso del re* al Festival Nazionale del Doppiaggio *Voci nell'Ombra* 2011 come miglior voce maschile della sezione Cinema, riconoscimento replicato in quest'ultima edizione 2016 per l'interpretazione di Michael Keaton/Walter "Robby" Robinson nel *Caso Spotlight*.

La pellicola è tratta dal libro di Andrew Scott Berg *Max Perkins. L'editor dei geni*. L'editore veramente esistito lavora per la casa editrice *Charles Scribner's Sons*, come si legge sull'alto muro dell'edificio in cui ogni giorno entra ed esce.

Dopo aver reso famosi Fitzgerald e Hemingway scopre, come solo una mente altrettanto ingegnosa può fare, il nuovo genio Thomas Wolfe che gli fu grato fino alla commozione per averlo preso in considerazione. Il fluviale ed esuberante scrittore di manoscritti enormi, tomi con l'esigenza di essere opportunamente asciugati, puliti e sfrondati dagli orpelli linguistici per diventare dei bestseller, è in costante confronto con Max che si divincola nel dubbio di plasmarlo per condurlo alla realizzazione di un capolavoro letterario e il timore di sminuire il suo talento. Il direttore di doppiaggio Macrì è riuscito a concertare perfettamente – la voce ha note, colori, registri – l'equilibrio e la rigidità che Luca Biagini esprime dando adeguatamente la voce a Perkins; a contenere e a non far salire troppo sopra le corde Onorato nel ruolo del dirompente, febbrile e scostante Wolfe/Jude Law; a far arrivare da Chiara Colizzi alla glaciale Nicole Kidman, ormai dal viso di cera, toni decisi e irritati; a far spiccare l'interpretazione di Alessandra Korompay nel ruolo di Louise Saunders/Laura Linney, moglie di Perkins. Colla bene la voce di Simone Mori su Hemingway/Dominic West, mentre Fitzgerald/ Guy Pearce è doppiato da Christian Iansante.

Macrì ha approfondito per mesi la lettura dei testi di Wolfe e ha profuso nella trasposizione la sua esperienza di attore di teatro, di studioso dell'uso della voce e della musicalità, di doppiatore e di direttore di film impegnativi. Un lavoro realizzato con doppiatori di spessore artistico sicuramente, ma anche con il supporto di professionisti del doppiaggio e della postproduzione di particolare bravura: l'assistente Antonella Bartolomei che ha coordinato con tatto e determinazione il cast vocale e controllato la precisione del sinc e due "orecchi sopraffini" come il fonico di doppiaggio Fabrizio Salustri e il fonico di mix Fabio Tosti.

Locandina del film "Genius"

Luca Biagini intervistato al Festival del Doppiaggio 2016, Palacrociere Savona

Niseem Onorato alla Mostra del Cinema di Venezia, Giornate degli Autori, 2019

Il doppiaggio del film *Sully*
Viaggio in compagnia di un eroe o di un antieroe?
Gennaio 2017

Una storia veramente accaduta nel 2009, poi il libro autobiografia *Highest Duty* di Chesley Sullenberger e Jeffrey Zaslow e infine il film con cui Clint Eastwood, con maestria di regista, l'ha fatta conoscere al mondo. Una vicenda esempio di grande umanità, responsabilità e coraggio. Il protagonista è il capitano Sully. Per l'abilità acquisita in ben quarantadue anni di volo, ormai trasformata in istinto, in intuizione e capacità di valutazione a colpo d'occhio, il prode comandante riesce a portare miracolosamente in salvo tutti i centocinquantacinque passeggeri e l'equipaggio del volo US Airways 1549. Duecentootto secondi per scegliere di atterrare sul fiume Hudson, dopo che i due motori dell'aereo, appena decollato, sono stati pregiudicati da stormi di uccelli.

La narrazione si assimila per immagini assaporando le pieghe e le intensità del volto di un Tom Hanks dai capelli e baffi bianchi, dalla dignità che traspare da ogni occhiata, da un'enfasi attoriale portentosa, da qualsiasi reazione ed emozione che ci trasferisce con i suoi occhi blu, rendendo Sully un "uomo straordinario nel suo essere normale". Blu come l'Hudson su cui è stato obbligato ad ammarare l'aereo supportato dal copilota Jeff, altrettanto temerario, che non ha mai smesso di avere fiducia nella capacità decisionale del suo amico collega.

Anche il direttore di doppiaggio Rodolfo Bianchi ha brillantemente diretto il lavoro di squadra che è stato il doppiaggio; ha potuto contare sulla cura di Laser Digital Film e su un buon adattamento dialoghi di Valerio Piccolo. Quando Bianchi iniziò il lavoro sull'opera l'adattamento e i dialoghi avevano già ottenuto il consenso della produzione del film. I termini collegati al linguaggio dell'aereonautica – comandi e azioni relativi al volo, alle procedure e ai comandi della cabina di pilotaggio – sono stati conservati in lingua originale essendo sempre in inglese la terminologia internazionale. Insomma, un po' come per la danza – *pas de deux, glissade* – fa riferimento al francese, la lirica all'italiano, l'informatica all'inglese/americano. Se il Capitano Sully si è prodigato nell'ammarare un aereo il direttore di doppiaggio nell'amalgamare le voci: invocazioni, tremiti, sospiri, agitazione, paura e l'intera gamma sonora che può accompagnare un incidente di tale portata e l'immediato soccorso portato a termine da trecento tra i migliori uomini di New York, preposti a questo tipo di operazione.

Sono moltissimi i personaggi e le comparse in un miracolo di equilibrio vocale, senza esitazioni e sbavature, in un lungometraggio così affollato nei momenti di maggiore concitazione; difficili da monitorare. Se il volto e la bravura di Tom Hanks in una delle sue migliori interpretazioni, di un'evidente intensità, sono stati l'asse portante del film, le sfumature dell'interpretazione di Angelo Maggi nell'edizione italiana sono stati assolutamente "collanti" a rendere la bravura dell'attore. La voce tranquillizzante della moglie di Sully Lorraine si contraddistingue per l'interpretazione di una sempre eccellente interprete Alessandra Korompay, come Roberta Pellini che doppia una delle esponenti della commissione di indagine che tentano di far affondare il super pilota con test di simulazione computerizzata. Queste insinuazioni immergono il protagonista in un percorso interiore verso il dubbio che lo conduce fino agli incubi, seppur certo di aver controllato ogni dettaglio, aver contato i superstiti, essersi accuratamente assicurato che l'abitacolo del velivolo non avesse più nessuno a bordo, a costo di rischiare la vita.

La squadra di voci italiane ha nel cast altri doppiatori molto talentuosi: Gianni Giuliano, Alessio Cigliano, Luca Biagini, Christian Iansante, Carlo Valli, Melina Martello, Marco Vivio, Davide Perino, Laura Romano, Francesca Fiorentini e Marco Mete che doppia David Letterman quando nel film i due piloti sono invitati al suo show televisivo per narrare la loro avventura e cosa si prova a essere eroi. Bianchi, insignito della Targa Claudio G. Fava alla carriera durante l' ultima edizione del Festival Nazionale del Doppiaggio *Voci nell'Ombra*, a Savona dal 27 al 29 ottobre scorso, con una direzione perennemente attenta ha dimostrato il suo lavoro accurato, per esempio, anche usando un parlato con cadenza indiana per il taxista con quella origine e lasciando i sottotitoli sul parlato delle immagini originali trasmesse durante i titoli di coda, consuetudine quando si utilizzano le immagini di repertorio di autentica testimonianza. Naturalmente si è avvalso di ottimi tecnici come Francesca Rizzitiello, l'assistente al doppiaggio che avrà affrontato una pianificazione dei turni complessa considerando il numero dei personaggi e quindi dei doppiatori che recitano, del tecnico di mix Francesco Tumminello e del fonico di doppiaggio Mario Frezza: un difficile campo di battaglia di suoni, rumori, lamenti, urla e richiami da sincronizzare. Sully è tratteggiato come un vero, nobile, coraggioso e premuroso comandante. Purtroppo, nel nostro paese, durante la visione del film si cozza quasi immediatamente, per contrapposizione e confronto, con i fatti e i ricordi di un disastro e di un antieroe dei nostri tempi; seppur fosse il comandante di una nave da crociera.

Il doppiaggio di *Silence*
Silenzi, fedi, fedeltà e responsabilità

Febbraio 2017

I sospiri degli spettatori in sala durante momenti diversi della proiezione si lasciano udire: manifestazioni dell'esigenza di prendere fiato, di respirare profondamente per liberarsi di quel peso e della stretta attanagliante che la visione del film fa colare e in cui continua a far sprofondare il cuore: uno stillicidio. La tecnica rende ancor più cruente anche le frequenti torture, terribili metodi per condurre a morti lente, la cui unica fine può essere solo il termine della vita stessa. Le torture tormentano con la loro reiterazione l'opera del regista Scorsese, i panorami angosciosi conducono in inferni di fumi, vapori, nebbie, grigi e piogge continue. Silenzi densi, grevi, parlano di sofferenze fisiche e interiori, di violazione delle più profonde corde dell'animo. Sono interrotti solo dai rumori della natura: lo scrosciare delle precipitazioni, frusciare inquietante di giungla, non rigogliosa di bellezze della natura, ma che cela pericoli a ogni movimento; i grilli con il loro minimo frinire che riecheggia, stridii di uccelli che non cinguettano, stridendo aumentano il livello di angoscia; lamenti di uomini che le pene fisiche hanno depredato di ogni dignità di esseri umani, i cui gemiti di sofferenza sono prodotti più come versi animaleschi. Ogni visione affligge. Le imbarcazioni che dovrebbero condurre a luoghi più sicuri paiono la zattera di Caronte sospinta dall'orrendo nocchiero da una riva all'altra dell'Acheronte. Nell'oblio sonoro sono quasi insopportabili i fastidiosi suoni di una lingua dura, acuta, rigida come risulta essere in questo contesto il giapponese, spesso sottotitolato, proprio per non togliere forza al contrasto ricreato nell'edizione originale. Per avere i medesimi "andamenti" del giapponese è intervenuto nel lavoro di trasposizione come consulente Hal Yamanouchi. Alcuni uomini sono doppiati in italiano, mantenendo la cadenza della lingua del paese orientale in cui è ambientata la narrazione del film, altri sono giapponesi che parlano l'italiano con le loro naturali inflessioni. La storia fa conoscere al mondo la vicenda tratta dall'omonimo libro: la missione di evangelizzazione dei gesuiti in Giappone nel diciassettesimo secolo, tra difficoltà enormi, màrtiri e profondi dubbi umani e religiosi. Il "credo" indigeno non solo oppone una forte resistenza, ma addirittura si spinge a piegare alla conversione i medesimi padri gesuiti. Furono milleseicentoquarantuno costretti ad abiurare la fede cristiana. Gli inquisitori giocarono e fecero leva sui tasti dei sacrifici inutili, di sofferenze inferte per nulla, di credenze che non sono reali perché il popolo autoctono poteva solo essere in grado di venerare oggetti e simboli, incapace di trascendere verso una fede intangibile, pura essenza interiore. In effetti, il Giappone ha una cultura da sempre plasmata più sulle immagini che sulla parola. Non è un caso che nel paese si sia sviluppato un enorme uso di immagini, quasi una schiavitù, fino a farsi sommergere dalla produzione e utilizzo di videogiochi, anime e manga, con una società dominata dalla gamification e da un linguaggio prettamente visivo.

Il direttore di doppiaggio Rodolfo Bianchi – premio alla carriera 2016 al Festival Nazionale del Doppiaggio *Voci nell'Ombra* – ha riposto una grande fiducia nell'ottimo lavoro di squadra che ha reso possibile il processo di doppiaggio di *Silence*, restando fedele al team che anche in precedenza si era già cimentato sui lavori di Scorsese: il doppiaggio e la sincronizzazione a cura di Studio Emme, su adattamento e dialoghi italiani di Elettra Caporello, con Francesca Rizzitiello come assistente, con Maurizio Solofra fonico di doppiaggio, la sincronizzazione di David Polini e per il mixaggio eseguito presso la CDC Sefit Group dal fonico Fabio Tosti. Bianchi non tralascia la responsabilità di mantenere il significato dell'opera, di ogni singola parola davvero importante proprio perché cade in uno stagno di silenzi, come il tentativo di cristianizzare il Giappone, palude dove non può attecchire un'altra fede che non sia quella indigena. Molte sono le frasi espresse come pensieri interiori, dubbi non pronunciati, preghiere, con l'obbligo di trasmettere più note e ulteriori sensi solo con l'interpretazione verbale. Davide Perino, che dà la voce a Andrew Garfield nei panni del giovane padre Rodrigues, ultimo rimasto in quella terra lontana e ostile, riesce bene a riempire di note vibrate la sua recitazione e a caratterizzare un padre credibile e profondo quando prega, soffre, fa resistenza, cede, finge, si distrugge, benedice, quando pronuncia litanie in latino. Stefano De Sando si distingue con la sua voce decisa, intensa che esprime le incertezze del padre Alessandro Valignano/Ciarán Hinds nell'inviare nuovi missionari. Su Liam Neeson, nel ruolo di Padre Ferreira, Alessandro Rossi conferma di essere una voce molto adatta; l'ha doppiato spesso, anche in *Schindler's List*. L'altro padre gesuita, compagno di missione di Rodrigues, è l'impulsivo Francisco Garpe/Adam Driver interpretato da Gianfranco Miranda. Nel complesso lavoro di un'opera così importante per la carriera di un grande regista come Scorsese, e con le aspettative create, non si può sbagliare nulla nel doppiaggio. È necessario, per esempio, anche far risaltare come nell'originale l'antipatia dell'inquisitore Inoue Masaige/Issei Ogata, nella versione italiana riprodotto da Oliviero Dinelli con un parlato che esprime il suo essere sgradevole e sadico come prevede il suo compito, accentuato da una modulazione vocale quasi da "macchietta" che stizzisce gli spettatori. Insomma, un'opera summa del percorso di Scorsese e un doppiaggio che somma molte attenzioni e accuratezze lessicali e attoriali.

La La Land
Jazz, baci, stelle e sogni a occhi aperti, torna la passione per il musical. La sfida del doppiaggio è sempre la stessa

Marzo 2017

La La Land è un musical che fa sognare, induce a perdersi tra le note e i passi di danza e soprattutto conquista la mente rievocando i grandi capolavori del passato e i suoi protagonisti: Gene Kelly, Frank Sinatra, Liza Minnelli, il grande Bob Fosse e i suoi capolavori. Meno frenetico dell'ultimo grande musical *Moulin Rouge* che risale al 2001, *La La Land* fa tornare la voglia di andare a rivedere le pellicole di questo genere che hanno segnato la nostra infanzia, o giovinezza, e apprezzarne di nuove. Seppur trasporre il musical in un'altra lingua e cultura fu, fin dagli esordi del cinema, una sfida, viceversa la parola cantata fu uno dei primi scalini saliti nel passaggio dal cinema muto al sonoro.

Nel mercato contemporaneo le esigenze di popolarità, o meglio di commerciabilità, inducono a mantenere le colonne sonore originali per promuoverle come successi discografici. Ne è stato un esempio *Moulin Rouge* del regista Baz Luhrmann – indimenticabile il *Tango di Roxanne* – con una trasposizione traduttiva comunque equilibrata, in un'opera in cui gli interpreti cantano molto e in cui la parte musicale è dominante, in un avvicendarsi piuttosto rapido di primi piani, con una recitazione difficile e segmentata.

In quel caso è necessario ricordare e sottolineare in positivo la scelta dei sottotitoli in rima delle canzoni, mantenute nel sonoro ovviamente in lingua originale, pure se nella frenesia del ritmo che caratterizza la pellicola è impossibile seguirli interamente. Anche in *La La Land* la vera protagonista è la colonna sonora composta da Hurwitz, che aveva già orchestrato *Whiplash*, corredata da passi di danza, baci, stelle, strumenti musicali. A predominare è il jazz.

Per *La La Land* il direttore di doppiaggio Rodolfo Bianchi, assistito in sala dalla fidata Francesca Rizzitiello attenta alla minima sbavatura di sinc, riesce nella vera sfida che ha da sempre affrontato la trasposizione del musical: il *voice match*, ossia il passaggio dalla voce originale, che si sente cantare dall'attore americano e dei suoi toni, corde, sfumature, alla similitudine vocale del doppiatore italiano che deve parlare con la medesima caratura, spessore o acutezza, con i medesimi colori grevi, o vividi, o profondi.

Il lavoro è un po' più semplice che in *Moulin Rouge*, dai cambi di scena e dalla velocità nell'avvicendarsi dei numeri musicali e del parlato con passaggi immediati, senza – come spesso accade in *La La Land* – una sorta di sfumatura della musica che si interpone tra la fine della canzone e il parlato, lasciando uno stacco sonoro che elimina l'immediatezza netta delle due voci a confronto.

In ogni caso in *La La Land* sono ben riusciti i passaggi dal cantato anglo-americano agli intermezzi parlati delle voci italiane, che sicuramente "collano". Massimiliano Manfredi è l'interprete di Sebastian Wilder, ossia del principale attore maschile Ryan Gosling che ha, peraltro, già doppiato in *The Believer* (Danny Balint), *Le pagine della nostra vita* (Noah Jr.), *Il caso Thomas*

Crawford (William "Willy" Beachum), *Le idi di marzo* (Stephen Meyers), *Blue Valentine* (Dean Pereira), come è stato la voce di Ewan McGregor nel ruolo di Christian, protagonista maschile di *Moulin Rouge*. Nella sua carriera è stato spesso anche la "controfigura sonora" di Matt Damon, Orlando Bloom, Edward Norton, Owen Wilson.

La sognante Mia Dolan è Emma Stone doppiata da Domitilla D'Amico come anche in *La rivolta delle ex* (Allison Vandermeersh), *Easy Girl* (Olive Penderghast), *Crazy, Stupid, Love* (Hannah Weaver), *Amici di letto* (Kayla), *The Help* (Eugenia Phelan), *Gangster Squad* (Grace Faraday), *Magic in the Moonlight* (Sophie Baker), *Irrational Man* (Jill Pollard) e tra le sue moltissime interpretazioni ha dato più volte la voce a Kirsten Dunst, Scarlett Johansson, Rita Ora e a Priyanka Chopra per Alex Parrish, su cui è costruita la nota serie televisiva *Quantico*.

Come sempre il direttore di doppiaggio Rodolfo Bianchi si avvale di grandi professionisti della voce anche per i ruoli non principali e quindi possiamo ascoltare, tra gli altri, Andrea Mete/John Legend), Luca Biagini/Bill, Francesca Fiorentini/Laura Wilder, Marco Vivio/Finn Wittrock, Carlo Valli/Miles Anderson e Stella Musy/Callie Hernandez. Il sincronismo labiale impeccabile, il sincronismo espressivo e la recitazione dei vari stati d'animo mantenuti nella versione italiana dimostrano che, pur partendo da un film sicuramente complesso, si possono ottenere risultati ottimali nella sua trasposizione.

Certamente si può cogliere in questa pellicola la passione per il proprio lavoro, la professionalità e la scrupolosità del direttore, ma anche dei tecnici del suono e del mix che nel musical sono messi a dura prova. Nulla da eccepire su questo doppiaggio a cura, insieme alla sonorizzazione, di Studio Emme S.p.a. con un gran lavoro del fonico Valerio Pignatelli e del sincronizzatore David Polini, mentre il missaggio è a cura di Margutta Digital International e il lavoro al mix è del fonico Alessandro Checcacci. Imperdonabile che i crediti dei doppiatori passino in coda a tutti gli altri, a dir poco chilometrici.

Un secolo al volo
Un'industria e una città. La cultura e la testimonianza del cambiamento attraverso i docufilm

Aprile 2017

La documentazione filmica è importante. Crea cultura con le testimonianze sul passato, rende tangibile l'incedere delle trasformazioni, come può guidare verso la consapevolezza che alcune situazioni esistono davvero. Se i mutamenti sono positivi, le immagini ritratte saranno portatrici del valore aggiunto del miglioramento; se negativi spargeranno i fumi di allerta alla possibilità del peggioramento, a volte del pericolo.

Un esempio è *Un secolo al volo*, del regista Teo De Luigi con la sceneggiatura di Fabio Caffarena: prodotto in Italia nel 2014 a cura di Overlook, è stato proiettato, in collaborazione con le giornate di Primavera Fai durante il Festival Internazionale dell'Ambiente e della Sostenibilità della Green e Smart Economy *Anello Verde*. Il docufilm illustra il mutare della società e comunità sviluppata attorno alle Officine Meccaniche Piaggio fondate nel 1906 a Finale Ligure, in provincia di Savona, Piaggio Aero Industries di oggi. Dopo più di un secolo, una fabbrica affacciata sul mare, protagonista della nascita e dello sviluppo dell'industria aeronautica nazionale, trasloca nel nuovo stabilimento di Villanova d'Albenga diventando più competitiva per i nostri tempi – il nuovo nome Piaggio Aerospace ne è testimonianza – lanciandosi verso nuove sfide idrovolanti testate in mare aperto, aerei trasportati su chiatte, velivoli costruiti per l'aviazione sportiva e per le guerre, motori per le acrobazie delle Frecce Tricolori, pattugliatori pilotati a distanza e raffinati modelli executive, pronti a solcare i cieli di tutto il mondo. Un'appassionante storia in bianco e nero e a colori, raccontata dai tecnici e dalle maestranze che l'hanno vissuta e che la vivono ancora.

Una narrazione che si snoda attraverso i conflitti del Novecento, crisi di mercato e rinascite. È il racconto di un "ritorno al futuro" che per le aree liberate dalla fabbrica comporteranno una profonda trasformazione urbanistica. Infatti, si illustra anche un'altra evoluzione. Il tessuto sociale di Finale Ligure, così intriso di Piaggio che con la sparizione dell'unica fabbrica e l'assenza del segnale acustico che evidenziava l'inizio e la fine degli orari di lavori quotidiani, cerca una sua identità turistica di eccellenza.

Punta non solo sul balneare, con una delle passeggiate più belle della Liguria e su mare e spiaggia da incanto, impreziosite dalla Bandiera Blu. Mette in atto strategie a trecentosessanta gradi per essere affollata e creare indotto economico per i trecentosessantacinque giorni dell'anno. Capitale degli sport outdoor si è ormai attrezzata, anche nello storico Finalborgo, di infrastrutture atte a servire un flusso continuo di appassionati di mountain bike, enduro bike, trekking, scalate, parapendio, surf, vela, maratone, dipendenti da elioterapia e vita all'aria aperta. *Anello Verde*, invece, non è solo il festival dell'ambiente e della sostenibilità.

È un progetto che promuove il benessere dell'uomo, raggiunto al suo apice e con la massima "illuminazione" quando è immerso nel benessere della natura: sono imprescindibili l'uno dall'altro. Il Festival punta a sostenere la filosofia della tutela della natura e della valorizzazione del territorio, fino alla premiazione delle eccellenze green che possano fungere da esempio. I partner sono una moltitudine di realtà che si occupano di segmenti e di settori del "green" e "smart" per condividere, per imparare dagli altri, per acquisire slanci rigenerati nel coltivare e seminare con nuovi stimoli, partendo dalle innumerevoli esperienze al fine di un unico grande raccolto: preservare la nostra Terra e la dignità dell'uomo, nella sua accezione più positiva, aumentando la qualità della vita e del nostro habitat.

La natura proseguirà senza l'uomo, ma l'uomo non potrà continuare a esistere senza la natura e il nostro pianeta. Ne abbiamo uno solo.

Il doppiaggio del film
The Circle
Giovani doppia-attrici crescono, privacy e social stridono

Giugno 2017

Hermione, non è solo un nome particolare. Protagonista nella mitologia greca, figura femminile di riferimento nella *Pioggia nel pineto* di D'Annunzio ("E piove sulle tue ciglia, Ermione"), nei nostri tempi, invece, identifica di primo acchito soprattutto una delle compagne di avventure di Harry Potter, sia nei successi letterari, sia nei vari film fantasy tratti. Nel proseguire delle uscite editoriali e cinematografiche di *Harry Potter* Hermione, come Harry & Co., cresce, si evolve caratterialmente e aumenta anche l'importanza del suo personaggio. Non è l'unica. Con lei sono diventate adulte anche l'attrice britannica Emma Watson e la sua voce italiana Letizia Ciampa. Trentenne, già affermata doppiatrice, tra gli altri ruoli Carrie Bradshaw nella nota seria *The Carrie Diaries* e Bloom, una delle Winx, è la voce della Watson anche nel rifacimento di *La Bella e la Bestia* uscito quest'anno, dopo essere stata selezionata in un difficile provino sulla scelta dell'interprete. È stata individuata per interpretare Emma Watson anche nell'edizione italiana del film *The Circle*, con la regia di James Ponsoldt, al fianco di Tom Hanks con la voce di Angelo Maggi, come in molti altri film tra cui *Cast Away*, *The Terminal*, *Il ponte delle spie* e *Sully*. Mae Holland, la protagonista, è una ragazza normale. Pensa che la sua grande occasione lavorativa sia arrivata riuscendo ad entrare nel più potente network che si occupa di tecnologia e social media. Ben presto scoprirà che l'essere sempre connessa e avere il più elevato numero di follower possibile, invece che ampliare le sue prospettive, la attanaglierà progressivamente in un cerchio di controllo stretto sulla sua vita, idee e attività. Le conseguenze ricadranno anche sulla sua famiglia, sui suoi amici e sul mondo in cui si ritrova inserita e che rappresenta. La storia basata sull'omonimo romanzo di Dave Eggers tratta un tema che affligge anche le nostre esistenze ed è stato letto dalla direttrice – autrice pure dei dialoghi italiani – Eleonora De Angelis prima di affrontare la stesura dell'adattamento. La De Angelis è stata la controfigura sonora di alcune tra le attrici più affascinanti di Hollywood: Jennifer Aniston, fin dai tempi di *Friends*, Angelina Jolie, Eva Mendes, Halle Berry e ha vinto l'Anello d'Oro 2015 al Festival Nazionale del Doppiaggio *Voci nell'Ombra* come voce non protagonista del cinema per Patricia Arquette in *Boyhood*. Negli ultimi anni ha iniziato anche a dirigere. In *The Circle* si è cimentata con la regia in sala di doppiaggio di un doppiatore della caratura di Angelo Maggi e di una molto brava, seppur giovane, già con molta esperienza e abituata a dare la voce alla Watson, Letizia Ciampa. Eleonora De Angelis ha saputo tirarle fuori sfumature e rotondità, corde diverse in un ruolo in cui si sarebbe corso il rischio di un'interpretazione piatta. A volte, quando si doppia lo stesso attore frequentemente, si corre il rischio di abituarsi alle sue caratteristiche e di non ottimizzare la resa. Nel cast doppiaggio, curato da Sedif: Silvia Alpi assistente, fonico di doppiaggio Massimo Cortellessa, al mix Fabrizio Pesce e Danilo Curi alla sincronizzazione. Un film che ci fa riflettere presentandoci un futuro possibile, anzi probabile, neanche poi così lontano.

Letizia Ciampa, premiata per la voce di Emilia Clarke ne *Il trono di spade*, *Voci nell'Ombra*, 2017. I presentatori Maurizio Di Maggio e l'attrice Giorgia Wurth. Savona, Teatro Chiabrera

Bohemian Rhapsody: rapsodia del doppiaggio

Gennaio 2019

Un film che emoziona. Non lo si può negare. In prima battuta perché narra "una storia" sulla formazione rock dei Queen, sull'indimenticabile artista Freddie Mercury e sulla loro musica. Nel film *Bohemian Rhapsody* si rintracciano un gruppo, un personaggio, un mondo appartenuti a ciascuno di noi in maniera per forza differente, personale, contribuendo a porre le basi della colonna musicale delle nostre vite con la magia, quasi spontanea, della leggenda che dal grande schermo richiama la nostra dimensione interiore, soggettiva. Il film porta a galla quella sfera che tanto fa la differenza nel momento in cui riesce a essere toccata, da cui scaturiscono ricordi, sentimenti, brividi, emozioni appunto. Il film si ancora a spicchi delle nostre vite, fa leva su un'interpretazione di Rami Malek quasi ossessiva nei confronti di Mercury soprattutto nei movimenti, nei dettagli, nel modo di parlare – supportato anche da una protesi dentaria per replicare la sua pronuncia difettata – nei silenzi pregnanti, nei vuoti "enormi", nelle mancanze, negli sguardi significativi e negli eccessi ed eccentricità, perso o contenuto, nel Freddie che invece appartiene a tutti noi. Un film in cui regia e interpreti si sforzano di "far rivivere"; un film in cui la parte sonora non può che essere preponderante. E il doppiaggio di questo film che ruolo ha? Il doppiaggio in questo caso esprime attentamente sia la cornice sia il quadro filmico, senza mettersi in mostra, considerando tutti gli elementi della pellicola e dedicando la più ampia cura possibile alla trasposizione. Una rapsodia che pone insieme molti elementi in maniera organica rendendo l'opera finale "altisonante". Un doppiaggio su cui si è stati costretti a lavorare due settimane e qualche altro giorno, tra turni e revisioni, e un altro paio in precedenza per i dialoghi. Un processo in cui è stata fondamentale l'etica della curatrice dell'edizione per la Twenty Century Fox Italia, Rosetta Fortezza, nel segno dell'onestà intellettuale verso la parte di regia e suono su cui la produzione del film non ha di certo lesinato. Una pellicola in cui era davvero difficoltoso agganciarsi al cantato e sganciarsi da esso, passando dal, o al parlato, senza creare dissonanza. Un cantato peraltro già complesso, realizzato mediante la voce originale dell'attore Malek e l'intervento del cantante canadese Marc Martel, dalla voce davvero simile a Freddie Mercury. Il direttore di doppiaggio Marco Guadagno se l'è "guadagnato tutto" il lavoro sul film dirigendo e anche curando i dialoghi italiani, immergendosi nel mondo Mercury e Queen. Agevolato e anche responsabilizzato dalla passione per loro si è prodigato per restituire la dimensione artistica e l'animo del film, le sfumature che hanno ricreato l'ambientazione. Ha riversato nell'approccio e nello sviluppo della trasposizione anche la sua esperienza attoriale e di regista teatrale senza lasciarsi sfuggire, come nei suoi altri lavori, il suo "diritto all'arte" meritato dopo molti anni di professione. Iniziò a diciotto anni a dirigere i doppiaggi e adesso può contare su ben quasi quarant'anni di attività e mestiere. Ha optato per attribuire un leggero accento e caratterizzare l'italiano dei genitori di Freddie Mercury di origine persiana. Inoltre ha operato per restituire al film anche la sua coralità cercando di dare la giusta misura al rapporto del protagonista con i suoi compagni. La produzione americana ha scelto la voce del doppiatore di Mercury basandosi soprattutto sul "match vocale". Tra i vari provini proposti Stefano Sperduti è stato individuato per il timbro più simile. Hanno provveduto a dotarlo di una protesi, seppur non complessa come quella utilizzata dall'attore Rami Malek per girare il film. Sperduti si è completamente affidato alla serietà e alle capacità del direttore di doppiaggio che ne ha tirato fuori il meglio: hanno lavorato insieme per raggiungere la caratura vocale ed espressiva più adatta e performante. Così il doppiatore colto anche lui dal grande "onere e onore", dall'empatia verso il personaggio, comprendendo lo sforzo dell'attore Malek, ha avuto la possibilità di confrontarsi con questa esperienza da lui definita "gigantesca". Lo ha portato ad applicarsi con tutto sé stesso e a maturare le sue capacità di attore doppiatore direttamente al leggio in sala, senza sottrarsi a turni di lavoro estremamente faticosi sotto la scrupolosa e intensa guida del direttore Marco Guadagno.

The Old Man & the Gun
Le voci italiane di Robert Redford

Febbraio 2019

Robert Redford è il protagonista di *The Old Man & the Gun*, lanciato come l'ultimo film della sua carriera e distribuito in Italia da Bim Italia, con la regia di David Lowery. Un film particolare, con una bella storia tratta da una vicenda vera. Usciti dalla proiezione del lungometraggio due immagini restano negli occhi: le rughe sul viso di Redford – non lasciano scampo alla riflessione che il tempo passi per tutti – e i suoi sorrisi, testimoni invece delle passioni che ci fanno andare avanti, di quegli istinti che non possiamo controllare anche se ci mettono nei guai perché ci fanno sentire vivi. Un procedere nel proprio percorso sempre al limite, nel caso di Forrest Tucker con eleganza e pacatezza di intenti, tanto da essere definito "uno dei criminali più affascinanti di tutti i tempi". Nel film è evidente come riesca sempre a "rubare un pezzo di cuore" e ammirazione nelle persone coinvolte nelle rapine veri e propri capolavori di classe e creatività. È fondamentale l'appeal che gli dona Gino La Monica. Donare è un verbo usato non a caso. La rotondità del lavoro fatto su Redford è importante e ne fa emergere tutte le sfumature e peculiarità del personaggio e anche dell'attore: qui abbiamo un Redford che disegna sul viso di Forrest Tucker la sua caratura recitativa. Gli rende giustizia il suo doppiatore La Monica con l'espressività a tutto tondo e nell'interpretazione di note e corde così diverse: gentilezza, ironia, fascino, incomprensibilità, voglia di libertà e diversità. Se Redford è portatore immediato di una gran carriera e professionalità, dal canto suo lo è anche Gino La Monica. Per certo non si è risparmiato neanche in questa interpretazione in cui ha profuso molto della sua umanità, dei suoi oltre cinquant'anni di attività attoriale, di doppiaggio e di presenza sui palcoscenici. Aveva già doppiato Redford ne *La regola del silenzio -The Company you keep*, in *All Is Lost - Tutto è perduto*, in *Truth - Il prezzo della verità* e in *A spasso nel bosco*. È stato, tra gli altri e tra i vari film, anche il doppiatore di Richard Gere in *American Gigolò* e *Ufficiale e gentiluomo*, Dustin Hoffman ne *Il laureato*, Jeremy Irons ne *La donna del tenente francese* e in *Mission*, Jeff Bridges ne *I favolosi Baker*, Jack Nicholson in *Voglia di tenerezza*. E ancora ha doppiato, in alcuni casi, Alain Delon, James Woods, Martin Sheen, Sam Neill, William Hurt e Christopher Walken, per farne intendere l'autorevolezza dei lavori. Redford in altre occasioni è stato doppiato anche da Ugo Pagliai e da Adalberto Maria Merli. Nessuno può dimenticare però la sua voce storica: il grande Cesare Barbetti, che vestiva vocalmente Redford con un'aderenza incredibile, dalla voce di un'adattabilità davvero estesa nel "collarsi" non solo alle voci, soprattutto alle interpretazioni di ciascuna scena e battuta. Ha avuto esperienza di direttore e doppiato anche altri grandi attori. È stato strabiliante anche su Anthony Hopkins in *The Elephant Man* e *Dracula* e su altre star hollywoodiane del calibro di Warren Beatty, Steve McQueen, Robert Duvall, Dean Jones, Kevin Kline e Steve Martin in alcune significative interpretazioni.

La televisione, è apparso anche in un paio di sceneggiati, ha permesso a Barbetti di rimanere nel cuore di molti appassionati e nell'immaginario sonoro di moltissimi giovani dell'epoca per aver prestato la voce a Roger Moore, nella serie *Attenti a quei due* con Tony Curtis doppiato da Pino Locchi, e a David Soul nei panni del detective Ken Hutchinson nel telefilm di culto *Starsky & Hutch* in cui era affiancato da Manlio De Angelis in qualità di doppiatore di Paul Michael Graser/David Starsky. Per tornare al doppiaggio di *The Old Man & the Gun* un'altra interpretazione magistrale è quella di Melina Martello: riesce a far parlare perfino gli enormi occhi grigio-azzurri di Jewl grazie anche alla recitazione di una grande Sissy Spacek. A legare la qualità del doppiaggio di *The Old Man & the Gun* è il valore aggiunto della direzione di Alessandro Rossi, direttore di doppiaggio acuto e capace di tirar fuori sentimenti e sfaccettature.

Il Corriere - The Mule
Michele Kalamera, la controfigura sonora italiana di Clint Eastwood

Marzo 2019

Un bel film, una storia avvincente. Si esce dalla visione con la sensazione di aver visto un "vero film", con negli occhi scorci della provincia americana in cui la quotidianità si mescola con la malavita e inaspettatamente con il cartello della droga. Si rifà a una vicenda reale, romanzata dallo sceneggiatore del film Nick Schenk, che venne resa nota dal giornalista del New York Times Sam Dolnick in un articolo del 2014 intitolato *The Sinaloa Cartel's 90-Year-Old Drug Mule*. Clint dimostra una vasta maestria come regista come già ci aveva già dimostrato in *Gran Torino*, *I ponti di Madison County*, *Million Dollar Baby* e altri importanti titoli. Quando recita nei suoi film ci dona sempre un qualcosa in più, di speciale. Ne *Il Corriere*, Eastwood mette in evidenza tutto il suo essere diventato anziano, anzi lo accentua nelle movenze, nella pacatezza, nell'ironia, nell'approccio sicuro alle situazioni più pericolose e delicate dettato dall'esperienza, da quel savoir faire semplice e allo stesso tempo spiazzante. Il personaggio che interpreta, Earl Stone, spesso strappa al pubblico risate, approvazione, partecipazione e divertimento. Michele Kalamera è perfetto nei panni di Clint Eastwood e del vecchio Earl. Ne trasferisce i tratti con la sua interpretazione. Lo ha quasi sempre doppiato, potremmo definirlo la sua voce "storica". Addirittura, si potrebbe dire che Kalamera gli somigli anche fisicamente: stessa altezza, longilineo, tratti del viso decisi; si delinea come la sua controfigura sonora. L'altro personaggio importante nelle dinamiche del film è l'agente antidroga della DEA Colin Bates, Bradley Cooper. Spronato dai suoi capi ha come unico obiettivo non lasciarsi scappare questo misterioso e pericoloso nuovo corriere della droga che mette a segno consegne dal valore enorme, con inseguimenti e dispiegamenti di forze lo cattura anche riconoscendone però lo spessore. Soprattutto quando, durante la fase finale del processo in cui avrebbe potuto essere giudicato a causa dell'età incapace di intendere bene il suo ruolo criminale, si dichiarò colpevole. Un Bradley Cooper che si comporta come un detective professionale, mai fuori dalle righe, perseverante. È doppiato da Christian Iansante che ne rende le peculiarità del personaggio e tiene la sua interpretazione giustamente misurata. Iansante è praticamente la voce italiana di Cooper, lo ha doppiato in molti film. Il lavoro del direttore di doppiaggio Massimiliano Alto si è basato sull'adattamento e sui dialoghi italiani sicuramente già accurati di Valerio Piccolo. È stato complicato dal confronto con una mescolanza di parlato dei personaggi messicani del cartello: conversazioni tra di loro, con interlocutori americani, con un colloquiale mescolato da intercalari di matrice sudamericana. Le strategie sono state differenti. Nelle conversazioni più consistenti tra messicani si è sottotitolato in italiano. Negli altri tipi di conversazione gli intercalari sono stati mantenuti in spagnolo per conservare la tipicità, anzi sottolineati anche per ottenere effetti di ilarità, in altri casi sono stati doppiati in italiano con accento e cadenza sudamericana. Un lavoro di direzione ben riuscito.

Michele Kalamera, spazio interviste al Priamar, Savona, 2019.

Documentari, un genere sottovalutato
Un premio alla Carriera come *Green Man* a Luca Bracali

Maggio 2019

Free Solo è uno degli esempi che testimonia quanto può essere importante il reportage filmico. La produzione di National Geographic ha vinto l'Oscar 2019 per la categoria documentari. Ripercorre la storica scalata in "free solo" dell'arrampicatore statunitense Alex Honnold sulla parete di El Capitan, nel Parco Nazionale di Yosemite, dal periodo di preparazione fino all'impresa compiuta il 3 giugno 2017. Senza di esso non avremmo potuto comprendere cosa stia dietro a un'impresa ardua come questa prova fisica e mentale in cui ogni movimento, anche il più minuscolo, e ogni esitazione possono fare la differenza tra la vita e la morte, quando si scala con niente addosso se non i vestiti e la magnesite. Ora lo comprendiamo. Lo abbiamo potuto guardare e condividere, quasi un po' immedesimarci. Non sono solo gli Oscar ad avere categorie di assegnazione dei loro riconoscimenti ai documentari, esistono molti altri premi: in Italia, per esempio, il David di Donatello e il Nastro d'Argento. Eppure, spesso si sottovaluta la forma artistica del documentario e si trascura la finalità sociale del genere. I documentari, lo dice il termine, "documentano" al grande pubblico: accadimenti, fatti, scenari che non potremmo guardare altrimenti; dinamiche e informazioni che non conosceremmo, con la peculiarità di aprire nuove prospettive e bilanci portando alla luce e estendendo gli orizzonti visivi su realtà lontane, irraggiungibili, poco tangibili. Perché il documentario è testimonianza. I documentari possono riprodurre retroscena, conflitti, indagini, costruzioni e percorsi, narrazioni, vite, opere, momenti unici e cambiamenti. Un mago del documentario e della regia di questo genere Luca Bracali è stato premiato a Finale Ligure durante *Anello Verde*, il Festival Internazionale dell'Ambiente e della Sostenibilità. Luca Bracali è un regista toscano, autore, esploratore, giornalista, scrittore di dodici libri – due in preparazione. Possiamo ammirare i suoi filmati documentaristici nei programmi di punta dei canali Rai e anche del National Geographic. Ha realizzato in trentatré anni di carriera un archivio incredibile, sono molte le parti del mondo lontane e ostili che per lui non hanno più segreti. È un cacciatore, dell'unico tipo green possibile, ossia di aurore boreali e di immagini naturalistiche "rare". Per l'occasione del suo terzo premio alla carriera, al Festival ha regalato una foto speciale dal titolo *Anello Verde di aurora boreale*, proiettata sul palco dell'Auditorium di Santa Caterina in Finalborgo, proprio durante la premiazione del 23 marzo. Un esempio di spettacolo della natura davvero unico verificatosi quasi come un segno del destino alcuni giorni prima del festival ad Alta, in Norvegia, e naturalmente colto e immortalato: un vero "anello verde" di aurora boreale, quasi un'aureola. Altra chicca offerta da Bracali al Festival è stato il suo video *The best of Luca Bracali Green Man* con il montaggio esclusivo per *Anello Verde* a cura di Roberto Sessoli contenente il meglio delle immagini mozzafiato realizzate nel suo percorso professionale: dagli orsi polari ai baobab in un crescendo davvero emozionante. Bracali ha profuso gli ultimi dieci anni della sua attività soprattutto per dare risalto alla necessità assoluta e indubbia di salvaguardare l'ambiente, delineandosi quasi come un precursore. Ha portato e porta avanti la sua missione anche come Ambasciatore di *Save the Planet*. Bracali non ha alcun dubbio. Riconosce il potere che la tecnica, l'esperienza e la bravura nel realizzare "scatti e riprese uniche", esercitano facendo aprire gli occhi e battere il cuore a chi lo segue nelle sue imprese. Potere che si rintraccia anche nella forza che ha forgiato lui stesso e in sé stesso fino a fargli raggiungere autorevolezza, fino ad attribuire a questa facoltà un ruolo così preponderante nella scelta di vita: viaggiare, documentare, proporre workshop fotografici in giro per il mondo, riportare e sottolineare la necessità urgente di tutelare il nostro pianeta. Consapevolezza che lo ha cambiato facendolo diventare il grande uomo che è e che ama essere.

Tiziana Voarino consegna il premio Anello Verde a Luca Bracali, con il presentatore di Geo (Rai 3) Emanuele Biggi

Stanlio e Ollio
tra i vincitori dell'Oscar del Doppiaggio al ventennale del Festival Internazionale *Voci nell'Ombra*

Dicembre 2019

Un ventennale di gran classe all'insegna di Claudio G. Fava – insieme a Bruno Astori ideò *Voci nell'Ombra* e ne fu storico direttore artistico – e della presentazione del suo libro *Il mio cinema*, degli oltre duecentosessanta premi consegnati nel ventennio per promuovere l'eccellenza del settore doppiaggio e della trasposizione in italiano e soprattutto di un grande ritorno alla Mostra del Cinema di Venezia per il lancio della manifestazione. Venti edizioni di un progetto culturale davvero unico nel panorama italiano, capace di segnare la storia del cinema, spartiacque che ha portato le luci della ribalta nel buio delle sale di doppiaggio e ha contribuito a far scoprire chi sono le "voci nell'ombra" delle star di Hollywood, le controfigure sonore italiane. Prima di *Voci nell'Ombra* solo i Nastri d'Argento riconoscevano i meriti dei doppiatori, seppur non fossero tra le principali categorie. E *Voci nell'Ombra* divenne il premio dei doppiatori, con una giuria di critici, giornalisti ed esperti all'insegna dello spessore e dello studio, dell'approfondimento culturale, delle testimonianze, della volontà di valorizzare le eccellenze di un'arte italiana tutta da preservare, di premiare quella componente attoriale che solo alcune voci hanno saputo esprimere e trasferire nel nostro bagaglio audiovisivo. Un settore economico rilevante soggetto alle dinamiche dovute all'incedere senza sosta del cambiamento tecnologico e di fruizione di tutti gli audiovisivi, non solo cinema e televisione. Una ventesima edizione che si è svolta tra Savona e Genova proponendo le location più rappresentative di entrambe le città: inaugurata a Villa Bombrini sede di Genova Liguria Film Commission, passando per Palazzo Ducale a Genova fino alla Fortezza del Priamar di Savona, per poi culminare nel Gran Galà di premiazione al Teatro Chiabrera; il tutto proseguendo anche nel compito di richiamare l'attenzione su un territorio dalle risorse naturali meravigliose. Sono stati consegnati venticinque premi tra Anelli d'Oro e riconoscimenti alla carriera e ai giovani professionisti. Ricorderemo tra le chicche la gag di Angelo Maggi e Simone Mori con la bombetta in testa nell'imitazione di Stanlio e Ollio per lanciare il premio all'omonimo film diretto da Rodolfo Bianchi. È stato riconosciuto dalla giuria cinema di *Voci nell'Ombra* particolarmente "meritevole". Mentre nelle sale di doppiaggio ci si concentrava nel riprodurre la versione più aderente possibile a questa opera commovente e nostalgica del regista Jon S. Baird, è nata grazie a una partnership promossa anche da Diari di Cineclub l'iniziativa dedicata alle due icone del cinema del passato *SOS Stanlio e Ollio: salviamo le versioni italiane dei film di Laurel e Hardy*. Ideata da Simone Santilli ed Enzo Pio Pignatiello in collaborazione con la Cineteca del Friuli, il Festival Internazionale del Cinema e delle Arti *I 1000 Occhi*, l'archivio Paolo Venier di Trieste e l'Istituto cinematografico dell'Aquila *La Lanterna Magica*, è naturalmente promossa da *Voci nell'Ombra* attraverso i propri canali. *Voci nell'Ombra* ha anche sempre espresso la volontà di monitorare i cambiamenti del settore alla ricerca di confronti aperti e soluzioni. Per esempio, ha messo a disposizione lo spazio avuto – grazie al sostegno di SIAE – alla Mostra del Cinema di Venezia durante le Giornate degli Autori, per dar voce a Rodolfo Bianchi nel sottolineare come i direttori di doppiaggio seppur responsabili dell'opera doppiata non percepiscano i diritti d'autore. Ha dato spazio anche a AIDAC, l'Associazione Italiana Adattatori e Dialoghisti Cinetelevisivi, al suo vicepresidente Toni Biocca, per illustrare il proprio ruolo e i progetti futuri. Durante il festival si sono trattate molteplici tematiche: adattamento, protocolli relativi alle piattaforme come Netflix, sicurezza volta all'antipirateria nelle fasi di doppiaggio, appiattimento della qualità dovuta alla richiesta di tempi di lavorazione pazzescamente ristretti, inadeguatezza rispetto agli standard europei nei termini di accessibilità e inclusione della fruizione di contenuti audiovisivi per disabili sensoriali con audiodescrizione e sottotitoli. Il festival si è svolto all'insegna della campagna *Per vedere a occhi chiusi* che sarà protagonista anche della terza edizione di *Le Voci di Cartoonia* il Festival del Doppiaggio e delle Sigle dei Cartoni Animati che si svolgerà a Milano il 16 dicembre. *Voci nell'Ombra* è cresciuto, si è ampliato – ha persino consegnato il primo Anello d'Oro internazionale al doppiatore russo di Jon Snow de *Il Trono di Spade*, Diomid Vinogradov – e ora valuta i professionisti di tutti gli audiovisivi fino alle voci della radio, degli audiolibri e dei radiodrammi e dei podcast, con una giuria sempre esterna e competente, pur combattendo contro un'ingiusta ristrettezza di risorse economiche. Pensiamo a cosa potrebbe fare questo festival con l'adeguato supporto finanziario, vista l'autorevolezza e l'enorme patrimonio culturale, da rispettare e tutelare, che si porta appresso.

--- P A R T N E R S ---

Angelo Maggi e Simone Mori con i presentatori Patrizia Caregnato e Maurizio Di Maggio

Il doppiaggio di *Joker*
Un direttore Alto per il doppiaggio di Adriano Giannini

Gennaio 2020

Un Joker che ci ha conquistati. Ci ha strappato sensazioni forti e coinvolto fin dall'inizio del film. Ci ha fatto provare la dissociazione in cui può far sprofondare la "diversità". Un "gran film" che insegue il cinema, lo cita e lo include, con un Joaquin Phoenix attore strepitoso e il regista Todd Phillip che ha dato prova di sapiente ed efficace regia. Il protagonista è un "diverso". Ha il destino crudele di doversi continuamente confrontare con una società il cui male principale è la mancanza di empatia, sottesa all'individualismo esasperato: per lui nessuno sbocco possibile se non la follia, anche crudele. Il risultato è un'opera rilevante dal punto di vista cinematografico, al di là dell'icona Joker di molti altri film, che trasferisce una responsabilità davvero elevata a chi ne ha curato il doppiaggio. Per certo eccelle Adriano Giannini, la voce italiana di Joker non nuovo al leggio, in questo contesto poderoso. Aveva già interpretato Phoenix in *The Master* e in *Maria Maddalena*, oltre ad aver dato la voce tra gli altri a Brad Pitt ne *The Counselor - Il procuratore*, a Eric Bana in *Star Trek* e a Matthew McConaughey in *True Detective*, solo per citarne alcuni. In questo doppiaggio ha influito molto l'approccio rispettoso verso l'originale del direttore Massimiliano Alto. Pochi lo immagineranno, ma ha dovuto lavorare come il resto del cast su una copia opacizzata, addirittura. Più le scene sono importanti, come quella ormai cult sulle scale di Gotham City, meno si vedono. Non sarà sicuramente stato semplice gestire la lavorazione dell'intero processo, peraltro con due settimane di durata e poco più, con delle richieste di riservatezza per le immagini elevatissime e con pure i testi super tutelati. Chissà quante password e meccanismi di sicurezza avrà dovuto rispettare per le parti scritte del lavoro di adattamento Francesco Marcucci, il dialoghista che è riuscito a essere comunque accurato e attento. Il direttore di doppiaggio Massimiliano Alto è stato davvero bravo nel riuscire a tirare fuori le emozioni giuste e a restituircele, tanto più avendo di fronte un attore come Adriano Giannini e un doppiatore del calibro di Stefano De Sando nell'interpretazione di De Niro, oltre a moltissimi altri doppiatori fondamentali per un lavoro di squadra ben riuscito. Un film in cui già solo le risate sono un capolavoro attoriale a cui Phoenix ha lavorato per moltissimo: nel doppiaggio italiano sono state mantenute originali, tranne due scene per cui Giannini ha dovuto comunque impegnarsi parecchio. Una di queste la possiamo individuare durante lo spettacolo teatrale del protagonista. Sono molte altre le scene "in optional" in cui il sonoro originale è stato accolto e mantenuto, proprio per tutelare e rispettare le sonorità differenti della presa diretta. Per questi inserimenti è stata fondamentale la bravura dell'assistente di doppiaggio e del fonico, altri ruoli fondamentali nel processo di trasposizione. Non è passata inosservata la localizzazione accurata del film, ne sono un esempio le lettere scritte a mano dal futuro Joker Arthur Fleck, il comico fallito con una patologia che lo fa ridere quando è nervoso, una delle sue "colpe", una delle componenti che gli hanno cucito addosso il personaggio di "disadattato". Con la computer grafica sono state sostituite in italiano, mentre le scritte che si vedono sugli sfondi degli schermi televisivi accesi sono rimaste in inglese. Insomma, la scena ormai cult di Joker che balla sulla scala, i doppiatori e il direttore del doppiaggio l'hanno vista integralmente solo nella sala cinematografica, insieme al pubblico. Nel frattempo, a New York, quella scala è diventata luogo di pellegrinaggio turistico per i selfie e le storie su Instagram. Stretta tra palazzi di mattoni, di quelli con le scale antincendio esterne, molto newyorkesi: è uno scatto perfetto. Si trova al 1165 di Shakespeare Avenue nel Bronx, a nord di Manhattan.

Sorry we missed you di Ken Loach
Doppiaggi più difficoltosi di altri

Febbraio 2020

Sorry we missed you è una pellicola cruda nel raccontarci lo sfruttamento inumano del lavoro spacciato per autonomo e che, poi, si rivela la corda al collo di molti precari. Riproduce accuratamente "il come vive" una famiglia non abbiente a Newcastle, città nel nord-est dell'Inghilterra. Ci mostra il rovescio della medaglia della nostra epoca in cui regna la febbre degli acquisti online che impone alle grandi aziende, per seguire il fattore economico, di utilizzare padroncini con "le consegne a tempo" in modo da far fronte a un'innumerevole quantità di pacchi da recapitare al compratore, il più presto possibile. Ken Loach nelle sue opere è sempre spietato, realistico ed essenziale nel descrivere le quotidianità grigie e faticose dei suoi personaggi, delle varie "gabbie" economiche, mentali e morali da cui vorrebbero e tentano di uscire, per cui si dibattono, tornando spesso al punto di partenza. È proprio nella sfera della dura realtà che ci vuole condurre per indurci a provare il loro malessere, le loro ristrettezze e tristezze, il disagio e i sacrifici, per farci capire cosa si prova. Il doppiaggio di *Sorry we missed you* – la frase scritta sulla ricevuta lasciata nelle buche delle lettere quando il protagonista suona campanelli, o citofoni, e non trova i destinatari dei colli – è stato affidato per la direzione ad Alessandro Rossi. A testimonianza di quanta importanza è stata data alla trasposizione dei dialoghi nella versione italiana, Rossi ne ha curato anche l'adattamento. Ha un rapporto stretto con

Loach: è la quinta pellicola del regista indipendente che dirige come direttore del doppiaggio. Lo conosce, ne ha studiato la profondità di analisi della regia, la caratura e le peculiarità. In questo film propone personaggi che appartengono al proletariato e chiaramente lo status sociale è riprodotto anche grazie al linguaggio con cui si esprimono e si rapportano, a volte vicino allo slang, o anche al dialetto. Risulta spesso, nel doppiaggio, molto difficoltoso trasferire un parlato colloquiale di un'area regionale o di una specifica città, magari con pronunce strette che attribuiscono determinate sonorità alle conversazioni, nonché "coloriture" e battute, nel parlato di un'altra lingua, che invece può essere solo standard e che non può replicare le medesime cadenze, accenti e pronunce dell'originale. Ed è assolutamente difficile scegliere come poter risolvere questo problema quando la lingua che si dovrebbe usare non esiste. Bisogna pensare che l'eventuale uso di sottotitoli adempirebbe questo compito con una soluzione ancora più ridotta, sintetizzata e superficiale, seppur accompagnata dalla versione originale in cui però resta molto complicato comprendere le sfumature di pronuncia, inflessioni, espressioni idiomatiche e parolacce, forse anche per un madrelingua. Alessandro Rossi ha mantenuto e reso, come nei dialoghi originali, la vivacità e la spontaneità, nonché l'immediatezza delle conversazioni, anche quando contengono espressioni "colorite". Con particolare accuratezza, Rossi ha inoltre optato per far doppiare i quattro membri della famiglia protagonista di questo spaccato da interpreti che fossero all'altezza dei ruoli centrali nella storia, ma non ancora così legati ad attori le cui voci siano riconoscibili e collegabili ad altre performance di recitazione o speakeraggio vocale, evitando quindi contaminazioni con altre risonanze uditive provenienti da input esterni. È riuscito a mantenere la pregnanza e la tensione della frustrazione emotiva sottesa a tutta l'opera filmica. Il capofamiglia Ricky Turner è stato doppiato da Stefano Thermes, la moglie Abbie da Benedetta Ponticelli, entrambi professionisti seri e affermati. La piccola Liza Jane è doppiata da Anita Ferraro che riesce a darle la voce, seppur più grande di età. Il figlio Sebastian – dalla bomboletta per graffiti facile – interpretato da Leonardo Caneva, si trascina dietro anche connotazioni linguistiche tipiche di un linguaggio giovanile delle periferie urbane: ha dovuto lavorare molto sotto la guida di Alessandro Rossi per restituire la rabbia e la voglia di ribellione del personaggio adolescente. Il doppiaggio è un'arte, un mestiere complesso di cesello linguistico e attoriale in cui interviene anche l'apporto tecnologico ed è un processo molteplice affidato a varie figure professionali. Per concludere con una sintesi piuttosto pragmatica: è anche un "servizio", inteso come "mezzo" per fruire di opere, o prodotti audiovisivi, in un'altra lingua differente da quella di realizzazione. Stiamo vivendo in un'epoca in cui è semplicissimo scegliere come trasferirci, viaggiare e trasportare in base alle proprie esigenze. In egual misura lo è poter optare per quale tipo di trasposizione utilizzare guardando un film, una serie televisiva, o qualsiasi contenuto che abbia immagini e voce. In passato non era così facile per molti motivi. Non ci si può però limitare a produrre una versione trasposta. È necessario mettere in campo il miglior lavoro possibile, come nel caso di *Sorry we missed you*.

Festival di Sanremo 2020
finalmente tutti inclusi!

Marzo 2020

Il Festival di Sanremo 2020 si è concluso da qualche settimana. Sono ormai passate e superate le ondate di notizie, scoop e pettegolezzi sulle star straniere partecipanti, sui concorrenti, sugli animatori, sui ruoli femminili alla conduzione, sui presentatori e tutto quanto fa spettacolo. Quest'anno, una volta terminato il Festival, almeno una dinamica innescata durante le serate non cade "propriamente nell'ombra". Questa edizione del Festival di Sanremo ha infatti segnato un passaggio rilevante per la Rai, ma anche per il suo pubblico, nel poter pensare e recepire un mondo sempre più inclusivo, anche dal punto di vista della fruizione. È stato questo Sanremo ad aprire il varco. Il Festival di Sanremo si afferma come grande evento, ripreso e messo in onda in diretta, assolutamente complesso per la quantità di persone che si avvicendano sul palco, dall'organizzazione scrupolosa, per i ritmi narrativi e per le aggressive esigenze di spettacolo nel dover mantenere lo spettatore incollato allo schermo e nell'attualizzare lo show. La kermesse sanremese conclusa è stata veramente inclusiva per il pubblico e nella storia della Rai, in osservanza del contratto di servizio sull'accessibilità dell'offerta che prevede il potenziamento delle attività di comunicazione intralinguistica per sordi e ciechi. Si è così avuto un upgrade dei servizi di accessibilità per rendere pienamente fruibile il Festival di Sanremo a tutti gli spettatori, aggiungendo agli ormai consolidati sottotitoli per non udenti l'audiodescrizione in diretta e l'interpretazione in lingua dei segni italiana (LIS) dell'intera manifestazione. Per la prima volta in assoluto le cinque serate del festival sono state eseguite in diretta anche nella lingua dei segni italiana su RaiPlay, in contemporanea con la messa in onda. Il servizio si è svolto così: contemporaneamente alla diretta di Rai 1, nello Studio 4 di via Teulada, in un contesto virtuale in perfetta coerenza e continuità con quanto accade sul palco dell'Ariston, quindici performer appositamente selezionati da Rai Casting, di cui tre non udenti, hanno interpretato in LIS tutti i brani delle cinque serate, compresi gli ospiti musicali. I performer sono stati selezionati anche per le loro capacità espressive e artistiche e per le abilità di catalizzare il pubblico. Accanto a loro gli interpreti che normalmente collaborano con Rai per la traduzione in LIS dei TG hanno, invece, interpretato con i segni la conduzione e gli altri segmenti. Per la prima volta nella storia del servizio pubblico gli audiodescrittori e gli speaker della Rai sul digitale terrestre hanno anche consentito a tutti i ciechi e ipovedenti la totale fruibilità del festival, descrivendone la manifestazione in diretta mediante un accurato lavoro di preparazione nella descrizione della scenografia, degli abiti – sono sempre un buon motivo di ammirazione o di critica – dei presentatori, degli ospiti e dei cantanti concorrenti e dei meccanismi di gara. Tutte e cinque le serate sono state anche interamente sottotitolate dallo studio di produzione sottotitoli di Saxa Rubra con la messa in onda, in diretta, dei sottotitoli preparati anche con dell'ausilio di consulenti musicali, in modo da garantire una fedele sincronia tra sottotitolo e musicalità del singolo brano. Tra le voci speaker abbiamo riconosciuto l'affermata doppiatrice Antonella

Giannini, premiata con l'Anello d'Oro al Festival del Doppiaggio *Voci nell'Ombra* nel 2009 come miglior voce di un personaggio non protagonista e nel 2018 come miglior voce protagonista, nella sezione cinema. La responsabile del Servizio Accessibilità Rai Maria Chiara Andriello esprime la soddisfazione per essere comunque riusciti a concretizzare un sistema di attività preposte all'accessibilità complesso come quello del Festival di Sanremo, non solo una macchina da guerra per l'organizzazione e la messa in scena, ma proprio per "il bello della diretta". «Senza dubbio è stato un investimento per lo spiegamento di operatori e professionisti del settore accessibilità coinvolti. Inoltre, va assolutamente considerato il fattore "diretta" con scalette mai chiuse, sempre aperte fino al momento della messa "in onda", anzi con gag e battute improvvisate in determinati contesti, imprevisti risolvibili solo con l'affidabilità e l'abilità del tempismo di conduttori e artisti sul palco, o inquadrature del regista che sicuramente implicano una scelta di proposta visiva piuttosto che un'altra: non se ne può avere informazione fino al momento in cui si vede trasmessa. Consideriamo questo Sanremo non un punto di arrivo per l'accessibilità relativa ai prodotti Rai, ma un punto di partenza con margini di miglioramento e ulteriori progressi». Bisogna considerare che, soprattutto per le audiodescrizioni per non vedenti, le porzioni e i segmenti di festival visti in televisione non attraversati dal parlato, o dal cantato nello specifico caso del Festival di Sanremo, sono gli spazi temporali utili per inserire le descrizioni atte a far comprendere cosa accade sul palco o nella scena che seguirà. Nella diretta televisiva può essere veramente complesso. Non è come in un film, in un episodio di una serie, per cui l'audiodescrittore può usare un tempo garantito dall'interpretazione dei personaggi e dallo script. Il progetto di "Sanremo inclusivo" va visto anche come occasione per i professionisti di acquisire un valore aggiunto nel loro lavoro davvero unico, come ci conferma Laura Giordani, presente nel team degli audiodescrittori alla postazione Rai sanremese. Adattatrice e dialoghista, membro dell'Associazione italiana dialoghisti e adattatori cinetelevisivi, da molti anni è anche professionista specializzata nel curare le audiodescrizioni. «Lavorare per l'accessibilità alle audiodescrizioni live del Festival di Sanremo è stata un'esperienza di arricchimento lavorativo in un settore in cui opero da molti anni, rendendo accessibile con le parole ciò che i nostri utenti non possono vedere. Esplorare nuove frontiere in questo campo è stata un'opportunità unica che mi riempie il cuore. Audiodescrivere dal vivo rende ancor più chiaro quanto la formazione, l'accuratezza e la sensibilità siano determinanti per svolgere questa professione. Collaborare a un servizio pubblico offerto a 360 gradi è stato davvero un privilegio. Porterò con me un ricordo importante e strumenti formativi rari. In un lavoro come il nostro, bisogna sempre mettersi in discussione continuando ad apprendere affinché il pubblico di riferimento possa essere sempre più soddisfatto dalle audiodescrizioni che curiamo».

Il Festival di Sanremo si svolge in Liguria. Possiamo aggiungere che il Premio Tenco pure, la tradizione della scuola dei cantautori genovesi anche. Insieme al Festival Internazionale del Doppiaggio *Voci nell'Ombra*, nato e cresciuto nella regione – qui ha compiuto vent'anni – la Liguria si delinea come la "Regione della Voce", un brand davvero forte. Ma *Voci nell'Ombra* non contribuisce solo a questo. È dall'estate scorsa che promuove la campagna *Per vedere a occhi chiusi*: ha caratterizzato la promozione del suo ventennale e il trasferimento a Milano per i premi e gli approfondimenti delle Voci di Cartoonia con il Patrocinio Rai, con il contributo di Rai Ragazzi e con la presenza negli interventi del Servizio Pubblico Rai. Ha sostenuto e portato avanti per mesi una forte spinta alla tematica accessibilità e inclusione a tutto tondo verso un reale anello – ricordiamo che Anelli d'Oro sono i premi, gli Oscar del doppiaggio italiano a *Voci nell'Ombra* – che unisce qualsiasi spettatore nella fruizione audiovisiva e dal vivo.

Parasite
Il doppiaggio dei film coreani
Aprile 2020

Parasite, che dire! È il film dell'anno: ha vinto la Palma d'Oro, sei nomination e quattro Oscar tra cui Miglior Film e Miglior Regia. Ha entusiasmato critica e pubblico. È diventato l'esempio eccelso della produzione cinematografica coreana che abbiamo cominciato ad apprezzare a inizio millennio, con il cessare della censura a cui la Corea ha dovuto sottostare per condizioni geo-storiche e che ne ha favorito il fiorire.

Il suo regista, Bong Joon-Ho, è un personaggio ormai molto amato a Hollywood, praticamente "adottato" con enorme affetto. Non si è lasciato contagiare dai fasti della Mecca del cinema; anche nel suo modo di porsi alla Cerimonia di consegna degli Oscar ha dimostrato di essere rimasto semplice e diretto. Nel suo intervento ha pianamente spinto l'attenzione sull'apertura al nuovo che sta nelle "pellicole" non americane: «una volta superata la barriera dei sottotitoli alti un pollice sarete introdotti a molti incredibili film», accomunati dall'unica lingua che è il cinema. L'immagine di Bong Joon-Ho, discreto e non impostato, che riceve la statuetta da John Woo in un appariscente completo viola è un'immagine indimenticabile, "quadretto" che rimane negli occhi, un po' come molte scene del suo film che si susseguono una dietro l'altra: perfette per spazi, colori, atmosfere, presenze e assenze, interni ed esterni, sali e scendi, quiete e caos, pianti e risa, silenzio e caos, ordine e minimalismo, accumulo e confusione, pulito e sporco.

Parasite è un film coinvolgente, emblematico, insieme drammatico e ironico, in alcune parti sfuma nel thriller. Ricchezza e povertà si antepongono in tutta la pellicola mettendo in scena la profonda disparità che caratterizza il tessuto sociale coreano. Il quotidiano è "il mostro" che ricrea ed esaspera i comportamenti, le abitudini, le sufficienze, le necessità, i lussi, le ingenuità e i caratteri dei protagonisti. Verso il finale – quando in giardino, per la festa di compleanno del piccolo Park, esplodono i contrasti e i divari – si ha un apice davvero crudo. Tra sangue, grida, fendenti e tentativi di prevaricare con la forza, un dettaglio assurge a simbolo: il ricco padrone della villa, nel tentativo di recuperare le chiavi della sua auto sotto un corpo ferito e mettere in salvo la sua famiglia, si tappa il naso. Avverte forte e inconfondibile l'odore del "popolo", del ceto umile, che distingue i domestici, quel fetore che infastidisce "i ricchi"; anche il bambino di casa ne manifesta il disgusto in precedenza. È altrettanto evidente la rappresentazione del caleidoscopio umano i cui limiti si manifestano a prescindere dall'estrazione, ma nessuno vince. Perdono sia gli appartenenti al ceto dei ricchi sia dei poveri. Violano persino la bellezza dell'arte rappresentata dalla stessa villa, che né i ricchi Park né gli umili Kim sanno apprezzare. Il doppiaggio in italiano si confronta con l'arduo compito di rendere il microcosmo ricreato nel film con tutte le sue sfaccettature, dinamiche espresse e inespresse. Inoltre, il coreano è una lingua stridula; la manifestazione recitativa a volte è grottesca, sempre esagerata nel manifestare stupore – spalancando gli occhi a palla, davvero buffi – dai toni molto acuti nei momenti di litigio e conflitto fisico, statica nei silenzi importanti. In ogni caso è la buona riproduzione che ne fa un doppiaggio valido qualora si scelga di fruirlo doppiato in italiano.

Il doppiaggio di *Parasite* ha avuto la direzione di Silvia Pepitoni, doppiatrice affermata, direttrice di doppiaggio e insegnante nella sua Accademia. Ha curato anche i dialoghi partendo da un testo tradotto in inglese e dalla versione originale sottotitolata in inglese dal traduttore, scelto direttamente dal regista Bong. La maggiore difficoltà è stata confrontarsi con i suoni della lingua coreana, acuti e stridenti, che effettivamente quasi infastidiscono orecchie non abituate: automaticamente distaccano e creano diffidenza e distanza. Per ricreare i dialoghi in sintonia con la provenienza del parlato dei singoli personaggi, ciascuno con la propria appartenenza sociale, Silvia Pepitoni ha ricostruito le conversazioni partendo dalla mancanza di sonoro. Ha lavorato senza l'audio, procedendo alla fase di adattamento alle immagini senza il suono della voce originale. Ha funzionato perché gli scambi verbali del doppiato hanno una loro spontaneità. Rendono credibile il doppiaggio del film mantenendo la sincronicità dei movimenti labiali che non stonano. Fluiscono rimarcando correttamente le differenze e le peculiarità linguistiche del colloquiale dei signori Kim rispetto a quello dei Park e dei suoi simili, in questo film fatto soprattutto di dialoghi, di pause e silenzi pregnanti.

I doppiatori dei personaggi sono stati scelti in modo da farli funzionare nell'insieme: così abbiamo la famiglia Kim in cui il padre è interpretato da Dario Oppido, la madre da Roberta

Greganti, la figlia da Vittoria Bartolomei. Il figlio Ki-woo, il motore di tutta la vicenda, ha la voce di Angelo Evangelista: anche se più grande del ragazzo, riesce comunque a renderne i tratti sonori e verbali. Per la ricca famiglia Park invece la madre è interpretata dalla brava Valentina Mari, il padre da Massimo Bitossi, la figlia da Sara Labidi, che sta lavorando in ruoli sempre più importanti, tra cui ricordiamo Arya Stark ne *Il Trono di Spade*. Una considerazione a parte va fatta per Francesco Lucretti, davvero talentuoso considerando anche che è già al leggio a undici anni. Per i personaggi di contorno le voci sono state assegnate ad alcuni degli allievi dell'Accademia di Doppiaggio della Pepitoni. Guardando il film in italiano il doppiaggio scorre in maniera naturale, quasi magicamente, grazie al lavoro di Silvia Pepitoni e dell'intera squadra di voci, tecnici e assistenti, con un buon esito complessivo a cura dalla Tiger Film srl che tra gli ultimi lavori vanta anche il film *Judy* con Renée Zellweger, per cui anche lei ha ricevuto l'Oscar.

Vale la pena mettere in evidenza che questo film sta facendo conoscere nel mondo anche qualche parola di italiano. *In ginocchio da te*, la canzone di Gianni Morandi, gira e rigira come colonna sonora su una delle scene più convulse del film e non la scorderemo. Forse *Parasite* diventerà una serie. Chissà! Nel frattempo su Netflix e sulle altre piattaforme si possono guardare esempi della vasta produzione coreana: film e fiction spesso solo sottotitolate in inglese, per chi riuscirà a seguirli.

Il doppiaggio non si arrende

Maggio 2020

Anche il settore doppiaggio ha subito e sta patendo i complessi contraccolpi dell'emergenza coronavirus. Il cinema ha spostato le uscite dei principali film all'autunno, per ora, ma le piattaforme che propongono una considerevole quantità di contenuti televisivi sono prese d'assalto. L'intrattenimento "da casa" divora serie come fossero fast food, mentre si immettono continuamente a disposizione di telecomando nuovi episodi e nuovi prodotti. La richiesta del doppiaggio in questo caso è pressante. Il settore si è unito e ha cercato di fare fronte comune. Il mondo del doppiaggio ha dato esempi di iniziative di sostegno sociale come *Una voce per lo Spallanzani*, a cui gli attori e gli operatori hanno contribuito con una vera e propria campagna in cui la chiave più importante è stata sicuramente la voce, ma anche i loro volti. L'emergenza anche nel campo della trasposizione multimediale e della post-produzione ha esasperato alcune debolezze e lacune già presenti: sono emerse prepotenti, manifestando tutta l'urgenza con cui dovrebbero essere risolte. In questo panorama si è delineata una situazione in cui gli stabilimenti di doppiaggio hanno un codice ATECO, la classificazione delle attività economiche, che permetterebbe loro di lavorare, ma la filiera, ossia i professionisti della voce, del suono e della direzione, avendo un altro codice di riferimento non potrebbero. Uniformare i codici del settore, a questo punto, diventa una priorità per il presente e per il futuro. Come mette in evidenza Sandro Acerbo, doppiatore di Brad Pitt, tra gli altri, e autorevole direttore, oltre che attuale amministratore delegato di CDC Sefit Group, si profila un rischio da team che lavora insieme sia al leggio, per esempio nei turni di brusio, sia nella stessa sala con entrate e uscite al termine di un turno e all'inizio dell'altro: «Stiamo organizzando tutto per dare sicurezza ai doppiatori, ai direttori, agli assistenti, ai fonici e a tutto il personale della nostra azienda. Ma ognuno deve fare la sua parte perché come dico sempre siamo come una squadra in un campionato, se si ammala uno dobbiamo fermarci tutti». La facilità di contagio in questo tipo di lavoro sarebbe estremamente pregiudicante e pericolosa. Alcune società di doppiaggio hanno già provveduto a dotare le sale di quanto necessario per far lavorare in sicurezza doppiatori, tecnici, assistenti, direttori. Hanno sistemato gli impianti per migliorare l'aereazione e la ionizzazione dell'ambiente, hanno individuato strategie per la sanificazione post turno, hanno cambiato la pianificazione dei turni di doppiaggio con una sola persona al leggio. Certo alcuni dubbi rimangono. È assolutamente rilevante la necessità soprattutto di un atteggiamento serio, univoco e coerente da parte di tutti, società e professionisti. Questo articolo è stato scritto il 13 aprile, dopo la Pasqua del 2020, anno bisestile entrato nelle nostre vite con una gamba tesa tale da creare fratture sociali e danni economici mai visti. Poco prima della festività, i sindacati preposti in accordo con le organizzazioni del settore hanno domandato al Ministero Italiano per lo Sviluppo Economico (MISE) di fare chiarezza sui codici ATECO, il primo passo per pianificare le azioni di "rientro ai lavori". Gli operatori del settore doppiaggio, ma anche del mondo dello spettacolo, hanno potuto usufruire di un buon salvagente, come afferma Andrea Miccichè, Presidente del Nuovo IMAIE: «Il Nuovo

IMAIE, per venire incontro alle tante difficoltà che stanno incontrando gli artisti in questo periodo di chiusura totale delle attività lavorative, ha istituito il Fondo Coronavirus, fondo costituito da un importo rilevante di oltre cinque milioni di euro. Si tratta di un fondo a cui possono accedere tutti i mandanti di Nuovo IMAIE che hanno visto disdettati impegni lavorativi a causa del coronavirus. Le domande per accedere al fondo possono presentarsi tra il 23 marzo e il 23 aprile venturo. Gli assegni di sostegno saranno conferiti durante maggio. Verrà formata una graduatoria tenendo conto: a) del tipo di impegno a cui l'artista ha dovuto rinunciare, b) se l'artista ha un reddito annuo inferiore a 25.000 € c) se ha figli a carico. Tutti riceveranno un importo di sostegno, con preferenza a coloro che ne hanno più bisogno sulla base dei suddetti parametri». Anche l'Associazione nazionale attori doppiatori (ANAD) ha previsto un fondo a sostegno di tecnici e assistenti come mette in evidenza il Presidente Roberto Stocchi: «L'ANAD ha istituito un Fondo Speciale per l'emergenza a disposizione di tutti i lavoratori del doppiaggio per cercare di compensare, almeno in parte, le giornate di lavoro perso. Altro discorso che portiamo avanti è quello di ottenere il massimo della chiarezza in modo da definire i protocolli condivisi ai quali è auspicabile che sia aziende che professionisti si atterranno in materia di sanità. È fondamentale tornare al momento giusto a lavorare, ma in totale sicurezza». Per l'Associazione italiana per assistenti al doppiaggio (AIPAD), la presidente Sabina Razzi ci conferma: «Per la prima volta nella storia il nostro settore, come tutti gli altri, si è fermato per un evento eccezionale. Anche noi assistenti al doppiaggio auspichiamo una rapida ripresa lavorativa, ma chiaramente con tutte le garanzie necessarie, ossia protocolli sanitari condivisi e applicati da tutte le società, perché lavoriamo in ambienti particolari che avrebbero bisogno di un'attenzione specifica da parte degli organi competenti. Inoltre, insieme alle altre associazioni di categoria abbiamo contribuito allo stanziamento di un fondo solidale per l'emergenza coronavirus aperto a tutte le figure professionali». L'Associazione italiana dialoghisti e adattatori cinetelevisivi (AIDAC) riassume le varie dinamiche che si stanno innescando nel campo della trasposizione multimediale e della post-produzione: «La quasi totalità delle società di doppiaggio è ferma e chi non lo è lo fa a proprio rischio e pericolo. Gli attori, i direttori, gli assistenti e i fonici sono spaventati all'idea di tornare a lavorare con queste condizioni che ancora non prevedono protocolli certificati. Si stanno, quindi, studiando modalità e tempi per una corretta sanificazione delle sale di doppiaggio. L'operazione si è rivelata molto complessa, soprattutto per i problemi relativi all' areazione dei locali che nel novantanove per cento dei casi sono senza finestre. Bisogna anche sanificare leggii, copioni, microfoni, creare una barriera fra attore, peraltro non ce ne potrà essere più uno alla volta in sala, assistente, in cabina di regia, fra direttore e fonico. Tutto questo andrà certamente a incidere sui costi e sulla produttività e bisognerà quindi studiare nuove modalità di lavoro. È una questione complicata e di non facile soluzione». Insomma, è e sarà fondamentale per ripartire meglio di prima fare chiarezza e cercare di uniformare intanto i codici ATECO, ma soprattutto un'azione congiunta, con protocolli certificati, che dia forza ed energia a una ripartenza con tutti i crismi. Il doppiaggio italiano non si arrende neanche al coronavirus e punterà a tenere alta la qualità dei vari standard. La grave situazione in cui versa il settore del doppiaggio è un esempio di quanto accade non solo in Italia, ma nel mondo. Sono moltissime le vittime e solo con il trascorrere del tempo riusciremo a renderci davvero conto di quanto sia andato perso dal punto di vista umano ed economico. Ci sono aree che sono state più colpite di altre. Giusto concludere con la testimonianza di speranza che arriva da Niseem Onorato, doppiatore tra gli altri di Jude Law – anche in *The Young Pope* e in *The New Pope* di Sorrentino – romano di nascita ma che da anni risiede a Bergamo, una delle zone più colpite e che ha pianto più vittime: «Vivo a Bergamo e sono un doppiatore. La situazione è drammatica sotto ogni punto di vista. C'è necessità di riprendere a lavorare, ma nonostante questo sento che la vita viene prima di ogni cosa. Quindi è un paradosso; ho bisogno di lavorare ma non voglio lavorare per salvaguardare la salute mia e delle persone che ho intorno. In qualche modo se ne uscirà, ce l'abbiamo sempre fatta, l'uomo è capace di cose meravigliose. Spero non si perda questo spirito che in molti stiamo condividendo, questa connessione di cuori, questo sentirsi tutti parte di un *uno*».

Che ne sarà dei nostri festival?

Giugno 2020

Naturalmente che ne sarà di noi, in primis! Si naviga a vista, stropicciati tra divieti, rischi, incertezze, fake news, imposizioni non sempre chiare, esigenze di reinventarsi. Persino gli orizzonti visivi paiono sfocarsi nella miriade di input che ci colpiscono e sommergono quotidianamente. Erano già flebili creature, i festival. L'industria della cultura, o quella che dovrebbe essere tale, nonostante la vastità e l'inestimabilità del patrimonio culturale italiano, già dava chiari segni di pallore e i piccoli e medi festival già necessitavano di consistenti ed estremi sforzi per "resistere". Le rassegne ad alto budget come Giffoni, Spoleto, Taormina, Venezia e Cannes navigavano in acque più sicure. Ora il "satanasso" Covid-19 e l'emergenza derivata hanno messo in crisi le modalità di fruizione di qualsiasi tipo di spettacolo. Anche per loro, i tempi sono difficili e imprevedibili. Basti pensare che il *Cirque du Soleil*, per fare un esempio – sappiamo che enorme macchina creativa internazionale fosse – ha licenziato il 95% dei dipendenti, quasi cinquemila nel mondo. Solo per fare intendere la portata del disastro per tutto quanto è spettacolo e visione, nelle sale e all'aperto. La domanda, quindi, sorge spontanea. Che ne sarà dei nostri festival? Il *Festival de Cannes* avrebbe dovuto svolgersi a maggio. È saltato. Si fermò solamente durante la Seconda Guerra Mondiale e nel 1968, coinvolto nel "maggio del '68" dalle turbolente manifestazioni. Forse si accorderà per spazi negli altri grandi festival internazionali di cinema. Per saperne di più sulla Mostra del Cinema di Venezia ho seguito le interviste di Baba Richerme e

Antonio D'Olivo al Presidente della Biennale e al direttore della Mostra Barbera per *In Prima Fila -Tutto quanto fa spettacolo e cultura*, il settimanale di approfondimento culturale di Rai Radio 1. Per il neopresidente della Biennale Roberto Cicutto la Biennale si potrà svolgere seguendo le norme che saranno imposte dal governo. La Biennale di Architettura slitterà al 2021, la Mostra del Cinema al 2 settembre, del Teatro inizierà dal 14 settembre, della Musica dal 25 settembre e della Danza dal 13 ottobre. Sicuramente dovranno rimodulare un minore afflusso di pubblico ed entrare nell'ottica di avere meno spettatori stranieri. La Mostra del Cinema di Venezia sarà un banco di prova dal punto di vista organizzativo. Intanto, ci si deve portare avanti per essere pronti ad adeguarsi non appena arriveranno le direttive e le norme da attuare. Alberto Barbera, direttore della *Mostra Internazionale d'Arte Cinematografica*, per esattezza la numero 77, conferma che stanno lavorando e selezionando i film. Sarà un festival tutto da inventare. Non crede alla possibilità di un'edizione online; è fondamentale essere in un luogo fisico con produttori, registri, attori e fruitori. Oltretutto, i film che avrebbero dovuto essere presentati a Venezia non hanno finito le riprese e si sono arrestati. Si andrà incontro a un naturale scivolamento in avanti di quelli che avrebbero dovuto andare a Cannes. Barbera riflette anche su come cambierà la fruizione dei film: «Ci ritroveremo a coesistere con altri modi di fruizione come lo streaming, le piattaforme saranno sempre più utilizzate, ma senza cancellare l'esperienza della sala cinematografica. Il cinema non scomparirà». Per contestualizzare le informazioni contenute in questo articolo si segnala che è stato scritto il 15 maggio. La deadline per le indicazioni precise da applicare alla

Mostra del Cinema dovrebbe essere quella di fine di maggio, inizio giugno. I grandi festival che possono vantare consistenti budget economici, in un modo o nell'altro riusciranno ad adeguarsi. Ma che ne sarà dei nostri festival, quelli che sono sopravvissuti fino a ora grazie all'abnegazione e ai sacrifici degli organizzatori? Dove troveranno i fondi per mantenerli in vita e per riproporli eventualmente in maniera differente? Chi penserà a loro se non troveranno più chi li ha sostenuti fino a oggi, se gli sponsor scapperanno presi dai loro problemi, se le fondazioni e gli organi di sostegno, quei pochi enti che ancora stanziavano, decideranno di deviare i contributi a loro destinati a situazioni ancora più gravi, come quelle che arriveranno dal sociale? Gli organizzatori hanno cancellato le edizioni che avrebbero dovuto tenersi a marzo, aprile, maggio 2020. Hanno cercato di tenere vivi i rapporti con gli appassionati sui canali social condividendo contenuti, intrattenendo con interviste, performance online, mettendo a disposizione i materiali raccolti negli anni. I festival non sono solo "una festa" e quasi mai lo sono per chi ne è responsabile. Sono "creature": ciascuno è una piccola impresa e ha una sua economia. Sono in molti a produrre e a lavorare con i festival, con i progetti culturali, con le rassegne. Diventeranno disoccupati della cultura? Come per la restante fetta di operatori del settore? Chi penserà a loro? Anche le associazioni culturali su cui fonda una parte rilevante della proposta culturale italiana spariranno. Getteremo via tutto? Chi salverà i nostri festival?

Il Clint Eastwood italiano

Luglio 2020

Alto, longilineo, dai tratti marcati e il tono di voce deciso. Lo potremmo benissimo immaginare con il cappello e la pistola come Clint nei suoi film western. È Michele Kalamera, il suo doppiatore quasi di sempre, la sua voce praticamente ufficiale. Eastwood lo ha scelto personalmente e Kalamera ne è particolarmente orgoglioso. Sono moltissimi i film in cui lo ha doppiato: *Cielo di piombo, Ispettore Callaghan* e *Coraggio... fatti ammazzare*, sempre per l'Isp. Harry Callaghan, *Il texano dagli occhi di ghiaccio, Bronco Billy, Honkytonk Man, Cacciatore bianco, cuore nero, Filo da torcere* e *Fai come ti pare, Il cavaliere pallido, Firefox - Volpe di fuoco, Corda tesa, Gli spietati, Un mondo perfetto, La recluta, I ponti di Madison County, Casper, Potere assoluto, Fino a prova contraria, Space cowboys, Debito di sangue, Gran Torino, Di nuovo in gioco, Il corriere - The Mule*. Naturalmente sono moltissimi i premi che ha ritirato interpretando Eastwood. Kalamera è un signor attore. Ora ha 81 anni, praticamente dieci in meno della star di Hollywood, e ci confessa in un'intervista che quattordici anni fa, colui che lo scelse come voce nel 1986 per doppiarlo ne *Il texano con gli occhi di ghiaccio,* fu operato alle corde vocali e adesso parla con una voce afona, ma continua a migliorare le sue prestazioni vocali basandosi sulla presa diretta con il microfono facendo alzare il volume rispetto agli altri del cast. Seguendo l'esigenza dell'attore americano, fatta ben presente, Kalamera iniziò così a doppiarlo con la voce più flebile e roca. Per Michele Kalamera Eastwood è diventato un grande attore in vecchiaia con performance assolutamente rilevanti in *Gli Spietati* e poi in *Gran*

Torino. Lo elogia anche come regista, soprattutto nei film in cui deve dirigere moltissimi attori. Ci tiene a sottolineare la difficoltà di cimentarsi con storie vere, che vanno rese nei lungometraggi accattivanti in quasi ogni loro parte, non solo nelle epifanie. Infatti, per lui *The Mule* non è sicuramente il miglior film di Eastwood. Lo predilige appunto ne *Gli Spietati* e in *Gran Torino*. Michele Kalamera esordì al doppiaggio nel 1965 diretto da una grande direttrice, Fede Arnaud Pocek, anche sceneggiatrice, interpretando Mark Damon, il padre di Matt Damon. Da lì la sua carriera come doppiatore decollò e non si fermo più. Kalamera è attore di teatro, ha lavorato per la radio, la televisione e il cinema. Con Gigi Proietti fondò anche il Teatro Stabile dell'Aquila. A Kalamera piace molto raccontare delle origini del suo cognome: origini greche per cui il nome deriva dalla storpiatura di *kalimera*, ossia buongiorno in greco. Ci scherza su: «Se ci pensate io sono Mike Bongiorno perché Michele è Mike e Kalamera è Buongiorno dallo storpiato *kalimera*». È uno dei big del doppiaggio, eppure nutre una grande attenzione verso i giovani doppiatori: nei contesti in cui può interagisce con loro, non risparmia consigli, come peraltro cerca e trova occasioni per spronare i più autorevoli direttori di doppiaggio a far lavorare i nuovi talenti che si cimentano con l'arte di fare doppiaggio e con il mestiere del doppiatore. Chi lo conosce sa che sono molte le battute colte e le ironie che il nobil Kalamera profonde in una conversazione, sicuramente con toni attoriali, ma con cuore e grande savoir-faire di attore carismatico e di indubbio appeal. Proprio come il suo alter ego Hollywoodiano Eastwood.

La Belle Époque
Il doppiaggio di un perfetto esempio di commedia francese

Settembre 2020

Chi non vorrebbe rivivere qualche episodio del proprio passato? Su questo si basa il film, sul tema del tempo che passa, sulle sovrastrutture che si acquisiscono vivendo, sull'opportunità che invece avremmo di recuperare una parte più spontanea del proprio essere per vivere meglio e più pienamente. *La Belle Époque* è una commedia francese brillante. Presentata lo scorso anno fuori concorso al Festival del Cinema di Cannes e alla Festa del Cinema di Roma, è una macchina narrativamente perfetta, con tasselli che si incastrano come in un puzzle. Rispecchia benissimo i meccanismi tipici del genere in cui i francesi sono maestri: sofisticati, sempre con gusto, in maniera leggera e molto intelligente riescono ad affrontare tematiche importanti e difficili aggiungendo un quid in più. Nelle trame delle loro commedie ci conducono per mano e ci accompagnano verso riflessioni che arrivano magari tramite una battuta, mediante le conversazioni, negli incontri e negli scontri; incedono nello snodare le vicende facendo prima sorridere e poi conquistando nel ragionamento.

La Belle Époque si rivela una commedia che ti offre la possibilità di essere vista divertendosi e non pensando, oppure lascia spunti per sviluppare i propri nessi e percorsi interiori, fino a giungere a una propria conclusione. Una commedia arguta, ma anche romantica, con un tocco di nostalgia. Un film fatto con cura, in cui è evidente l'amore per i dettagli nel far risaltare i personaggi e i loro caratteri ben delineati. Le scene sono girate per lo più in interni, permeate di costanti e lunghi dialoghi, primi piani con espressioni del viso e sguardi che trasmettono valori aggiunti nella comprensione dei momenti, di cosa sta accadendo. Un film in cui si va dal serio, all'ironico, al divertente. Tra i protagonisti due grandi attori che naturalmente recitano superlativamente. Un davvero bravo Daniel Auteuil e una delle ultime dive del cinema rimaste, Fanny Ardant.

Il lavoro del doppiaggio, diretto da Teo Bellia, non è stato semplice proprio per le caratteristiche del film: è riuscito a mantenere i registri, i ritmi, le caratterizzazioni dei personaggi, a trasferire il piglio delle battute, delle variazioni dei toni sia negli interpreti principali, sia nei molti secondari, non perdendo l'equilibrio originale che nelle commedie francesi fa sempre la differenza. Auteuil e la Ardant sono stati doppiati da due grandi voci italiane. Rispettivamente nel film sono Victor e Marianne, la coppia in crisi. Luca Biagini ha interpretato Auteuil e si percepisce il lavoro attento e curato nello stargli dietro sui tempi, sui ritmi, sui cambi di tonalità, sul renderne la caratura e la performance attoriale. Luca Biagini è una delle migliori voci italiane: ha doppiato, tra gli altri, John Malcovich, Kevin Kline e Colin Firth, ma è anche un attore televisivo e cinematografico. Uscirà il 3 settembre il suo ultimo film, *La vacanza* di Enrico Iannaccone, in cui recita insieme anche a Catherine Spaak e Carla Signoris. Per la Ardant è inconfondibile il registro di Maria Pia Di Meo, in questo caso un po' sopra le righe come richiede il personaggio, sul recitato dell'attrice francese. Maria Pia Di Meo, ormai una star del doppiaggio italiano, iniziò a doppiare fin da bambina: figlia d'arte, il papà Giotto Tempestini fu attore e doppiatore, infatti.

Ascoltandola la riconosceremmo nell'interpretazione di Audrey Hepburn in *My Fair Lady* e di July Andrews per le parti recitate in *Mary Poppins* del 1965, solo per citare due film. Di entrambe le attrici di Hollywood fu voce fissa. La sua, è stata ed è una carriera davvero rilevante. Ne *La Belle Époque* abbiamo altri impeccabili professionisti come Domitilla D'Amico nel ruolo di Margot/Doria Tiller, la briosa giovane attrice che Victor incontra e che interpreterà "nella fiction nel film" la moglie Marianne da giovane al tempo del loro primo incontro, e Francesco Prando nel ruolo di Antoine/Guillaume Canet, il direttore della strana agenzia *Time Traveller* che mette in scena il passato. Tra i personaggi non protagonisti si distingue per la versatilità Anna Cugini che ha doppiato Jeanne Arènes nel ruolo di Amélie, senza nulla togliere agli altri. La distribuzione del film è di I Wonder Pictures che ne ha supervisionato meticolosamente la lavorazione.

A proposito di nostalgia, potremmo domandarci: i doppiatori tornerebbero indietro nel tempo? Chissà, in un'epoca di sempre maggiore impatto della tecnologia e della digitalizzazione con i suoi pro e contro, se sceglierebbero di tornare a lavorare sull'anello di pellicola. Altro che *timecode* e diavolerie varie!

Immagini da film, realtà per il nostro futuro

La *Voce* del pianeta: il "padre" dei documentari David Attenborough. Una voce che dobbiamo assolutamente ascoltare per poter ancora vivere sulla Terra

Novembre 2020

La vita sul nostro pianeta è una meraviglia a tutto tondo: migliaia di specie straordinarie che cooperano per mantenere viva la Terra, la natura e la sua "biodiversità" sono una macchina perfettamente sincronizzata. Anche il rapporto tra il cinema e il documentario è stretto e innegabile. Come non portare l'attenzione su un personaggio la cui esperienza è stata fondamentale per il genere docufilm, ancor di più in questo momento essenziale per capire che non stiamo vivendo l'inizio di un film catastrofico, non è finzione, è realtà.

Una delle più importanti e imperdibili testimonianze del 2020 che possiamo seguire e vedere con immagini mozzafiato in *Una vita sul nostro pianeta* è proprio quella di David Attenborough: ora ha 93 anni e ha avuto la fortuna di esplorare per tutta la sua vita il nostro pianeta, in tutta la sua varietà. Le sue avventure l'hanno portato alla scoperta del mondo fin da ragazzo. Le sue parole, la sua testimonianza di ora non ce la dobbiamo dimenticare, anzi obbligatoriamente la sua voce e quello che ci consegna devono riecheggiarci costantemente nella testa e devono essere un punto di partenza: urgente, immediato, costante, l'unica soluzione per noi esseri umani e per tutta la sopravvivenza del pianeta.

Ci sono state cinque estinzioni di massa nella storia della Terra, l'ultima fu la causa della scomparsa dei dinosauri. Poi si giunse alla nostra epoca geologica recente l'*Olocene* (dal greco *olos* tutto e *kainos* recente) caratterizzata da una certa stabilità delle temperature e dello sviluppo congegnato e preciso dalla natura in cui tutta la vita del pianeta si era assestata sul proprio ritmo affidabile con le stagioni e le relative peculiarità di ciascuna nei vari continenti. Avevamo conquistato in questa perfezione l'opportunità di un'agricoltura sostenibile con i ritmi delle stagioni che ha permesso il progredire della civiltà umana.

Noi uomini, invece, con la nostra intelligenza abbiamo cambiato il passo di questa evoluzione: rivoluzione industriale prima, tecnologica ed informatica poi, invenzioni come i voli intercontinentali che permisero, tra l'altro, ad Attenborough di esplorare gli angoli più impensati del pianeta e scoprire flora e fauna mai vista. Aveva venti anni, allora. Di lì in poi il ritmo del progresso fu inarrestabile. Avevamo, forse, anche tutti i sogni a portata di mano, ma non siamo stati capaci di controllarci, così iniziarono i problemi. Sembrava impossibile che una specie, quella umana, potesse minacciare l'intero pianeta in cui le altre si autoregolavano con, solo uno degli esempi in un ecosistema naturale esemplare, i flussi migratori.

Con il primo lancio dell'Apollo, nel 1969, l'uomo poté vedere la Terra da lontano: vulnerabile, isolata, una sfera nell'Universo, la videro tutti; il mondo intero guardò il lancio in diretta. Si inizio a capire che la nostra casa, la nostra esistenza, era limitata e dipendente dal mondo intorno a noi. Ormai avevamo iniziato ad abbandonare la rinnovabilità e l'ecosostenibilità.

Nella seconda metà degli anni Settanta durante la realizzazione con la BBC di *La Vita sulla Terra*, la serie di docufilm girata in 39 paesi, con le riprese di 650 specie e avendo percorso più di due milioni di chilometri, notò che alcuni animali erano sempre più difficili da trovare, come i gorilla di montagna ridotti ormai a trecento in una foresta sperduta dell'Africa Centrale.

Erano stati sterminati dai bracconieri. Stessa sorte toccò alle balene cacciate per la carne e l'olio. I guai grossi erano iniziati ed era l'uomo il responsabile, oltre tutto dimostrando una crudeltà inaudita. Stavamo consumando il pianeta Terra fino a esaurirne i suoi habitat; nel frattempo la popolazione raddoppiava.

Un altro esempio di distruzione fu negli anni Cinquanta: il Borneo ricoperto per tre quarti dalla foresta pluviale e che in solo cinquant'anni si dimezzò. Più della metà delle specie animali vivono nel Borneo, tra quelle più meravigliose. È un esempio indiscusso di biodiversità da lasciare senza fiato. Ogni specie di animali e piante ha un ruolo cruciale per l'altro: un esempio della perfezione della natura senza l'uomo. In un metro quadro di foresta del Borneo esistono circa settecento specie diverse di alberi e noi lo abbiamo trasformato in una monocultura di palme da olio, praticamente in un habitat defunto rispetto a cosa era. Tremila miliardi di alberi sono stati abbattuti in tutto il mondo, ossia la metà delle foreste pluviali, con una perdita irreparabile di biodiversità.

Non possiamo abbattere per sempre e ciò che non può essere fatto per sempre perché non è sostenibile. Neanche l'oceano si salverà. Fu questo il tema del docufilm *Il Pianeta Blu* realizzato da BBC Natural History e trasmesso nel 2001. La pesca in acque internazionali ha eliminato il 90% dei grandi pesci e ora gli oceani si stanno svuotando. Se ciò accadesse il ciclo dei nutrienti oceanici si interromperebbe e l'oceano morirebbe. Nel 1998 una troupe si imbatté nelle barriere coralline bianche: uno triste spettacolo di creature morte e il *reef*, prima magico luogo di colori incredibili, diventato spettrale a causa nell'aumento della temperatura.

Attenborough a 92 anni ha deciso di metterci ancora in guardia. Le sue parole non sono pietre, sono macigni: «l'aumento di carbonio nell'atmosfera ha sempre pregiudicato l'equilibrio di vita sul pianeta, ma se ci erano voluti millenni prima, noi bruciando carbone e petrolio, che per altro hanno impiegato ere a formarsi, abbiamo impiegato meno di duecento anni per mettere a rischio il pianeta. La temperatura mondiale è riuscita a rimanere stabile fino agli anni Novanta, perché l'oceano ha assorbito il calore in eccesso.

Era il primo indizio che la Terra iniziava a perdere il suo prezioso "balance". I Poli sono scenari ineguagliabili sul pianeta Terra, con specie uniche che si adattano a situazioni estreme, ma ora stanno cambiando. Le estati artiche hanno ormai ridotto le distese di ghiaccio perenne, già nel 2011 le ragioni erano molte. La temperatura è aumentata in modo fisso di un grado, il ghiaccio ridotto del 40% in quarant'anni, l'ecosistema più lontano e incontaminato è ormai destinato al collasso. Il nostro impatto è ovunque sulla Terra e ha alterato l'essenza della vita sul pianeta. Abbiamo prosciugato il 30% della riserva ittica mondiale, abbattiamo più di 15 miliardi di alberi ogni anno, abbiamo ridotto la portata di acqua dolce dell'80% con il nostro agire su fiumi e laghi, stiamo chiudendo la natura in cattività, metà delle terre fertili sulla Terra sono coltivate, il 70% di tutti gli uccelli sulla Terra sono ormai addomesticati – la metà sono polli di allevamento.

Un terzo dei mammiferi sul pianeta è fatto di uomini e l'atro 60 % è bestiame da allevamento, i restanti sono solo il 4% dai topi alle balene: questo è il nostro pianeta, gestito dall'umanità per l'umanità, non resta quasi più autonomia. Dai suoi inizi, negli anni Cinquanta, di media gli animali selvatici si sono più che dimezzati, le foreste, le pianure i mari si stanno esaurendo, abbiamo distrutto completamente il mondo non umano, l'uomo ha annientato il mondo.

Questa è la mia testimonianza: la storia del declino naturale nell'arco della mia vita, ma il danno che ha contraddistinto la mia generazione sarà purtroppo eclissato dal successivo. La scienza ci dice che se nascessi oggi, potrei vedere il prossimo danneggiamento mondiale, con la foresta amazzonica che diventerà una savana arida devastandone le razze animali e alterando il ciclo globale dell'acqua con danni per l'Artide: resterà senza ghiaccio in estate, e senza la calotta il ritmo del riscaldamento globale crescerà.

Le terre ghiacciate del nord si scioglieranno rilasciando metano, gas serra molto più potente dell'anidride. Il cambiamento climatico sarà inesorabile, l'oceano sarà sempre più caldo e acido con le barriere coralline che moriranno, la riserva ittica crollerà, le culture intensive esauriranno i terreni e la produzione alimentare entrerà in crisi, gli insetti impollinatori scompariranno, il tempo sarà sempre più imprevedibile, la temperatura globale salirà di altri 4 gradi e gran parte della terra diventerà inabitabile con milioni di senta tetto.

La sesta estinzione di massa è all'opera: una serie di scelte univoche hanno portato e conducono al cambiamento irreversibile; la sicurezza del nostro *Olocene*, il nostro paradiso terrestre, saranno un ricordo.

La nostra minaccia più grande, se non agiamo subito, è l'estinzione. La soluzione c'è, ma dobbiamo iniziare immediatamente a ristabilire la biodiversità, dobbiamo naturalizzare il mondo. È l'unica via di fuga che abbiamo: farlo peraltro è più semplice di quanto si pensi, in cento anni la natura selvaggia potrebbe tornare. Tutte le altre specie sulla Terra raggiungono un picco massimo che si limita da solo, mentre l'essere umano si riproduce senza sosta. In Giappone il tasso di natalità è crollato con l'aumentare del tenore di vita e dell'aspettativa di vita, stabilizzandosi.

Con l'avanzare del progresso, le persone hanno scelto di fare meno figli. Nel futuro prossimo raggiungeremo il nostro picco. Lavorando sodo per combattere la povertà e ottenendo il benessere per tutti, raggiungeremo questo picco più in fretta. Il trucco è incrementare il tenore di vita senza aumentare il nostro impatto sulla Terra; ma si può fare, non è impossibile. La vita sul pianeta ci può essere anche solo grazie alla luce solare, quindi se abbandonassimo il combustibile fossile e usassimo solo l'energia della natura, del sole, dell'acqua, del vento, e la geotermia, proveniente dalla terra, sarebbe la soluzione. Il Marocco, per esempio, oggi ha il 40% di energia rinnovabili con la più grande distesa di pannelli solari, entro il 2050 potrebbe diventare il più grande esportatore del mondo.

Nel giro di vent'anni le rinnovabili dovranno diventare l'unica fonte di energia. Ovunque l'energia sarà più economica, le nostre città più pulite, e l'energia rinnovabile è inesauribile. La vita sul pianeta e noi dobbiamo avere oceani sani. È un alleato cruciale per ridurre l'anidride carbonica nell'atmosfera, ma deve essere ricco di esseri viventi i più diversi. La pesca in quantità e forme sostenibili va assolutamente preservata. L'esempio di Palau – uno stato insulare del Pacifico la cui sussistenza si basa su pesca e turismo – alla barriera corallina ha dato i suoi frutti. La soluzione fu vietare la pesca in molte zone per un periodo, così le popolazioni di pesci tornarono floride a tal punto da diffondersi anche nelle acque circostanti oltre la barriera. Se facessimo lo stesso a livello mondiale avremmo risolto questo problema. Basterebbe vietare la pesca per un periodo, o a periodi. Il mare aperto ormai esaurito dalla pesca intensiva rediventerebbe la riserva più grande del pianeta per combattere il cambiamento climatico.

Sulla terraferma, invece, dobbiamo sospendere le coltivazioni intensive, partendo dal cambiare la nostra dieta. I grandi carnivori sono rari in natura perché ognuno ha bisogno di molte prede. E nel Serengeti in Africa ognuno ha circa cento prede a disposizione. Non c'è spazio per molti carnivori, inclusi noi uomini. Dovremmo evitare di essere carnivori e mangiare più piante, più vegetali. Qui possiamo imparare dagli olandesi. Incrementano di dieci volte i raccolti aumentando la resa per ettaro e diminuendo l'utilizzo di acqua, pesticidi e concimi. Ne risulta un esempio di come si produce molto più cibo, da molto meno terra: infatti nonostante la sua piccola dimensione è il secondo esportatore di cibo al mondo.

Possiamo produrre in nuovi spazi, anche in luoghi dove non c'è affatto terra. Se sviluppassimo l'agricoltura così, invertiremo la corsa alla terra che invece libereremmo. Le foreste sono fondamentali per la sopravvivenza del nostro pianeta, sono la tecnologia più avanzata in realtà, il regno della biodiversità che serve per catturare l'anidride carbonica. Un secolo fa, tre quarti della Costa Rica erano coperti di foreste, poi negli anni Ottanta, a causa del taglio di legname incontrollato, arrivarono a un quarto. Poi il Costa Rica incentivò la sostituzione degli alberi tagliati e ora in venticinque anni la foresta è tornata a ricoprirne la metà. Basterebbe ripristinare gli alberi in tutto il mondo. Anche qui la soluzione ci sarebbe. Se lo hanno fatto in Costa Rica si può rifare. Il filo conduttore è sempre uno: la natura è il nostro più grande alleato, dobbiamo solo fare ciò che la natura ha sempre fatto. È semplice in realtà. Una specie può prosperare solo se tutto il resto prospera con essa. Dobbiamo sposare questo principio: se ci prenderemo cura della natura, la natura si prenderà cura di noi.

È tempo di smettere di crescere e prosperate tutti insieme in equilibrio. Come raccoglitori la vita era sostenibile, ora è l'unica opzione, accorciare la distanza dalla natura per tornare a farne parte. Cambiando il modo di vivere sulla Terra ci attenderà un futuro alternativo preservando la natura, anziché imprigionarla e distruggerla. I metodi dovranno essere sostenibili, lavorando con essa e non contro di essa. Sono sicuro di una cosa: non si tratta di salvare la natura, si tratta di salvare noi stessi, perché con o senza di noi la natura tornerà.

Come è accaduto a Chernobyl dove la natura ha recuperato il suo spazio. È solo uno degli esempi. Ci serve saggezza. Siamo i soli in grado di immaginare il futuro, ora sappiamo che esiste l'occasione per fare ammenda e gestire il nostro impatto. Basta solo volerlo, ripristinando salute, ricchezza e meraviglia del mondo che abbiamo ereditato.

Non sprechiamo questa occasione». *Una vita sul nostro pianeta* è il documentario uscito nell'autunno del 2020 che contiene questo grido di allarme, la testimonianza impareggiabile e unica di David Attenborough. In italiano ha la voce di Dario Penne, noto per essere tra gli altri la voce di Anthony Hopkins ne *Il silenzio degli innocenti*. È la sua voce anche in altri documentari come nella serie in otto episodi della BBC *Il nostro pianeta*. Attenborough ha deciso di lasciare la sua orma anche su Instagram e in 4 ore e 44 minuti, come vi è sbarcato questo settembre appena trascorso, ha raggiunto un milione di follower. Impressionante! Il pianeta ci chiama! Ascoltiamolo.

1937

WORLD POPULATION : 2.3 BILLION
CARBON IN ATMOSPHERE : 280 PARTS PER MILLION
REMAINING WILDERNESS : 66 %

2020

WORLD POPULATION : 7.8 BILLION
CARBON IN ATMOSPHERE : 415 PARTS PER MILLION
REMAINING WILDERNESS : 35 %

Imprevisti digitali
Chi non li ha mai avuti?

Novembre-Dicembre 2020

Imprevisti digitali, diretto da Benoît Delépine e Gustave Kervern, registi noti anche per il loro sarcasmo e i loro personaggi donchisciotteschi, ha vinto l'Orso d'Argento a Berlino. È uscito nelle sale italiane a metà ottobre 2020: il cinema Anteo di Milano ha proposto una proiezione speciale, a cui ha partecipato anche Monica Pariante, direttrice e adattatrice dei dialoghi italiani. Il titolo originale era *Effacer l'hystorique*, in italiano sarebbe stato tradotto con "cancellare la cronologia". In effetti, il titolo *Imprevisti digitali* ha un maggior appeal ed è rappresentativo della tematiche che approfondisce e raffigura. Una commedia che pare leggera. In realtà, tratta temi sociali non così da ridere, riesce a far emergere la solitudine e l'impotenza in cui si dibatte l'uomo nell'epoca moderna: esseri umani che si affidano al web anche per non sentirsi soli e poi si ritrovano magari coinvolti in situazioni che mettono in gioco le loro vite e superano la realtà, finiscono per sfiorare la fantasia. Tre abitanti dello stesso complesso residenziale in un sobborgo cittadino francese si ritrovano ad affrontare – e sarà capitato a ciascuno di noi – situazioni complesse e paradossali, create dall'essere imbranati e ingenui, a volte sprovveduti, nell'utilizzare la tecnologia, in particolar modo digitale: internet, siti e social sono portatori di gaffe, incidenti da rete e veri e propri guai. I protagonisti non si rassegnano a essere sovrastati da questo "potere superiore" e cercano soluzioni.

Marie viene ricattata con la minaccia della pubblicazione di un suo video hard girato da un giovanotto di cui si è fidata. Oltre a metterla in imbarazzo, provocarle stress ed esaurimento psicologico, questo la spaventa. Teme di perdere la considerazione che suo figlio ha di lei. È un esempio. Nel film ci si ritrova a ridere dei protagonisti un po' sciroccati e storditi. Gli eventi imprevedibili e le disavventure digitali li obbligano a unire le forze. Cercano, insieme, di risolvere inconvenienti vari perché non si vogliono arrendere al potere superiore che sembra dominare i loro destini. Gli attori del film sono molto conosciuti in Francia e le recensioni lo accreditano come lungometraggio di successo. Non è stato semplice lavorarci sopra per doppiarlo. Marie è interpretata da Blanche Gardin. Un'attrice dalla verve comica, caratterizzata da una cifra artistica inconsueta di suo. La vediamo su un personaggio con la testa tra le nuvole, che per esempio scrive le preziosissime password nel congelatore perché lo ritiene un luogo sicuro in cui nasconderle. Una voce così particolare come quella di Tiziana Avarista è adatta e ne indossa le sfumature. Bertrand, invece, teme per la figlia vittima di cyberbullismo e nello stesso tempo si innamora della voce della centralinista Miranda che scoprirà essere "la regina delle intelligenze artificiali": un computer. La sua voce italiana è Pasquale Anselmo che abbiamo già ascoltato nel ruolo di Cyrano/Costan Coquelin dell'attore francese Olivier Gourmet nel film *Cyrano, mon amour* di Alexis Michalik. Corinne Masiero recita il personaggio di Christine, l'autista di Uber che non riesce a tenersi il lavoro – allo stesso modo si era persa il marito – perché dipendente dalle serie televisive. Cerca di farsi togliere le recensioni negative che alcuni cliente le hanno lasciato. È doppiata dalla stessa direttrice Monica Pariante: riesce a rendere la personalità sgangherata di questa donna che mette i mobili del salotto in giardino, per subaffittarlo a praticanti musulmani per le loro preghiere, con questa motivazione "intanto il meteo dice che il tempo regge". Nel film c'è anche Dio. È una delle trovate più divertenti del film. Dio è il nome dell'hacker che vive in una pala eolica. I tre protagonisti si arrampicano su per l'interna scala a chiocciola, pensando di aver trovato chi potesse risolvere i loro problemi. Dio, l'attore francese Bouoli Lanners, ha una voce "importante", corposa e ben resa da Francesco Rizzi. Altra voce italiana, ma parla inglese, è quella di Eric Alexander, bilingue, scelto per rendere credibile il miliardario americano. Flavio Aquilone non è nuovo a doppiare Vincent Lacoste, qui nel ruolo del ragazzo che ha girato il filmino porno a Marie, con cui la ricatta.

Il film si chiude con una riflessione simbolica: «siamo tutti e tre senza lavoro, ma in fondo cosa sono i nostri problemi visti dalla luna». Nella scena l'inquadratura cambia nella prospettiva dall'alto del drone che arriva a consegnare a Marie la doga del letto. Poi, l'immagine si amplia alla visione della terra vista dalla luna, sempre più da lontano. Il filo conduttore alla base del lavoro di trasposizione di Monica Pariante è stato intessuto restituendo lo spirito del film, mantenendo l'accento sulla comicità, da cui non può prescindere. Monica Pariante è ben cosciente che il lavoro del doppiatore è un lavoro strano. Lo definisce un lavoro "schizofrenico", di chi "vive con le facce degli altri", ma che può essere fatto solo se alla professionalità si associa passione e cuore, come nel doppiaggio di *Imprevisti digitali*. Un plauso le va per aver unito, come spesso nei doppiaggi a cura di CAD Compagnia Attori Doppiatori, doppiatori romani e doppiatori milanesi e aver coinvolto anche le nuove leve di giovani come Martina Tamburello.

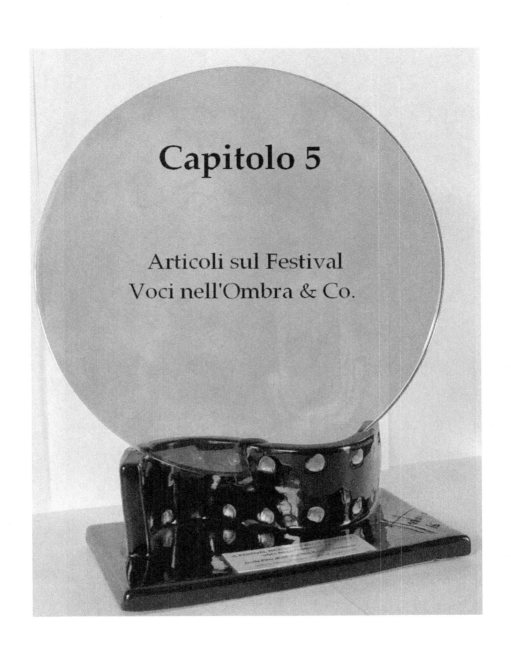

Locandina II edizione Voci nell'Ombra

Rita Savagnone e Ferruccio Amendola a *Voci nell'Ombra*

Anelli d'Oro: Oscar per voci da star

VI edizione, settembre 2002, Primafila

Finale Ligure come Hollywood? La Palm Beach della Riviera ligure? La Venezia della Mostra del Cinema vicino Genova? Cannes si è spostata in Liguria? Pare di sì.

Ci si volta pensando di vedere George Clooney che sorseggia il suo caffè ristretto al bar della piazza, quella grande, la principale di Finalborgo, piazza che sguscia da mura medievali e da vicoli, caruggi che sanno di mare. Tom Cruise chiede dov'è quel ristorante rinomato racchiuso sotto le volte, per offrire alla fidanzatina un pranzetto romantico. Giornalisti, fotografi, operatori con telecamere in spalla che li cercano, li vogliono intervistare, immortalare con i loro obiettivi. Li cercano perché ne individuano la voce, ma non li riconoscono. *Voci nell'Ombra* è il festival dei doppiatori. Riunisce a Finale Ligure le voci italiane del cinema e della televisione per premiarle e dare loro un palcoscenico da protagonisti. Hanno avuto la loro serata d'onore, presentata da Claudio G. Fava, Lella Costa e Mario Zucca.

Una standing ovation commovente ha riscaldato la platea dell'Auditorium durante la consegna della Targa alla Carriera Gualtiero De Angelis a Cesare Barbetti, il Robert Redford italiano. Tra le lacrime ha precisato «ho già tanti impegni per il futuro» e «il mio lavoro consiste nel prestare la voce sempre con intensa e profonda emozione rispettando ciò che è proiettato sullo schermo».

Targa Riccardo Cucciolla al talento, alla qualità della voce, con la dicitura esplicativa "la voce come arte e l'arte della voce", è il riconoscimento che ha ricevuto Roberto Pedicini. Jack Folla della radio, Kevin Spacey italiano, Gatto Silvestro non ha sottovalutato il prestigio di questo premio che lo ha portato alla ribalta di trasmissioni radiofoniche, televisive e di pagine di giornali. Lui, voce di personaggi non troppo raccomandabili, scaltri, dispettosi non riesce a nascondere dietro a modulazioni vocali di tenerezza questa sua indole, delicatamente insolente.

Un irrefrenabile e irresistibile Francesco Pannofino è stato premiato, come miglior voce maschile protagonista nella sezione Cinema, per la sua interpretazione di Denzel Washington in *Training Day*. Visionando il film si può capire quanto aderente sia la sua recitazione a quella dell'attore americano, tanto da sembrare la sua voce originale: corposa al punto giusto sulle labbra carnose di Washington. È la voce del Napoleone televisivo di Rai 1, e del George Clooney cinematografico. Ha conquistato il palco durante la serata, ricordando le sue origini liguri, imperiesi per l'esattezza, quasi proponendosi per il Premio Renato Castellani come ligure che meglio si è distinto nel campo dello spettacolo e della comunicazione. Premio assegnato a Maurizio Crozza.

Premio per la miglior voce femminile, sezione Cinema, alla spaesata Licia Maglietta per il doppiaggio della Lukešová in *Brucio nel vento*, accompagnata dall'amico regista Silvio Soldini *ex-aequo* con Emanuela Rossi, Sissy Spacek in *In the Bedroom*. Con la sua voce sentiamo parlare tante bellissime e bravissime attrici di Hollywood.

Monsters & Co. ha portato fortuna a un Daniele Formica insignito del premio per la miglior voce caratterista, sezione Cinema, intesa nell'accezione di non protagonista, per aver dato vita a un vorticoso e strepitoso Randall.

La miglior direzione di doppiaggio cinematografico è andata a Filippo Ottoni per *Gosford Park*, con cui corona una lunga esperienza come direttore. A Finale ha rappresentato anche l'AIDAC, l'associazione degli indispensabili dialoghisti adattatori di cui è presidente.

Non meno omaggiati sono stati i vincitori per la sezione Televisione. Tra le timbriche rese maggiormente familiari da quel rapporto di quotidianità che ci vincola al piccolo schermo, Paolo Poiret, miglior voce maschile protagonista, ha ricevuto un doppio riconoscimento. Ha potuto, infatti, incontrare l'attore che lo ha condotto in lizza. Il tedesco Jurgen Heinrich, protagonista di *Wolff, un poliziotto a Berlino*, lo ha abbracciato ed elogiato come suo perfetto alter ego. Biondissima si è rivelata la grintosa Miss Parker italiana del telefilm *Jarod il camaleonte*: l'attrice di teatro Micaela Esdra, doppiatrice anche di Kim Basinger tra le altre, ha firmato autografi per questo apprezzato ruolo televisivo a giovani fan, oltre a ottenere il premio come miglior voce protagonista femminile nella sezione televisione.

Non si può che definire poliedrica e sorprendente la voce di chi fa parlare bonbon, merendine, qualsiasi oggetto che, per essere pubblicizzato, necessiti di animazione alla stregua di personaggi particolari delle serie televisive, come l'avaro simpaticone Richard Kind della sitcom *Spin City*. È Pietro Ubaldi, la miglior voce caratterista, sempre nell'accezione di non protagonista.

CSI - Scena del crimine serie emergente nei palinsesti italiani dal folto seguito televisivo in America – veloce e complessa – ha messo alla prova Roberto Chevalier, anche doppiatore tra gli altri di Tom Cruise e Tom Hanks, valendogli la miglior direzione per il doppiaggio generale, sezione Televisione. Non scordiamo l'accurato lavoro svolto su *Moulin Rouge*, in nomination come miglior doppiaggio generale per la sezione Cinema.

A Finale Ligure ha vinto soprattutto il doppiaggio, il suo fascino di essere arte e mestiere, la sua storia. I visi delle voci famose del passato, riprodotti nelle preziose foto in bianco e nero della *Mostra Antologica*, erano esposti nelle vetrine dei negozietti del borgo ligure. Sono stati proiettati filmati, omaggi a Rosetta Calavetta – mitica doppiatrice di varie dive di Hollywood, tra cui Marilyn Monroe in quasi tutti i film – e a Mario Besesti, a cura di Gerardo di Cola. Gli autori di *Voci da musical* sono Franco Longobardi, Angelo Quagliotti e Lorenzo Bassi. Formano il trio "First National", dedito a ricordare in *Totò il principe delle voci* che anche il comico napoletano dal 1961 in poi fu doppiato da Carlo Croccolo, mentre nell'ultima fatica, la serie intitolata *Tutto Totò*, fu Alighiero Noschese la sua vera voce.

Locandina VI edizione Voci nell'Ombra

Dalle *Voci nell'Ombra* alle *Voci di Cartoonia*

Maggio 2002, Primafila

Da cinque anni il Festival del Doppiaggio *Voci nell'Ombra*, la più importante manifestazione nazionale dedicata al mondo dei doppiatori e del doppiaggio, propone all'interno del proprio programma un'ampia sezione dedicata alle voci dei cartoni animati e dei prodotti di animazione e fiction per i più giovani. L'attenzione sempre crescente che circonda questo mondo e il successo incontrato negli anni passati da questa manifestazione ci ha indotto a rendere autonoma questa programmazione così specifica, per realizzare un evento a sé stante, che permetta di sviluppare e approfondire questo aspetto del doppiaggio.

Nasce così quest'anno *Le Voci di Cartoonia*, un piccolo festival ricco di eventi spettacolari e incontri interamente dedicato al mondo dei cartoni animati, della fiction e dei prodotti cinetelevisivi rivolti ai piccoli spettatori. *Cartoonia* è promosso dal Comune di Finale Ligure, con il contributo del Ministero dei Beni e le Attività Culturali, della Regione Liguria e la collaborazione del programma *La Melevisione* di Rai 3 e della Divisione Ragazzi di Mediaset e RaiSat Cartoni. La direzione è di Bruno Paolo Astori.

Il nome ci è stato suggerito dalla città immaginaria del film *Chi ha incastrato Roger Rabbit*, Cartoonia, appunto il luogo dove convivono pacificamente – o quasi – tutti i cartoni del mondo. Durante il festival saranno affrontati tutti i problemi che riguardano questo particolare segmento del doppiaggio, così importante in quanto i destinatari sono il pubblico dei più giovani. Numerosissimi gli ospiti e gli eventi che accompagneranno questo festival, unico nel suo genere in Italia. Da martedì 30 aprile al 3 maggio, nell'Oratorio dei Disciplinanti di Santa Caterina in Finalborgo, si terranno una serie di proiezioni a tema sui cartoni animati dal mondo di Walt Disney, della Warner Bros, dei manga giapponesi. Inoltre, saranno a disposizione di tutti videogiochi ispirati ai personaggi dei film. Nella sala delle colonne, al primo piano dell'Oratorio, sarà allestita una mostra sui manifesti dei film di Walt Disney usciti in Italia a cura di Nunziante Valoroso che ha collaborato per la edizione in DVD rimasterizzata di *Biancaneve*. La Serata d'Onore di sabato 4 aprile, all'Auditorium di Santa Caterina, sarà presentata da Mauro Serio, già conduttore della trasmissione *Solletico*.

Durante la serata, tutta dedicata ai cosiddetti "cartoni per gli adulti" sarà presentato *Lupo Alberto* programmato su Rai 2 e Radio 2 con la voce di Francesco Salvi. Interverranno i doppiatori e Silver, al secolo Guido Silvestri, autore del fortunatissimo personaggio. Sarà poi la volta di un altro disegnatore di culto, Jacovitti, per la prima volta proposto sugli schermi televisivi con il personaggio di Cocco Bill. Questo cartone prodotto da Rai Fiction sarà presentato a Finale con presenti i doppiatori della serie. Ancora sorprese con il cartone politicamente scorretto *South Park* di Italia 1: sarà presentato un episodio inedito, con la presenza di Marco Mete, direttore del doppiaggio. Non poteva mancare un omaggio a Chuck Jones, recentemente scomparso, creatore di indimenticabili personaggi come *Vil Coyote* e *Daffy Duck*. Sempre durante la serata di sabato saranno proposti degli originalissimi cartoni brevi programmati su Canal Jimmy:

Homiez - Les Lascars, vere e proprie chicche di cattiveria doppiate da Elio e le Storie Tese.

Ma la serata di sabato non si limiterà alla presentazione di eventi legati al mondo dei cartoni. Infatti, sarà consegnata la prima Targa Franco Latini a un personaggio che si è particolarmente distinto nel mondo della comunicazione dello spettacolo per i più giovani. Franco Latini è stato un grandissimo doppiatore di cartoni animati e di film per i ragazzi e ci è parso doveroso intitolare a lui questo riconoscimento. Interverranno Fabrizio Vidale, Laura e Ilaria Latini, figli di Franco e grandi doppiatori. Sarà anche presentato un video che ripercorrerà la carriera di Latini.

Il festival prosegue domenica 5 con una serie di appuntamenti dedicati ai più giovani. All'Auditorium di Santa Caterina si entrerà nel magico mondo del *Fantabosco* con i personaggi de *La Melevisione* di Rai 3 guidati da Tonio Cartonio. Vi saranno anche una serie di anteprime di cartoni mai visti, direttamente dai canali di Disney Channel, RaiSat e Mediaset. Inoltre vi saranno giochi con gli spettatori e la presentazione di un cartone della serie *Bob the Builder* al cui doppiaggio e adattamento hanno collaborato gli studenti di una scuola media di Finale Ligure.

Questa prima edizione di *Le Voci di Cartoonia* vuole quindi indagare, esplorare, raccontare, divertire con le voci dei cartoni facendo conoscere un mondo che forse è ancora più sommerso di quello dei doppiatori tradizionali, ma non per questo meno interessante e affascinante. L'ultima edizione di *Voci nell'Ombra* si è svolta a Finale Ligure dal 27 al 30 settembre 2001 e da allora ha attivato altre iniziative collaterali. Una raccolta fondi che si è sviluppata in una vera e propria gara di solidarietà a favore del Senegal.

Con Operazione Stella, infatti, sono stati inviati tre container di medicinali, apparecchiature mediche, biancheria per bambini e ospedali e un'ambulanza donata dalla Croce Bianca di Ceva. Il 6 aprile 2002 al Cineclub genovese Nickelodeon il Festival del Doppiaggio organizza un evento-incontro con gli appassionati di cinema per illustrare le passioni, gli odi e le difficoltà che scatena il settore della post-produzione.

Tra gli interventi Roberto Chevalier, doppiatore tra gli altri di Tom Cruise, ci racconterà come si è confrontato con la trasposizione sicuramente complessa del musical *Moulin Rouge*.

E *Voci nell'Ombra* rappresenterà i festival di cinema liguri al *Futurshow* di Bologna dal 18 al 22 aprile 2002.

La Settima edizione di *Voci nell'Ombra*
Alla conquista dell'Europa

VII edizione, settembre 2003, Primafila

Circa dieci anni fa, a New York, Alberto Sordi incontrò Mauro Zambuto, la voce italiana di Stanlio. L'"Albertone nazionale", che pure aveva dato vita allo strepitoso Ollio indelebile nella nostra memoria, non rivedeva da quarant'anni il suo "compare", ormai divenuto professore di fisica nucleare alla New Jersey University con una brillante carriera universitaria. Insieme hanno creato una coppia di doppiatori impareggiabili e aiutato a decretare il successo dei due comici americani in Italia. Il loro abbraccio, nel ritrovarsi, improvvisando un esilarante sketch e altre chicche della carriera di Sordi come doppiatore sono stati proiettati con altri documentari sulla storia del doppiaggio a Finale Ligure durante la settima edizione di *Voci nell'Ombra*.

Il Festival Nazionale di Doppiaggio vanta la direzione artistica di Claudio G. Fava e ha proposto, anche quest'anno, appuntamenti e incontri interessanti e unici. Tra questi, un montaggio video sui doppiatori italiani che hanno prestato la voce alla pubblicità nel mitico *Carosello* e una carrellata – una rarità – sugli attori italiani "doppiati" dai loro colleghi. E ancora: ha proiettato le retrospettive in omaggio ad Anna Miserocchi, che negli anni Sessanta prestava la sua voce calda e impostata di attrice teatrale a personaggi come Katharine Hepburn, Anne Bancroft, Maggie Smith, Ava Gardner, e ad Augusto Marcacci, una delle voci "forti" del doppiaggio italiano del dopoguerra, interprete di Laurence Olivier, Alan Ladd, Charles Boyer, Alec Guinness, James Mason e molti altri. Anche la televisione ha avuto il suo spazio con la presentazione del cofanetto celebrativo della serie di fantascienza cult degli anni Sessanta *UFO*, prodotto dalla Cult Media e distribuito dalla DNC, ora in programmazione su Canal Jimmy.

Giunto alla settima edizione, *Voci nell'Ombra* tira le somme e fa un bilancio: il progressivo affermarsi della manifestazione, ormai importante tra i festival nazionali dedicati al cinema e alla televisione, è testimoniato dalla presenza dei media nazionali: Sky Cine news, Famiglia Cristiana, Sorrisi Canzoni TV e il Venerdì de La Repubblica, solo per citarne alcuni. Centinaia di articoli, servizi televisivi e interviste hanno fatto conoscere il festival ben al di là dei confini della Liguria. Inoltre, la risposta del mondo del doppiaggio e di tutti i suoi appassionati, e sono moltissimi, conferma nella manifestazione un punto di riferimento, un luogo virtuale e reale dove porre domande, fare richieste e cercare soluzioni, dove essere interlocutore attivo e propositivo del settore, delle sue realtà associative e del mondo accademico. Infatti, quest'anno il Festival ha messo in evidenza il primo Master Universitario in "Traduzione ed edizione multilingue delle opere audiovisive e multimediali", in collaborazione con la SSLiMIT dell'Università di Bologna, sede di Forlì, da sempre partner di *Voci nell'Ombra*. Per il futuro, *Voci nell'Ombra* si pone l'obiettivo di allargare l'orizzonte a una dimensione europea coinvolgendo nel progetto quei Paesi in cui il doppiaggio si va affermando. Grazie alla collaborazione della Regione Liguria, l'anno prossimo il festival di Finale Ligure entrerà di diritto tra gli appuntamenti di eccellenza delle manifestazioni che celebreranno "Genova 2004 Capitale Europea della Cultura". In quella occasione proporrà un Premio Europeo per il Doppiaggio. Se gli americani si possono permettere di giudicare il "Miglior film straniero" durante l'assegnazione degli Oscar, perché gli italiani, che sono i migliori doppiatori del mondo, non possono valutare i doppiaggi europei?

I vincitori del Festival del Doppiaggio *Voci nell'Ombra* **VII edizione**

Nell'Auditorium di Santa Caterina di Finalborgo si è svolta la cerimonia di consegna deli Anelli d'Oro, i cosiddetti "Oscar dei doppiatori". Hanno vinto per il cinema: Michele Kalamera, voce di Clint Eastwood in *Debito di sangue* come Miglior Voce Maschile; Franca D'Amato, voce di Julianne Moore in *Lontano dal paradiso* come miglior voce femminile; Gabriella Genta, voce di Joan Plowright in *Callas Forever* come miglior voce caratterista; Gianni Galassi per la direzione di *Goodbye Lenin* come miglior doppiaggio generale.

Per la televisione: Francesco Prando, voce di Kyle Chandler in *Ultime dal cielo* come miglior voce maschile; Laura Boccanera, voce di Lara Flynn Boyle in *The Practice - Professione avvocati* come miglior voce femminile; Giorgio Bonino, voce di Peter MacNicol in *Ally McBeal* come miglior voce caratterista; Mario Cordova per la direzione di *24* come miglior doppiaggio generale. La giuria ha assegnato le menzioni speciali per il cinema a Francesco Vairano, voce di Gollum in *Il Signore degli Anelli - Le due torri* e per il film *Train de vie* a Elisabetta Bucciarelli, direzione del doppiaggio, Massimo De Francovich, voce di Jean Rochefort, e Umberto Orsini, voce di Johnny Hallyday.

L'ottava edizione di *Voci nell'Ombra*
I colori del doppiaggio a Finale Ligure

VIII edizione, settembre 2004, Primafila

Le *Voci nell'Ombra* di Finale Ligure sono i doppiatori, le controfigure sonore del cinema, della televisione e non solo. Gli *stuntmen* prestano il loro corpo agli attori famosi; i doppiatori le voci: voci squillanti, roche, corpose, calde, materne, sensuali, in alcuni casi imperfette, ma che aderiscono impeccabilmente ai personaggi sullo schermo. Evocative erano le voci del passato, colme di speranza sono quelle di questi artisti dell'epoca del colore e del business, che combattono con l'esigenza dei risparmi economici e di tempo, con l'imperante legge dell'audience. Riescono, comunque, a mantenere le loro qualità di attori, conquistate in anni di teatro e di turni chiusi nel buio delle sale di registrazione. Alcuni frustrati, altri soddisfatti, tutti sostanzialmente felici di essere premiati per una fatica lavorativa impregnata di arte, sicuramente di altissimo artigianato che spesso sconfina nella creazione artistica. Un punto d'incontro, di scambio, di discussione, di apertura verso nuovi sentieri che potrebbero trasformarsi in ampie vie, sempre con l'obiettivo di far emergere queste figure sommerse rispetto ad altri aspetti di maggiore appeal del mondo dello spettacolo: questo è il segreto del Festival Nazionale del Doppiaggio *Voci nell'Ombra*.

Dal 23 al 25 settembre 2004 si è tenuta a Finale Ligure, in provincia di Savona, l'ottava edizione del Festival del Doppiaggio *Voci nell'Ombra*. Direttore artistico del festival è il critico Claudio G. Fava, la responsabilità organizzativa e il progetto sono di Bruno Paolo Astori. *Voci nell'Ombra* è promosso dal Comune di Finale Ligure con il contributo del Ministero per i Beni e le Attività Culturali e la Regione Liguria. Per la parte scientifica e editoriale collaborano l'Università di Bologna – Scuola Superiore di Lingue Moderne per Interpreti e Traduttori – e l'Ateneo di Genova con il Dams e la Facoltà di Lingue Straniere. In questi anni *Voci nell'Ombra* ha assunto i connotati di un festival nazionale, che ruota attorno all'assegnazione degli Anelli d'Oro, i premi che ogni anno sono consegnati alle varie categorie del doppiaggio cinematografico e televisivo: miglior doppiaggio generale, miglior voce femminile e maschile, miglior voce caratterista. La giuria, presieduta dallo stesso Fava, seleziona ogni anno i migliori prodotti e decide i vincitori. La giuria è composta da Callisto Cosulich, Enrico Lancia, Morando Morandini, Roberto Nepoti, Giovanni Petronaci, Renato Venturelli e Tiziana Voarino. Oltre all'assegnazione degli Anelli d'Oro, il Festival consegna altri importanti riconoscimenti come la Targa Gualtiero De Angelis – intitolata a uno dei più grandi doppiatori italiani – assegnata alla carriera, il Premio Renato Castellani al ligure che più si è distinto nel mondo dello spettacolo e della comunicazione e la Targa Riccardo Cucciolla, "l'arte della voce, la voce come arte", dedicata al grande attore recentemente scomparso. Negli anni scorsi sono stati premiati Giancarlo Giannini, Omero Antonutti, Cristina Boraschi, Sergio Graziani, Paila Pavese, Cristiana Lionello, Adalberto Maria Merli. Ferruccio Amendola – a cui è stata dedicata un'edizione del festival – e Rita Savagnone hanno ricevuto un meritatissimo riconoscimento alla carriera.

Quest'anno il programma è stato particolarmente ricco di ospiti e di iniziative. In realtà il festival è cominciato un mese prima, con la presentazione al pubblico dei film che hanno ottenuto le nomination per le singole categorie cinetelevisive. Tra gli ospiti Oreste Lionello, Tatti Sanguineti, Luca Ward –ormai noto volto televisivo dopo i successi di *CentoVetrine* e di *Elisa di Rivombrosa* – Cristina Boraschi e Daniela Hoffmann, ossia le doppiatrici italiana e tedesca di Ally McBeal, Manlio De Angelis e Cesare Barbetti, doppiatori della serie *Starsky & Hutch*, con Vittorio Guerrieri e Massimo De Ambrosis voci del film di *Starsky & Hutch* in uscita, eccezionalmente a bordo della loro mitica auto: un modello della Ford Gran Torino, la famosa Ford rossa simbolo sia del film sia della serie TV.

Il mondo del doppiaggio si è riunito a convegno a Finale Ligure dal 23 al 25 settembre 2004, in occasione del festival che celebra questa strana e "nascosta" professione, fatta sì di attori/doppiatori, ma anche di dialoghisti, traduttori, tecnici, fonici che hanno reso grande il doppiaggio italiano, con il costante impegno e intento di condurre questo settore a una fisionomia di totale autonomia e di elevata dignità.

La nona edizione di *Voci nell'Ombra*
I vincitori degli Anelli d'Oro

IX edizione, settembre 2005, Viaggio in Liguria

Voci nell'Ombra prosegue il suo cammino per una strada che volge al decennale, affermandosi come l'unica manifestazione nazionale di doppiaggio cinetelevisivo riconosciuta anche a livello internazionale. La china per cui il festival è risalito, legandosi alla cinta l'intero mondo del doppiaggio italiano e portando alla ribalta del palcoscenico volti, ma soprattutto voci familiari, è senz'altro stata costellata di difficoltà. In nove anni il festival, comunque, ha potuto contare sul Comune di Finale Ligure, sulla Regione Liguria, sul Ministero per i Beni e le Attività culturali, sulla personalità esplosiva del direttore artistico e presidente della giuria Claudio G. Fava, sulle capacità del direttore organizzativo Bruno Paolo Astori, su uno staff volenteroso e su una giuria professionale composta da Callisto Cosulich, Morando Morandini, Enrico Lancia, Roberto Nepoti, Giovanni Petronaci, Tiziana Voarino.

Nell'Auditorium dei Chiostri di Santa Caterina in Finalborgo, gioiello medioevale inserito nei Borghi più belli d'Italia, sabato 17 settembre si è svolto il galà di consegna dei premi, gli Oscar al doppiaggio cinetelevisivo, in una serata presentata da Carla Signoris, Claudio G. Fava e Max Novaresi. E quindi hanno ricevuto gli Anelli d'Oro 2005 per il *Cinema* per il miglior doppiaggio generale *36 Quai des Orfèvres* con la direzione di

Rodolfo Bianchi, per la miglior voce maschile protagonista Omero Antonutti, interprete di Michel Bouquet in *Le passeggiate al campo di Marte*, per la miglior voce femminile protagonista Laura Lenghi, ossia Hilary Swank per *Million Dollar Baby*, per la miglior voce caratterista Elio Pandolfi, voce di Richard Griffiths in *Stage Beauty*.

Per la televisione, gli Anelli d'Oro sono stati consegnati: per il miglior doppiaggio generale a *L.A. Dragnet*, curato da Video Sound con la direzione di Teo Bellia trasmesso su Rete 4; per la miglior voce maschile protagonista a Luigi La Monica, doppiatore di Tom Berenger, lo Sceriffo J. Stone in *Peacemakers - Un detective nel West* programmato su Rete 4; per la miglior voce femminile protagonista a Chiara Colizzi, interprete di Kathryn Morris, il detective Lilly Rush in *Cold Case - Delitti irrisolti*, prodotto di Rai 2; per la miglior voce caratterista a Claudia Razzi, voce di Bitty Schram ossia Sharona Fleming in *Detective Monk* su Rete 4.

Il Premio Renato Castellani per il ligure che si è distinto nel mondo della comunicazione e dello spettacolo è stato ironicamente assegnato a Claudio Bisio, la Targa Gualtiero De Angelis alla carriera ad Alberto Piferi, dialoghista e adattatore di importantissimi film, la Targa Voce Volto a Claudio Sorrentino per Mel Gibson/John Travolta. Menzioni speciali sono state attribuite a Mariangela Melato per il doppiaggio di Annette Bening in *La diva Julia* e a Rodolfo Bianchi per la direzione del doppiaggio del film *La schivata*.

Durante i giorni del festival hanno arricchito il programma altri appuntamenti di rilievo. Una mostra antologica sui doppiatori del passato è stata allestita nelle botteghe del borgo antico con anche una postazione multimediale, in cui poter visionare filmati rari sul doppiaggio, racchiusa in uno scrigno di contrasto: il piccolo Teatro Aycardi, bomboniera dei primi dell'Ottocento con tre ordini di palchi. Nella "tavola rotonda" esponenti del doppiaggio francese e italiano hanno cercato di analizzare le problematiche e la situazione di crisi che affligge l'intero settore. Francesco Pannofino, doppiatore, tra gli altri, di George Clooney e Denzel Washington, è stato omaggiato come interprete del film di Costantini *I fatti della banda della Magliana* proiettato venerdì 16 settembre.

Per concludere, ha suscitato viva emozione il saluto finale di Claudio G. Fava, pure lui commosso. Ha lanciato l'appuntamento per la decima edizione del prossimo anno tra gli applausi di una platea assolutamente coinvolta, grata e gratificata.

La tredicesima edizione di *Voci nell'Ombra*
Abbandonano l'ombra. Sono le "Voci" del doppiaggio italiano

XIII edizione, settembre 2009, blog di *Voci nell'Ombra*

Il festival del doppiaggio di Claudio G. Fava, è ormai giunto alla tredicesima edizione, è l'unico a essere continuativo e longevo. Quest'anno, *Voci* si è svolto nella bellissima città di Imperia, coinvolgendola nei suoi luoghi più significativi: il prestigioso Teatro Cavour, la Palazzina Liberty sul molo di Porto Maurizio, oggetto di un recente restauro, il cinema Centrale, una sala che ha rischiato di chiudere nonostante sia "un luogo di altri tempi dove si vive e si vede il cinema" e il DAMS, il polo universitario di Imperia.

Ormai, visto il proliferare di premi al doppiaggio degli ultimi anni, sulla scia di questo festival le voci non sono più nell'ombra e divengono "Voci", e basta.

L'edizione del 2009, la tredicesima, che si è potuta realizzare grazie al contributo della Regione Liguria, del Comune e della Provincia di Imperia, ha attribuito il Premio alla Carriera a Michele Kalamera, la voce di Clint Eastwood. Non possiamo scordare il racconto di Kalamera di fronte alle telecamere della Rai al Teatro Cavour, prima dell'atteso Galà con consegna degli Anelli d'Oro: «Mi scelse lui, Clint in persona, con un provino. Prima, sino a dieci anni fa lo consideravo un magnifico palo del telegrafo, poi intuii: il suo carisma era intanto notevole, e poi capii che non solo è un grande attore, ma anche un ottimo regista».

Gli altri premi: per la televisione, il miglior doppiaggio generale a *GSG9 - Squadra d'assalto* su Rete 4 con la direzione del doppiaggio di Enzo Bruno, la miglior voce maschile a Angelo Maggi per Leroy Jethro Gibbs/Mark Harmon in *NCIS - Unità anticrimine* su Rai 2, la miglior voce femminile Francesca Fiorentini per Ina Zimmermann/Melanie Marschke in *Squadra speciale Lipsia* su Rai 2 e la miglior voce non protagonista a Sergio Graziani per Zio Pete McKee/Tom Aldredge in *Damages* su Canale 5.

Per il cinema sono stati premiati: *Il curioso caso di Benjamin Button*, doppiaggio a cura della CDC Sefit Group con direzione di Filippo Ottoni, la miglior voce maschile Luciano De Ambrosis per Frank Langella/Nixon ne *Il duello*, la miglior voce femminile Tiziana Avarista per Anne Hathaway in *Rachel sta per sposarsi* e la miglior voce non protagonista Antonella Giannini per aver doppiato Frances McDormand in *Burn After Reading*.
La Targa Renato Castellani è stata consegnata al gruppo Belo Horizonte per essersi distinti, la scorsa stagione, nei teatri di Genova. Hanno la direzione artistica di Marco Fojanini e la regia di Riccardo Recchia. Arrivano da anni di palcoscenico, da trasmissioni televisive "di punta" e progettano uno show comico per il piccolo schermo. Sono molti e sono noti, prevalentemente liguri e genovesi; danno vita a uno spettacolo-contenitore che oscilla tra il varietà e il musical, sempre originale, con la garanzia di inevitabili risate.

Michele Kalamera al Teatro Cavour di Imperia, premiato nel 2009

Excursus. Un decennale da ricordare per *Voci nell'Ombra*
Poi, su e giù per la Liguria

X-XI-XIV edizione, settembre 2005/6/7/10, dal blog di Voci nell'Ombra

Fu così: dieci anni di grandi successi per il Festival Nazionale del Doppiaggio *Voci nell'Ombra*, una prima casa che il festival tanto ha promosso. Finale Ligure e il suo Centro Polivalente di Santa Caterina in Finalborgo. Il festival ha lasciato un segno indelebile sulla cittadina ligure, in cui fu fortemente voluto dal lungimirante sindaco di allora Pier Paolo Cervone. La celebrazione del decennale ha visto *Voci nell'Ombra* protagonista a Roma, alla Casa del Cinema di Villa Borghese, per una presentazione "con i fiocchi". Un'edizione che ha visto alla conduzione la coppia di *Distretto di polizia* Gianni Ferreri e Daniela Morozzi per una serata davvero indimenticabile e di spassionato divertimento. Hanno brillato, premiati per l'edizione 2006, Roberto Chevalier, Niseem Onorato, Marzia Ubaldi, Carlo Cosolo, Daniela Calò, Cristiana Lionello, Franco Mannella e Stefano De Sando.

Cambiò l'amministrazione e per il festival iniziò un percorso che lo vide risplendere nei Teatri di Liguria. Nel 2007 fu la volta del Teatro Ariston di Sanremo con i presentatori Francesca Senette ed Eric Alexander. A *Voci a Sanremo* furono insigniti con gli Anelli d'Oro Loddi e Insegno, Francesco Pannofino, Claudia Catani, Ada Maria Serra Zanetti, Massimo Rossi, Sandro Acerbo, Cristina Boraschi, Alida Milana. Il Premio alla Carriera andò a Miranda Bonansea. Ricordiamo con affetto l'edizione sanremese, l'ospitalità che ci riservò la famiglia Vacchino e i presentatori Roberto Trapani, Michele Gammino e Debora Villa. L'anno a venire, nel 2008, fu la volta, sempre a Sanremo, del Teatro del Casinò; presentatori Max Novaresi e Serena Garitta, i momenti di intrattenimento affidati a un giovane Maurizio Lastrico. Tra i premiati: Paolo Buglioni, Saverio Moriones, Franca D'Amato, Paila Pavese, Tony Sansone, Angiola Baggi, Daniela Nardini, Renzo Stacchi, Roberto Chevalier. Massimo Turci ritirò il Premio alla Carriera, allora intitolato a Gualtiero De Angelis – oggi è dedicato a Claudio G. Fava, naturalmente – ed Eros Pagni il Premio Cucciolla.

Con il 2010 il festival arrivò a Genova al Teatro della Gioventù, che rilanciammo nel 2005 come direttori artistici restituendolo alla città. Un bel teatro moderno in via Cesarea ebbe come presentatori della Serata d'Onore i *Soggetti Smarriti* composti dagli scanzonati Andrea Possa e Marco Rinaldi. Tra i premiati Massimo Lopez, Stefano Benassi, Paola Giannetti, Francesco Vairano, Massimo Rossi; a Cristina Boraschi il premio alla carriera. Fu l'ultima edizione realizzata tutti insieme con Claudio G. Fava e Bruno Astori. L'anno dopo, la terribile alluvione del 2011 spazzò via tutto, anche vite.

Eric Alexander, Marco Scajola, Bruno Astori, Tiziana Voarino, Avv. Franco Amadeo e Francesca Senette, *Voci nell'Ombra* 2009

I presentatori Lella Costa e Claudio G. Fava con Giancarlo Giannini, 1999.

Il regista russo Nikita Michalkov e l'interprete Olga Strada, Finale Ligure, 2001

Claudio G. Fava e Cesare Barbetti sul palco di *Voci nell'Ombra*, Finale Ligure, 1999

Sergio Jacquier, premiato a *Voci nell'Ombra*, Finale Ligure 1999

Claudio G. Fava e Arnoldo Foà sul palco dell'Auditorium Santa Caterina, Finale Ligure, 2001

Claudio G.Fava, Silvio Soldini, Licia Maglietta e Lella Costa sul palco di *Voci nell'Ombra*, 2002

Sopra: Mavi Felli, Tullio-Solenghi e Claudio G. Fava sul palco di *Voci nell'Ombra*, 2001

Sotto: I vincitori della IX edizione di *Voci nell'Ombra*, 2005

I vincitori della XI edizione
di *Voci nell'Ombra*, 2007

I vincitori della XIII edizione di *Voci nell'Ombra*, sul palco del Teatro Cavour di Imperia, 2009

I vincitori della XIV edizione di *Voci nell'Ombra*, con Claudio G. Fava, 2010

I vincitori della XIV edizione di *Voci nell'Ombra*, 2010

Maurizio Di Maggio, la giurata Baba Richerme
e Rodolfo Bianchi sul palco di *Voci nell'Ombra*, 2015

Alcuni dei vincitori di *Voci nell'Ombra*, 2017

Maurizio Merluzzo con i vincitori
della prima edizioni delle *Voci di Cartoonia*, 2017

Alcuni dei vincitori di *Voci di Cartoonia*, 2018

Aspettando la Serata d'Onore, Teatro Chiabrera, Savona

Alexey Kozulyaev consegna il prestigioso premio russo internazionale al doppiaggio, un *Soyuz Microphone*, a Tiziana Voarino e al Festival *Voci nell'Ombra*, Savona, Teatro Chiabrera, 2017
Foto di Margherita Francesca Ficara

Aspettando la Serata d'Onore, Teatro Chiabrera, Savona, 2017

Piero Chiambretti sul palco di *Voci nell'Ombra*, 2017

Maurizio Merluzzo e Carla Signoris sul palco di *Le Voci di Cartoonia*, 2017

I vincitori della IX edizione di *Voci nell'Ombra*, 2017

Giorgia Wurth, Francesco Vairano (Presidente dell'AIDAC)
e il giurato Antonio Genna
sul palco di *Voci nell'Ombra*, 2018

Sandro Acerbo premiato da Federico Delfino, Presidente della Fondazione De Mari, sostenitrice del Festival, attuale rettore dell'Università di Genova, *Voci nell'Ombra*, 2018

Francesco Pannofino sul palco di *Voci nell'Ombra*, 2018

Antonella Giannini, spazio interviste, Savona, *Voci nell'Ombra*, 2018

Dario Penne sul palco di *Voci nell'Ombra*, 2018

Luca Tesei e la mamma Laura Lenghi, Maurizio Di Maggio, consegna il premio Lucia Valenti, *Voci nell'Ombra*, 2018

I vincitori della XIX edizione di *Voci nell'Ombra*, 2018

L'ispettore Barnaby e la moglie, rispettivamente John Nettles e Jane Wymark, sul palco di *Voci nell'Ombra*, 2017

Sopra: momenti di relax al Festival, Fortezza del Priamar, Savona, 2019

Sotto: Carlo Valli, spazio interviste, Fortezza del Priamar, Savona, 2019

Sopra: Teatro Chiabrera, Savona
Sotto: Maurizio Di Maggio e Alessandra Korompay
sul palco di *Voci nell'Ombra*, 2017

Patrizia Caregnato, Francesco Angrisano, Maurizio Di Maggio, Valerio Caprara, *Voci nell'Ombra*, 2019

I premi Anelli d'Oro, realizzati da Quidam, Vanessa Cavallaro, Paolo Pastorino e Gianluca Cutrupi

Angelo Maggi in un'interpretazione live di Romeo de *Gli Aristogatti* sul palco di *Voci nell'Ombra*, 2019

Sopra: i premi Anelli d'Oro di *Voci nell'Ombra*.
Foto di Margherita Francesca Ficara
Sotto: Patrizia Caregnato, Manuel Meli, Tiziana Voarino,
Maurizio Di Maggio, *Voci nell'Ombra*, 2019

Patrizia Caregnato, e Maurizio Di Maggio, con i doppiatori di Jon Snow (*GOT*): l'italiano Daniele Giuliani e il russo Diomid Vinogradov

Tiziana Voarino e Roberto Chevalier, in diretta al programma *Cinematografo* di Gigi Marzullo, dalla postazione di Rai 1 alla Mostra del Cinema di Venezia

Tiziana Voarino con Luca Ward, premiato durante le Giornate degli Autori alla Mostra del Cinema di Venezia, in occasione del ventennale di *Voci nell'Ombra*, 2019

Salvatore Nastasi (vicepresidente SIAE), Rodolfo Bianchi, Niseem Onorato, Tiziana Voarino, Toni Biocca (vicepresidente AIDAC) e Roberto Chevalier durante le Giornate degli Autori a Venezia, 2019

Il Festival Internazionale del Doppiaggio *Voci nell'Ombra* è a cura dell'associazione culturale
Risorse - Progetti & Valorizzazione

Patrizia Caregnato e Maurizio Di Maggio, i presentatori del Festival Internazionale del Doppiaggio *Voci nell'Ombra*

Un festival che resiste e giunge alla XVII edizione
I colori del doppiaggio, le *Voci nell'Ombra*

Novembre 2016, Diari di Cineclub

Dal 27 al 29 ottobre si è svolta a Savona la diciassettesima edizione del Festival Nazionale del Doppiaggio *Voci nell'Ombra*. Dopo aver vantato per quindici anni la direzione artistica dell'illustre critico genovese Claudio G. Fava e quella organizzativa – è stato anche l'ideatore – di Bruno Paolo Astori, ora, grazie anche al supporto del prof. Felice Rossello nel trasferire nel 2015 *Voci nell'Ombra* a Savona, ha recuperato i precedenti splendori, tra cui il patrocinio del Ministero per i Beni e le Attività Culturali. La manifestazione è a cura di Risorse Progetti & Valorizzazione. Pur conservando e valorizzando le dinamiche positive delle precedenti edizioni, con la nuova guida di Tiziana Voarino, ha innestato nel format nuove sezioni di giuria per dare attenzione allo sfaccettato mondo in evoluzione dell'audiovisivo e alle sue esigenze e anche alle altre professioni del settore doppiaggio, come quello degli adattatori dialoghisti: un premio alla carriera, due premi – una per la televisione e uno per il cinema – e il Premio SIAE al giovane adattatore di talento. Con l'app del festival si è votata la voce emergente per la Targa Astori, scelta tra sette candidature proposte dai giurati; la manifestazione ha proposto vari video promo e si è distinta su tutti i social. I premi sono stati, oltre a quelli sopra citati, la Targa Claudio G. Fava alla carriera di doppiatore e ben quindici Anelli d'Oro – l'anello era la vecchia "unità di misura" del doppiaggio, ora sostituita dal timecode. La giuria è dagli ultimi due anni presieduta da Steve Della Casa, conduttore di *Hollywood Party* di Rai Radio 3. Il Festival del Doppiaggio ha inanellato una fitta rete di collaborazioni e patrocini negli ultimi due anni, tra cui una decina di università e realtà, anche straniere, come la RUFilms russa. Tra i vincitori: Rodolfo Bianchi, Francesco Vairano, Mario Cordova, Cristina Boraschi, Carlo Valli, Luca Biagini, Roberto Gammino, Stella Musy, Laura Cosenza. Il mondo del doppiaggio si è dato convegno a Savona in occasione del festival per celebrare questa nascosta prefessione fatta da grandi e indimenticabili interpreti, sempre cercando di rinnovarsi ed essere al passo con cui la tecnologica incede e tenta di sopraffarci.

Le Voci di Cartoonia tornano

Maggio 2017, Diari di Cineclub

Cartoonia è una città immaginaria: *Toontown*, ovvero *cartoon town*, la città dei cartoni, il luogo dove vivono tutti i personaggi dei film e prodotti di animazione. Compare per la prima volta nel film *Chi ha incastrato Roger Rabbit*, in originale *Who Framed Roger Rabbit*. Jessica Rabbit è un personaggio immaginario inventato da Gary Wolf e trasposto nel film d'animazione *Chi ha incastrato Roger Rabbit*, dove è la moglie del protagonista. La voce nella versione originale le viene data da Kathleen Turner e da Amy Irving per le parti cantate. In italiano le ha prestato la voce la doppiatrice Paila Pavese. È un film a tecnica mista che combina attori in carne ed ossa e personaggi di animazione, animati da Richard Williams. Ricordiamo bene la voce italiana dell'ispettore con il cappello Eddie Valiant/ Michele Gammino, le indimenticabili interpretazioni di Marco Mete/il coniglio Roger Rabbit, e il personaggio più sensuale e sinuoso dei cartoon, stretta nell'abito fiammeggiante di curve incendiarie: Jessica Rabbit, con la voce "unica" di Paila Pavese e il suo "io non sono cattiva, è che mi disegnano così" che ha contribuito a farla diventare un vero cult di questo mondo. E poi come dimenticare quando alla *femme fatale* viene chiesto cosa trovasse attraente in Roger Rabbit e la sua risposta "mi fa ridere". Il film ci offre l'opportunità rara di vedere insieme in un solo film personaggi di cartoni animati di vari studi come Disney, Warner Bros e altri diversi cartoon. L'intera città è un cartone animato, con l'eccezione degli eventuali stranieri visitatori e gli oggetti provenienti dall'esterno di Cartoonia. Non solo, l'intera *town* appare illustrata, disegnata e dipinta; anche le piante, gli animali, gli oggetti, le auto, gli stessi edifici sono animati con evidenti tratti antropomorfi che attribuiscono caratteristiche e qualità umane. L'ingresso a questo altro universo è sempre un muro, un tendone o un sipario che permette, aprendolo, l'accesso. Alcuni personaggi sono stati creati specificamente per il film. A *Cartoonia* abitano tutti i personaggi dei cartoni prodotti dall'inizio alla fine del ventesimo secolo. Dal film fu tratto anche l'omonimo videogioco. A partire da questo lungometraggio, che fu un enorme successo, effettivamente l'animazione e i suoi incroci e derivazioni non si fermarono più. Oggi è il settore più cross-medializzato. Per dare attenzione alle voci che animano di suoni, parole e frasi questo mondo nacque *Le Voci di Cartoonia*, il "cuginetto" del Festival Nazionale del Doppiaggio *Voci nell'Ombra*: evento che dopo le luci dell'"ultima ribalta" visse per anni in un suo mondo senza rassegnarsi. Ora ritorna e riappare. Il sipario sarà nuovamente aperto e le *Voci di Cartoonia* torneranno a farsi sentire. Non sole, insieme a tutte le contaminazioni che si trascinano dietro: anime, ossia la versione animata dei manga, che sono invece i fumetti giapponesi di cui il "mangaka" è creatore; rivisitazioni comiche e fundubbing mediante interpretazioni vocali; fenomeno dei cosplayer – persone che si travestono da personaggi dei cartoon – focus sul mondo giapponese, cresciuto basandosi sull'ideogramma e che non può prescindere dalla cultura del disegno e dell'immagine animata e in movimento; sigle; follie espressive; canali non più solo televisivi, ma anche YouTube – di cui ciascuno è produttore – videogiochi, music video, eroi e antieroi, vero e finto, tutto in una rincorsa che assume mille forme. Maurizio Merluzzo, doppiatore, youtuber, presentatore, sarà il domatore di questo Festival del Doppiaggio delle voci e delle sigle dei cartoni animati. Nei giorni del 6 e 7 maggio sarà insieme a tutti i protagonisti, tra cui: Carla Signoris, Tiffany Alexander, Lucia Valenti, Gianni Gaude, Walter Rivetti, Francesca Vettori, Carlo Valli, Giorgio Vanni, Emanuele Pacotto, Gianandrea Muià, Matteo Zanotti, anche Geronimo Stilton, I Cavalieri dello Zodiaco, South Park e molti altri. Le loro voci hanno reso vivi e reali i cartoon e il loro mondo malleabile a Ceva, cittadina della provincia di Cuneo che racchiude un gioiello di Teatro, il Marenco, che si merita, dopo due alluvioni abbastanza devastanti, di poter ridere e divertirsi con il pazzo pazzo mondo dei cartoni animati. Un appuntamento pieno di sorprese per tutte le età, perché qualche chicca sicuramente arriverà al cuore di ciascun spettatore e lo spalancherà all'effervescenza di questo mondo colorato.

Tiffany Alexander, premiata dal giurato Lorenzo Doretti, a *Le Voci di Cartoonia*, con il conduttore della serata Maurizio Merluzzo, 2017. Premi di Gabriella Defilippis.

Voci nell'Ombra: XVIII edizione
Dedicata a Manlio De Angelis e alla sua famiglia
Ottobre 2017, Diari di Cineclub

È quasi al via la diciottesima edizione del Festival Nazionale del Doppiaggio *Voci nell'Ombra*, la più importante manifestazione a livello ormai europeo dedicata al mondo del doppiaggio cinetelevisivo e degli audiovisivi. Si svolgerà a Savona dal 19 al 22 di ottobre. Nella Serata d'Onore si consegneranno i Premi ai migliori doppiaggi e doppiatori, adattatori e adattamenti: gli Anelli d'Oro, in ricordo dell'anello di pellicola sostituito negli studi ormai dal *timecode*. La premiazione si svolgerà nel prestigioso Teatro Chiabrera di Savona sabato 21 ottobre. I premi assegnati saranno moltissimi e le nomination ancor di più, oltre 45. Due Targhe alla Carriera, una di doppiatore e una di adattatore, una alla voce emergente del panorama italiano del doppiaggio e il Premio Siae destinato al giovane adattatore di indiscusso talento. A partire dal 2015, infatti, la Società italiana degli autori ed editori sostiene il festival nell'ambito di una politica dedicata a promuovere e a valorizzare i nuovi talenti e il loro percorso formativo e lavorativo. Il festival peraltro ha creato una fitta rete di collaborazioni e patrocini, tra cui spiccano università straniere come quella di Strasburgo, la Sophia Antipolis di Nizza, l'Università di Strumentazione Aerospaziale di San Pietroburgo e la RUFilms russa. Quest'anno, si confronteranno per un incontro produttivo con professionisti e operatori della trasposizione multimediale internazionale. *Voci nell'Ombra*, dopo la scomparsa del direttore artistico Claudio G. Fava e dell'ideatore Bruno Paolo Astori, si è evidentemente rinnovato. Non ha però dimenticato il grande rispetto per Gualtiero De Angelis a cui per i primi quindici anni ha intitolato la Targa alla Carriera. Nelle ultime due edizioni ha acquisito il nome di Targa alla Carriera Claudio G. Fava, proprio in memoria dell'illustre Claudio G. Fava, altisonante critico, uomo di enorme cultura e di grande ironia. Il Festival del Doppiaggio, quando nacque, fu la prima consistente operazione creata nella storia del cinema italiano a portare i riflettori su questa allora misteriosa professione del doppiatore. La Targa alla Carriera fu intitolala a Gualtiero De Angelis non a caso, proprio perché fu una stella davvero brillante tra le "voci d'oro" del doppiaggio italiano e tra i fondatori della CDC Sefit Group, che rimane ancora oggi una realtà preponderante nel settore. *Voci nell'Ombra* non dimentica la stima dimostrata nei quindici anni per Gualtiero De Angelis, la sua famiglia, lo stabilimento che si è evoluto attorno alla CDC, anche se la Targa alla Carriera di doppiatore da due anni è intitolata a Claudio G. Fava. Il Festival del Doppiaggio dedica infatti la sua diciottesima edizione alla memoria di Manlio De Angelis, figlio di Gualtiero, che portò avanti con altrettanta passione e qualità questa arte e professione così particolare che è il doppiaggio: una grande esperienza come doppiatore – ha dato la voce a un mondo di attori in film che restano indissolubili nella nostra memoria – e una consistente carriera come direttore di doppiaggio, con centinaia di film diretti da lui. L'impronta di Gualtiero e di Manlio non sono svanite nel nulla. Sono rimaste anche nella medesima vocazione della terza generazione della famiglia De Angelis, con il figlio Vittorio che ci ha prematuramente lasciato due anni fa, il cui DNA vantava per certo "la stoffa del doppiatore", e con Eleonora De Angelis, donna grintosa, forte, determinata e soprattutto brava nel suo dare la voce alle note star di Hollywood. Anche lei ha scelto di cimentarsi con le direzioni di doppiaggio, anche impegnative. Eleonora racconta «Mio papà, Manlio, era una persona che riversava nel lavoro quello che era nella vita: carismatico, di talento, con un accentuato umorismo e una buona dose di leggerezza e follia creativa, professionale, umile e dotato di grande rispetto per il lavoro altrui. Era molto legato a mio nonno Gualtiero. Una famiglia che non si è fatta mancare nulla dal punto di vista dei talenti artistici. Mio zio, Enrico De Angelis, fratello di mio nonno che a dicembre compie novantasette anni, fu il fondatore del Quartetto Cetra. Li lasciò traportato a Milano da una forte passione d'amore, ma li convinse a non sciogliersi e a far entrare nel quartetto al suo posto la sposa di uno degli altri tre». Con questa chicca vi diamo appuntamento a Savona con il gotha del doppiaggio italiano e la diciottesima edizione del Festival *Voci nell'Ombra* dedicata a Manlio De Angelis e alla sua famiglia.

I presentatori Claudio G. Fava e Lella Costa con Manlio De Angelis e il sindaco di Finale Ligure Pier Paolo Cervone, 1998

Da diciannove anni, *Voci* dei doppiatori fuori dall'*Ombra*

Dicembre 2018, Diari di Cineclub

Quando non si parlava di doppiaggio e non si conoscevano per nulla i volti dei doppiatori italiani, nacque *Voci nell'Ombra*. Un festival imitato in ciascuna delle sue dinamiche, ma che rimane unico, significativo e il più imparziale con una giuria di qualità di cui non fa parte nessun doppiatore o direttore di doppiaggio, composta principalmente da giornalisti ed esperti del settore. Un festival che negli ultimi anni ha scalato il percorso che lo conduce al ventennale. Vent'anni di esistenza caratterizzati da un lavoro enorme per sottolineare la qualità, l'arte che sta dietro al processo di trasposizione e che in Italia si manifesta nell'atto recitativo di vere e "altisonanti" controfigure sonore, ossia il doppiaggio e le varie professioni a esso collegate.

Talmente bravi da fare dimenticare agli italiani che sono una seconda voce, e anche ai tempi di Netflix – con varie versioni di lingue differenti a disposizione – da indurli a preferire e scegliere nella maggioranza dei casi l'edizione doppiata in italiano. Così il 20 ottobre, nel prestigioso Teatro Chiabrera di Savona, strepitoso per l'occasione da lasciare a bocca aperta e mettere soggezione, si è svolta la Serata d'Onore con la consegna degli Anelli d'Oro ai migliori doppiaggi e doppiatori, adattamenti e adattatori e molti altri riconoscimenti. Conduttori del gran galà una delle voci note della radio Maurizio Di Maggio e la brillante giornalista Patrizia Caregnato, incisiva new entry. Sentire due grandi voci del doppiaggio italiano ha emozionato il pubblico.

Francesco Pannofino ha strappato grandi applausi ricevendo il Premio alla Carriera di doppiatore con la consegna della Targa alla Carriera Claudio G. Fava dal rappresentante della Regione Liguria Daniele Biello, ricordando che vi nacque insieme al fratello Lino, per la precisione a Pieve di Teco in provincia di Imperia. George Clooney, Denzel Washington, Kurt Russell, Antonio Banderas, Mickey Rourke, la voce narrante degli audiolibri di *Harry Potter* e anche *Boris* e *Nero Wolfe* hanno riecheggiato, ciascuno per una sfumatura nell'intonazione, per un gesto, per una modalità, in un Pannofino anche un po' commosso. Mentre – ritirando anche lei il Premio alla Carriera, la Targa Claudio G. Fava – Rita Savagnone ha aperto la sfera dei ricordi del passato e abbiamo ascoltato la voce di Liza Minnelli in *Cabaret* e *New York, New York*, di Elizabeth Taylor in *Cleopatra*, di Whoopi Goldberg in *Sister Act 2* e di Shirley MacLaine, Joan Collins, Ursula Andress, Lauren Bacall, ma anche di Claudia Cardinale e Sophia Loren in alcuni film.

Con una verve da grande attrice, la Savagnone ha tenuto l'attenzione su di lei e sulla sua voce. Ha stupito con il suo invariato carisma lasciando a chi l'ha conosciuta delle chicche da non dimenticare, tanto da farne sentire la mancanza una volta scesa dal palcoscenico. Sedici Anelli d'Oro per quarantasei nomination, che hanno visto tra i vincitori Antonella Giannini, Massimo Lodolo, Sandro Acerbo, Alessandro Quarta, Riccardo Rossi, Barbara De Bortoli, Cristiana Lionello, Laura Romano, Flavio de Flaviis, Luca Biagini, Valerio Piccolo, Barbara Nicotra e Micol Bertucelli; e ancora, per i prodotti di animazione il piccolo Luca Tesei, per le audio narrazioni Ada Maria Serra

Zanetti per *Alien* – peraltro diede anche la voce a Sigourney Weaver in tutta la saga – Paolo Monesi per la voce degli spot pubblicitari, Pierluigi Astore per i videogiochi, Ruggero Andreozzi per i programmi televisivi e d'informazione e per la radio Alessio Bertallot.

Il Premio Siae, destinato al giovane adattatore di talento, è andato alla triestina Beatrice De Caro Carella mettendo in evidenza anche una parte del suo lavoro dedicata alle audiodescrizioni e ai cartoni animati. Siae, infatti, a partire dal 2015, sostiene il festival nell'ambito di una politica dedicata a promuovere e a valorizzare i nuovi talenti e il loro percorso formativo e lavorativo. La manifestazione non tralascia i nuovi talenti, le voci emergenti del doppiaggio italiano, votate tramite l'app del festival che ha visto sei talenti in concorso.

La più votata è stata Martina Tamburello. Simone Mori ha ricevuto il Premio VixVocal, app che offre servizi per il doppiaggio, per l'entusiasmo e la professionalità profuse nel suo lavoro. Maurizio Tamburini è stato insignito del Premio Art Kitchens a cura di Quidam, azienda leader nella produzione di vetro per arredamenti, per aver dato la voce al personaggio internazionale Anthony Bourdain. Tra gli altri premiati: alla carriera di adattatore e dialoghista Filippo Ottoni, e ancora menzioni e premi speciali per Luca Intoppa, Fabrizio de Flaviis, Benedetta Degli Innocenti, ma anche per il comico cantautore Fabrizio Casalino e la sua chitarra e per Francesco Maggioni con un divertente monologo comico sul doppiaggio.

Non sono mancati riconoscimenti internazionali come il premio consegnato alla delegazione russa del settore doppiaggio, ritirato da Marina Chikanova. Come ambasciatori del festival sono stati premiati Lorenzo Bonini, Angela Maioli di ArtePozzo, Eleonora De Angelis e Massimiliano Torsani per VixVocal e Annalisa Baccino per Quidam. Sul palcoscenico hanno brillato anche i vari premi, ciascuno una vera e propria opera d'arte di: Laura Tarabocchia, Vanessa Cavallaro, Quidam, Massimo Privitera, Lorenzo Bersini, Nino Carè, Anna Rota Milani, Piero Vicari. Uno più prezioso dell'altro.

L'appuntamento è per il prossimo anno con un ventennale da festeggiare insieme alle voci che ci accompagnano mentre guardiamo un film o una serie, mentre ascoltiamo la radio, e ogni volta che siamo in modalità "fruizione di un audiovisivo o di una audio narrazione".

Voci nell'Ombra: un ventennale che inizia con il lancio alla Mostra del Cinema di Venezia
I doppiatori non sono più le "voci nell'ombra", ma le stelle del doppiaggio italiano

Settembre 2019, Diari di Cineclub

«Non dovremmo essere qui. Non dovremmo esserci più. Dedizione, spirito di sacrificio e volontà si sono sommati nella prospettiva di un'unica visione possibile: esserci, invece, con un festival cresciuto, ampliato, organico, con un sito riorganizzato e un logo vestito di nuova grafica, in una grintosa vena di ventennale. Un festival che sarebbe dovuto scomparire con i suoi ideatori, l'illustre critico Claudio G. Fava e Bruno Astori. Un'operazione di rilancio oculata, invece, basata su investimenti personali, ampia inventiva e risoluzione, si è trasformata nella bacchetta magica più straordinaria. Siamo qui a celebrare il Ventennale. Venti edizioni di un festival davvero unico, capace di segnare la storia del cinema, spartiacque che ha portato le luci della ribalta nel buio delle sale di doppiaggio e ha contribuito a far scoprire chi sono le "voci nell'ombra" delle star di Hollywood, le controfigure sonore italiane. Prima di *Voci nell'Ombra* solo i *Nastri d'Argento* riconoscevano i meriti dei doppiatori, seppur non fossero tra le principali categorie. E *Voci nell'Ombra* divenne il premio dei doppiatori, con una giuria di critici, giornalisti ed esperti, all'insegna dello spessore, dello studio, dell'approfondimento culturale, delle testimonianze, della volontà di valorizzare le eccellenze di un'arte italiana tutta da preservare, di premiare quella componente attoriale che solo alcune voci hanno saputo esprimere e trasferire nel nostro bagaglio audiovisivo assorbito fin da piccoli, bagaglio che ci ha accompagnati nel nostro divenire adulti». Molti premi dedicati a questo settore hanno iniziato a spuntare a destra e a manca, ciascuno con la propria connotazione e ascendenza; e ancora corsi, accademie, scuole, altro. Ma è *Voci nell'Ombra* ad aver gettato quel seme, e in qualsiasi direzione abbia germogliato si è avuto un avanzamento, un progresso. Ora il Festival Internazionale del Doppiaggio procede spedito, sempre per la sua strada, nell'ottica dell'obiettività, dell'approfondimento, della valorizzazione dei grandi professionisti del doppiaggio, della trasposizione multimediale, dell'adattamento, in primis nel contesto cinetelevisivo, e nel panorama audiovisivo a tutto tondo, fino al mondo radiofonico e dell'innovazione tecnologica, ma anche nel rispetto dei tanti appassionati dell'"arte della voce". Consegna anche un Anello d'Oro a un doppiatore straniero. «Nella veste del ventennale arriviamo con un enorme sforzo, probabilmente non all'altezza di un grande Maestro e di un brillante creativo, Astori e Fava, ideatori del festival, ma con doti manageriali, sensibilità, attenzione per l'evoluzione, il progresso e la cultura, andando incontro alle esigenze di un settore in difficoltà per cui qualcosa è possibile fare, in un mondo alle soglie del 2020 in cui il cambiamento incede rapidissimo e senza tregua. Il valore aggiunto arriva dalla caratura dei giurati, dei presidenti di giuria e dei presentatori degli eventi, dai consulenti, da chi è vicino al festival, dalla squadra organizzativa, dalla stima e dal supporto che dimostrano i preziosi sostenitori, da una rete che conta oltre un centinaio di collaborazioni, da chi tiene a questo festival come un patrimonio da non dissipare, con un ricchissimo palmarès di oltre 260 premi e riconoscimenti assegnati fino a oggi». Oggi, con il suo ventennale, il Festival Internazionale del Doppiaggio celebra non più le voci nell'ombra, ma le stelle del doppiaggio italiano; il nome del festival resta questo perché ci ricorda la storia, le origini e il perché nacque. Venti edizioni di un festival che ha dato attenzione ai professionisti del processo di trasposizione multimediale, li ha fatti esprimere e ascoltare. Ascoltare come audire, ma anche come soddisfare, esaudire. Quell'ascolto di cui tutti abbiamo bisogno, il cui strumento sovrano è la voce. E che permette a tutti, supportata da parole, storie, opere di scrittura, di "vedere anche a occhi chiusi". Nulla, meglio delle frasi estratte dalla presentazione ufficiale del ventennale sul sito del festival (Integrale nella sezione 3 delle *Appendici*), avrebbe reso il significato dell'essere arrivati a un ventennale per chi ci sta dietro, per chi tiene al festival.Fu così che il 31 agosto, in un tardo pomeriggio di fine estate al Lido nella prestigiosa Villa degli Autori e nel contesto delle Giornate del Cinema, la presentazione e la comunicazione di *Voci nell'Ombra* ha amplificato il potere dei grandi professionisti della voce, del doppiaggio e del processo di trasposizione multimediale, non solo presentando la sua edizione di punta, ma premiando i doppiatori con i "Premi Speciali Voci nell'Ombra alla Mostra del Cinema di Venezia", in mezzo alle star internazionali: Premio Voce e Volto a Niseem Onorato per Jude Law; Premio Voce e Direzione a Rodolfo Bianchi e a Roberto Chevalier per la qualità del lavoro svolto sia come doppiatori di eccellenza, sia per le direzioni di doppiaggio. E si è ricordata l'opera di Claudio G. Fava. Durante il Festival, dal 9 al 12 ottobre, sarà presentato in anteprima anche il suo libro che uscirà in autunno: *Il mio cinema*. Indimenticabile il ricordo dell'autorevole critico cinematografico delineato nella trasmissione del collega e amico Gigi Marzullo su Rai 1, in diretta dalla postazione davanti al tappeto rosso.

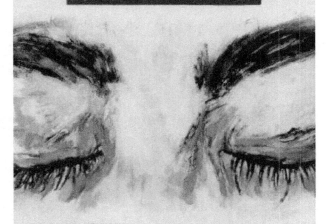

Voci nell'Ombra 2019

Ottobre 2019, Diari di Cineclub

Non li vede nessuno, ma tutti li ascoltano. Sono i doppiatori, le "voci nell'ombra" celebrate dal Festival del Doppiaggio, che quest'anno è diventato internazionale. La ventesima edizione è stata presentata nel corso della 76ª Mostra del Cinema di Venezia, nell'ambito delle *Giornate degli Autori*. È iniziato al Lido, in un'atmosfera caotica e frizzante, il cammino della manifestazione che si terrà dal 9 al 12 ottobre fra Genova e Savona. Una delle novità è l'istituzione della Commissione Qualità 2019, formata da professionisti di lungo corso: Maura Vespini, Lucia Valenti, Silvano Piccardi, Fabrizia Castagnoli, Ludovica Modugno, Sandro Acerbo, Flavio de Flaviis, Rodolfo Bianchi, Roberto Chevalier. I magnifici nove hanno avuto il compito di selezionare i sei finalisti al Premio per la Giovane Voce d'Eccellenza del doppiaggio italiano: Flavio Aquilone, Federico Campaiola, Elisa Giorgio, Giulia Franceschetti, Manuel Meli e Federico Viola. Passato il vaglio della commissione che ne garantisce il livello di professionalità, il giudizio è passato al voto popolare online sul sito www.vocinellombra.com, con una media di cinquecento preferenze al giorno. Il vincitore riceverà la Targa Astori nel corso della Serata d'Onore, in programma il 12 ottobre al Teatro Chiabrera di Savona. Nel 2018 ha vinto Martina Tamburello, nel 2017 Alex Polidori, nel 2016 Gianandrea Muià, nel 2015 Benedetta Ponticelli. Il testimone passa di mano in mano, in un gesto che sembra infinito. Infatti la storia del Festival del Doppiaggio ligure inizia da molto lontano, dietro gli occhiali quadrati e il papillon del signore fra i critici italiani,

Claudio G. Fava, che dopo avere portato il cinema in Rai con un numero infinito di presentazioni e rassegne, nel 1999 ha puntato i riflettori sugli istrioni più nascosti, le controfigure sonore degli attori internazionali, e ha inventato *Voci nell'Ombra*. Al timone ha messo Bruno Astori, un organizzatore pieno di passione, con una visione ampia della cultura e il senso concreto della divulgazione coniugato con la salvaguardia della qualità. Nella qualità, del resto, risiede il valore principale del doppiaggio italiano, se è vero, com'è vero, che ha prodotto una delle tradizioni migliori al mondo. Tanto da saldare indelebilmente la voce di Gualtiero De Angelis a Cary Grant, di Tina Lattanzi a Rita Hayworth, di Oreste Lionello a Woody Allen, di Maria Pia Di Meo a Audrey Hepburn, di Ferruccio Amendola a Robert De Niro. Ma questo è solo l'inizio. La storia non si ferma. Siamo ormai alla terza o alla quarta generazione di doppiatori, a cui si aggiungono altre preziose figure nascoste nel buio della sala: i direttori del doppiaggio, gli adattatori, i dialoghisti. Ogni sfumatura di un film straniero – le frasi idiomatiche, i sottintesi culturali, i riferimenti impliciti – vengono tradotti non solo da una lingua all'altra, ma da un mondo all'altro. Non si tratta solo di voce e di recitazione, ma anche e soprattutto di istinto maturato nell'intelligenza di interpretare potenziando, senza travalicare. Libertà e invenzione nella giusta misura. Ci vuole talento per infilarsi nei respiri degli attori, per recitare a tempo con i movimenti, le pause, i toni degli attori a cui si è stati affidati. E se capita di incontrare un doppiatore, si scopre che c'è sempre qualcosa in comune fra i due, che la voce italiana e l'attore straniero si sono sposati per affinità. Non c'è niente da fare. L'equilibrio è un'arte. Fava e Astori lo sapevano e volevano condividere il piacere di scoprire quel che si nasconde nel mondo che sfugge alla luce dei riflettori. Sono entrambi scomparsi, ma la loro voce è rimasta fra quella degli artisti che hanno contribuito a fare conoscere mediante questa manifestazione storica e indipendente, proprio perché lontana dalle capitali industriali della settima arte.

I vincitori della XX edizione di *Voci*

1
Convegno internazionale

Le lingue e l'economia: considerazioni economiche e linguistiche sul doppiaggio cinetelevisivo

Università di Brescia, Dipartimento di Economia Aziendale 5-7 dicembre 2002

Non solo arte e mestiere: le *voci nell'ombra*

Intervento di Tiziana Voarino

Partecipo a questo convegno come rappresentante del Festival Nazionale del Doppiaggio, *Voci nell'Ombra*, ricoprendone vari ruoli organizzativi. Ringrazio il Prof. Marco Cipolloni che mi ha invitata a partecipare. A fine settembre 2002 si è svolta a Finale Ligure, in provincia di Savona, la sesta edizione di *Voci nell'Ombra*, presentata in conferenza stampa nell'ambito della Mostra del Cinema di Venezia. Si tratta della più consistente manifestazione nazionale dedicata al mondo del doppiaggio e dei doppiatori, che si pone l'obiettivo di valorizzare questo settore. Direttore artistico del festival è il critico cinematografico e televisivo Claudio G. Fava, mentre la responsabilità organizzativa e il progetto sono di Bruno Paolo Astori. *Voci nell'Ombra* è promosso dal Comune di Finale Ligure con il contributo del Ministero per i Beni e le Attività Culturali e la Regione Liguria. Per la parte scientifica e editoriale collaborano l'Università di Bologna - Scuola Superiore di Lingue Moderne per Interpreti e Traduttori e l'Ateneo di Genova con il DAMS e la Facoltà di Lingue Straniere. In questi anni *Voci nell'Ombra* ha assunto i connotati di un vero e proprio festival che ruota attorno all'assegnazione dei premi Anelli d'Oro. I premi ogni anno sono attribuiti alle varie categorie del doppiaggio: miglior doppiaggio generale, miglior voce femminile e maschile, miglior voce caratterista sia per il cinema che per la televisione. La giuria, presieduta dallo stesso Fava, seleziona ogni anno i migliori prodotti ed elegge i vincitori. Compongono la giuria Morando Morandini, Callisto Cosulich, Maurizio Porro e Roberto Nepoti. Perché "anello"? L'anello era l'"unità di misura" del doppiaggio negli anni passati. Fino agli anni Ottanta, per definire i turni di lavoro del doppiaggio si usava, infatti, questo termine. Si trattava proprio di un anello di pellicola, incollato e fatto passare e ripassare all'infinito sulla moviola. La durata poteva variare tra i 25 e i 50 secondi, cioè il tempo di una battuta o più battute che dovevano essere doppiate dagli attori. Si misurava così un turno di doppiaggio in base a quanti anelli erano doppiati. Attualmente, con la digitalizzazione delle immagini gli anelli fisicamente non esistono più, ma quasi tutti i doppiatori usano ancora questo termine per indicare lo spezzone che deve essere trasposto. Oggi è sostituito dal timecode (minutaggio).

Oltre all'assegnazione degli Anelli d'Oro, il festival consegna altri importanti riconoscimenti, come la Targa Gualtiero De Angelis, intitolata a uno dei più grandi doppiatori italiani del passato e quindi targa alla carriera; il Premio Renato Castellani, giunto alla sua settima edizione; e la Targa Riccardo Cucciolla, l'arte della voce, la voce come arte, dedicata al grande attore recentemente scomparso, che premia le voci del cinema e della televisione. Negli anni scorsi sono stati premiati tra gli altri Giancarlo Giannini, Omero Antonutti, Cristina Boraschi, Sergio Graziani, Paila Pavese, Oreste Lionello, Elio Pandolfi, Adalberto Maria Merli. Ferruccio Amendola e Rita Savagnone hanno ricevuto un meritatissimo riconoscimento alla carriera. Ad Amendola è stata dedicata la penultima edizione del festival.

La manifestazione, da quest'anno, si è sdoppiata in quanto dal 30 aprile al 5 maggio 2002 si è svolta, sempre a Finale un festival interamente dedicato alle voci dei disegni animati e dei prodotti di animazione: prende il nome di *Le Voci di Cartoonia*. Valutando che l'indotto economico verso l'universo bambini è sicuramente importante e degno di attenzione. Inevitabili sono state le considerazioni progettuali tra cui la scelta di creare un nuovo festival, autonomo, che possa esplorare ed essere di supporto alla ricerca di tutele per le categorie più deboli, categorie da proteggere anche dal punto di vista degli apporti linguistici. Si è scelto un conduttore per la Serata d'Onore, Mauro Serio, che arriva dalle trasmissioni pomeridiane di Rai 1. L'iniziativa vanta collaborazioni che apportano garanzie di qualità, come *La Melevisione*, programma cult della Rai. Ha partecipato oltre alla curatrice del programma e allo staff organizzativo il personaggio del Fantabosco di Rai 3 Tonio Cartonio, al secolo Danilo Bertazzi, e moltissimi doppiatori dei cartoni più famosi. La prossima edizione si terrà a marzo 2003.

Il doppiaggio è diventato un mio specifico interesse e un'importante risorsa personale anche perché curo su Primafila una rubrica che parla di doppiaggio e ci tengo a sottolineare che è l'unico appuntamento fisso di questo tipo in Italia.

Primafila, un mensile di teatro e spettacolo che presta attenzione al teatro, alla danza, al cinema di qualità non solo per gli incassi ai botteghini e che dedica spazi, per esempio, anche alle colonne sonore, mi ha richiesto di intervenire con recensioni specifiche sul doppiaggio. L'intento dei miei articoli non è quello di essere solo critico, ma di informare sull'attività di questo settore, dare spiegazioni, rendere noti i nomi dei doppiatori e addetti ai lavori che rivestono un ruolo fondamentale nei confronti degli spettatori, promuovere il doppiaggio e il settore. Alla faccia di qualsiasi polemica, direi ormai noiosa, del tipo: doppiaggio sì o doppiaggio no.

La storia del cinema e successivamente della televisione hanno dimostrato che non ci sono alternative sostenibili al doppiaggio per la fruizione di opere audiovisive da parte di un pubblico ampio e diffuso. Credo che sia necessaria una conoscenza maggiore di questo processo che possa permettere di porci in maniera più formata e obiettiva di fronte alla fruizione di qualsiasi supporto che unisce audio e immagini, insomma degli audiovisivi.

Per iniziare capiamo cos'è il doppiaggio.

Una colonna sonora internazionale, costituita da musica ed effetti della copia originale del film o telefilm a cui è aggiunta, o meglio dire missata, la colonna o le colonne dialoghi con le voci italiane degli attori stranieri: questo è il doppiaggio.

Diverse categorie di professionisti si occupano delle fasi che compongono il processo del doppiaggio:

Attore doppiatore

I doppiatori di cui conosciamo le voci. Familiari quelle delle serie televisive, a volte li riconosciamo anche negli spot pubblicitari. Noi li ascoltiamo a lavoro di post-produzione ormai terminato. Recitano con la loro voce incollata su altri visi e altri corpi, appropriandosi di due anime, quella del personaggio e quella dell'attore straniero, naturalmente rispettando le esigenze tecniche dettate da ben tre tipi di sincronismo: quello qualitativo del sincronismo labiale, quello quantitativo della lunghezza della frase e quello espressivo di attinenza a ciò che è proiettato sul piccolo o grande schermo. Seguono inoltre scrupolosamente le istruzioni del direttore di doppiaggio.

Adattatore dialoghista

Si occupa della prima fase del doppiaggio, lavora sulla lista dialoghi originale e su una copia originale dell'opera. Adatta la lingua del prodotto audiovisivo alla realtà linguistica del committente, fa quadrare il cerchio insomma. Si confronta direttamente con i problemi dell'adattamento culturale, che spesso risolve rintracciando le intenzioni dell'autore.

E qui potremmo cominciare a parlare di economia del testo e nel caso specifico di economia della frase. Egli determina le scelte linguistiche, spostando a volte parole, a volte contenuti nel testo stesso perché già si preoccupa delle peculiarità di pronuncia e della possibilità di farla rientrare sul sinc, senza mai perdere di vista i significati e i contenuti intesi dall'autore, ossia la fedeltà al testo. Alcune volte adatta direttamente dall'originale, altre, soprattutto nei casi in cui la lingua da tradurre è ostica, si basa su traduzioni che devono comunque essere buone traduzioni. È suo il compito di determinare il ritmo e gli accenti della frase, le intonazioni. Infarcisce i copioni di una serie di abbreviazioni convenzionali che facilitano il lavoro del doppiatore e del direttore di doppiaggio. Indica quando una frase, magari più lunga rispetto all'originale, può in parte essere pronunciata quando l'attore è fuori campo o di spalle e da che punto a che punto.

Esempio di glossario e note tecniche abbreviate che usa l'adattatore per comunicare con la squadra all'opera in studio di registrazione:

IC	IN CAMPO
INIC FINIC	INIZIA/FINISCE IN CAMPO
FC	FUORI CAMPO
SOVR	SOVRAPPOSTO - ACCAVALLATO
/	PAUSA TRA DUE FRASI
//	PAUSA FRA DUE SCENE
ANT.	ANTICIPATO
EFF	VOCE EFFETT-TELEF./ALTOP.
DS	DI SPALLE
SM	SUL MUTO
RIS.	RISATINA

Direttore del doppiaggio

È il regista del doppiaggio. Ultimamente si occupa spesso anche dell'adattamento. Visiona il filmato originale, sceglie una rosa di voci per ogni personaggio, che propone alla produzione. Voci scelte sulla base di un'aderenza sia alla fisicità dell'attore originale, ma soprattutto alle caratteristiche del personaggio; e poi dirigerà l'orchestra. È responsabile di farci assistere a proiezioni o trasmissioni in cui l'*intentio operis* dell'autore sia stata rispettata, come lo stile e le peculiarità.

L'armonia e l'omogeneità del prodotto devono essere predominanti, facilitando la perfetta fruizione del pubblico della lingua d'arrivo.

Assistente al doppiaggio

Pianifica il lavoro organizzando i turni di tre ore, cercando di ottimizzare le presenze. Tocca a lei la pianificazione. Non sempre due attori che si fronteggiano in scena recitano insieme, anzi spesso non avviene proprio. La normativa stabilisce che si possano fare fino a un massimo di tre turni al giorno. In sala controlla soprattutto il sinc.

I tecnici del doppiaggio

Il lavoro di sonorizzazione del doppiaggio è svolto da tre tecnici: il fonico del doppiaggio, il sincronizzatore e il fonico del mixage. Il fonico del doppiaggio è il tecnico che materialmente registra le voci dei doppiatori nella sala doppiaggio. È suo il compito di controllare che l'emissione della voce corrisponda ai parametri definiti da normative tecniche e far convivere le esigenze tecniche con quelle artistiche. Il sincronizzatore è il tecnico che fa combaciare, ossia sincronizza, il suono registrato in sala doppiaggio ai movimenti labiali del filmato da sonorizzare: può accorciare o allungare le pause.

Il fonico del mixage è colui che, in sala di mixage, provvede a rettificare i livelli di incisione, le tonalità, l'equalizzazione, ovvero i parametri delle basse-medie-alte frequenze, ad aggiungere dove ritiene opportuno echi, riverberazioni ambientali o dove richiesto effetti sulla voce come distorsioni tipo robot, effetti telefonici, effetti TV, radio ecc.; nonché, cosa più importante, ad amalgamare ovvero mixare la voce al resto della colonna sonora composta così, alla fine, anche da musica ed effetti sonori.

Segue una visione finale in cui si controlla il prodotto insieme ai responsabili della produzione preposti alla supervisione.

Per essere più precisi e aumentare la comprensione con un approccio più tecnico ed economico vi leggerò alcuni estratti dell'Accordo Collettivo Nazionale, che riguarda le categorie del doppiaggio, tra l'Unione Nazionale Imprese di Edizione e Editori associati e Sai-Slc, Cgil, FISTeL-Cisl, Uilsic-Uil, AIDAC, oggi in vigore ed estrapolabile dal sito dell'AIDAC (Associazione Italiana Dialoghisti Adattatori Cinetelevisivi). Bisogna tenere conto che il settore è insoddisfatto e sta combattendo per un rinnovo del Contratto Collettivo, e che si fa riferimento a prodotti di fasce diverse.

Articolazione dei turni
Fasce di produttività: per ogni turno di 3 ore continuative non dovranno essere superati i plafond appresso indicati.
a) Film di circuito cinematografico e relativi trailer, miniserie, sceneggiati, originali TV, filmati di repertorio, film home-video: 140 righe di media a turno;
b) Film per la televisione: 170 righe di media a turno;
c) Telefilm, telefilm home-video, sitcom: 190 righe di media a turno;
d) Cartoni animati: 220 righe massimo a turno;
e) Soap opera, telenovelas, documentari a sinc: 220 righe di media a turno.
L'oscillazione "media" come sopra prevista viene consentita entro un tetto massimo del 10%.
Resta inteso che le fasce di produttività di cui sopra e i relativi compensi non trovano applicazione per i documentari in *oversound* per i quali valgono le apposite intese particolari.
Per i lungometraggi, sceneggiati, originali TV, TV movies, documentari, nei piani di lavorazione e durante le prestazioni di doppiaggio non potranno essere ammessi raggruppamenti, anche di stessi titoli.

Per i telefilm, telefilm home-video, soap opera, telenovelas, cartoni animati, potranno essere ammessi raggruppamenti di stessi titoli fino a un massimo di tre episodi alla volta da 50 minuti e sei episodi alla volta da 25 minuti.

Definizione di riga
Il copione dovrà essere numerato per ciascuna pagina, la quale conterrà dalle 18 alle 20 righe: si definisce riga la porzione di copione composta da un massimo di 50 battute dattiloscritte, con esclusione del nome del personaggio, e comprensiva degli spazi, delle punteggiature e delle sole indicazioni tecniche e didascaliche (ad es.: "FC", "IC", ecc.) secondo la tabella allegata sotto il titolo *Note tecniche abbreviate*.

Piani di lavorazione
I piani di lavorazione, elaborati dall'assistente al doppiaggio, dovranno contenere tutti i dati relativi alla lavorazione in oggetto, numerazione degli anelli, e i nomi dei personaggi e degli attori-doppiatori chiamati ad interpretarli.
I piani di lavorazione dovranno essere controfirmati dall'assistente e dal direttore di doppiaggio, oltre che dagli attori doppiatori che partecipano ai turni.
I piani di lavorazione, come anche i copioni, dovranno essere archiviati e conservati per almeno un anno dalla società che ha svolto le lavorazioni e presentati alla Commissione Paritetica di Vigilanza, nel caso fossero dalla stessa richiesti.
È facoltà dell'attore doppiatore prendere visione del piano di lavorazione.

Minimi di compenso
La misura dei compensi previsti per le diverse tipologie di prestazioni è incrementata rispetto ai valori previsti dal precedente a.e.c. del 15 aprile 1992 delle seguenti percentuali e con i seguenti scaglionamenti temporali:
dal 1° gennaio 1999   15,4%
dal 1° dicembre 1999   19,2%
dal 1° dicembre 2000   24,1%
In particolare, e in applicazione di quanto sopra, per i minimi di compenso spettanti per le prestazioni disciplinate dal presente accordo, sia per il gettone di presenza, sia per la parte del compenso relativa alle righe recitate, sia per i rulli/dialogo, le parti fanno riferimento a quanto contenuto nella seguente tabella:
Attori doppiatori: Compenso per turno, Compenso per riga
Direttori Doppiaggio: Compenso per turno
Assistenti Doppiaggio: Compenso per turno
Dialoghisti: Compenso a rullo

Norme particolari per gli attori doppiatori
Per ogni turno di doppiaggio sarà corrisposto al doppiatore un compenso lordo di presenza secondo quanto stabilito. Oltre al compenso di presenza, sarà corrisposto al doppiatore, per ogni turno di doppiaggio, un compenso aggiuntivo per riga variabile al variare della tipologia di filmato.

Norme particolari per i direttori di doppiaggio
Il committente ha libertà di affidare la direzione della post-sincronizzazione al regista del film o del telefilm di produzione nazionale; negli altri casi ha libertà di scelta del direttore di doppiaggio.

Al direttore del doppiaggio spetta un compenso pari a quanto previsto nella tabella che segue.
Al direttore di doppiaggio è affidata la direzione e la responsabilità artistica e tecnica dell'opera da doppiare e quindi la scelta, la regia e il coordinamento degli attori doppiatori che dovranno interpretare l'opera stessa durante i turni. La sua presenza è obbligatoria in tutte le fasi di realizzazione artistica e tecnica.
Al direttore del doppiaggio spetta un turno di preparazione, equivalente a un turno di direzione del doppiaggio, per la visione e la distribuzione delle parti per ogni opera cinematografica o assimilata fino a dieci rulli, con cui si intende una durata convenzionale di dieci minuti.
Qualora sia richiesta al controllo e/o al mix la presenza del direttore che verrà assunto per i turni durante i quali egli presterà la propria opera come attore doppiatore sarà inoltre riconosciuto l'equivalente di un turno di doppiaggio per ogni turno.

Norme particolari per gli assistenti al doppiaggio

L'assistente è il responsabile di tutta la preparazione tecnica che precede il doppiaggio e del sincrono in sala. La sua presenza è comunque obbligatoria in tutte le fasi di preparazione e durante i turni di doppiaggio.
All'assistente al doppiaggio compete la preparazione di qualsiasi genere di filmato:
visione;
suddivisione anelli;
codifica o segnatura pellicola;
compilazione fogli codifiche per lo stabilimento;
conteggio righe;
piano di lavorazione;
segnatura copioni.
All'assistente al doppiaggio spetta un compenso pari a quanto previsto nella tabella che segue.
Agli assistenti al doppiaggio spettano i seguenti turni per la preparazione:
Un turno per la visione, anche se effettuata durante la preparazione, per ogni film di lungometraggio o fino a dieci rulli televisivi;
Due turni ogni cinque rulli o frazione per le restanti fasi della preparazione (per rullo si intende una durata convenzionale di dieci minuti).
Qualora fosse richiesto all'assistente al doppiaggio il controllo della colonna internazionale sarà riconosciuto un turno aggiuntivo.
Qualora fosse richiesta la presenza dell'assistente al doppiaggio alla visione di controllo e/o al pre-mix dialoghi e/o al mix dialoghi sarà inoltre riconosciuto l'equivalente di un turno di doppiaggio per ogni turno.
In caso di esigenze particolari l'assistente al doppiaggio può essere utilizzato in qualità di attore doppiatore sempre che si provveda all'assunzione di altro assistente per i turni i quali presterà la propria opera come attore-doppiatore.
Per le lavorazioni in cui la scelta della pista magnetica sia controllata dall'assistente sarà corrisposta all'assistente medesimo una maggiorazione pari al 10 per cento del compenso.

Oltre che per le lavorazioni di filmati stranieri, per i filmati di produzione nazionale, anche se il doppiaggio è diretto dal regista, la presenza dell'assistente al doppiaggio è obbligatoria.

Per i filmati di produzione italiana, nel caso di doppiaggio diretto dal regista, all'assistente al doppiaggio sarà corrisposto il compenso per il turno maggiorato del 30 per cento.

Norme particolari per gli adattatori dei dialoghi

La qualifica di adattatore dei dialoghi designa l'autore che dopo un'analisi del filmato e del testo originale traspone, elabora in lingua italiana e adatta in sincronismo ritmico e labiale i dialoghi delle opere cinematografiche e assimilate destinate al doppiaggio, al fine di rendere nella lingua di destinazione lo spirito dell'opera.

Il committente ha libertà di scelta sull'affidamento della lavorazione all'adattatore dei dialoghi, ovvero può esprimere parere vincolante sul nominativo proposto dall'impresa di doppiaggio. L'adattatore dei dialoghi fornirà al committente o all'impresa di doppiaggio due copie della lista dialoghi dattiloscritta secondo i criteri previsti da questo accordo e lo stesso documento in formato ASCII (American Standard Code for Information Interchange), o cinque copie dattiloscritte. Per i prodotti seriali televisivi e home-video, l'adattamento sarà accompagnato da una breve sinossi e da tre proposte titolo.

All'adattatore dei dialoghi italiani compete un compenso lordo minimo a rullo.

Nel caso di opere multimediali, ove non fosse possibile l'individuazione di un'unità temporale dell'opera, l'unità del rullo va calcolata ogni otto cartelle, prodotte nei modi previsti dal presente accordo.

Le frazioni di rullo non sono cumulabili e sono arrotondate al mezzo rullo successivo. L'eventuale traduzione letterale e il suo costo sono di competenza del dialoghista; l'eventuale fornitura di una traduzione da parte del committente o dell'azienda non modifica i compensi dell'adattatore dei dialoghi. Agli adattatori dei dialoghi verrà inoltre riconosciuta un'integrazione del 40% del compenso pattuito nel caso in cui manchi il testo originale. Nell'ipotesi di rilevamento parziale l'integrazione sarà dovuta nella misura del 20%, con una franchigia di 20 righe per le opere uniche di cui al punto a), e di 10 righe per i prodotti seriali di cui ai punti b) e c).

Per la determinazione del numero dei versamenti dei contributi di legge Enpals relativo ai dialoghisti è fissato il parametro minimo di un versamento giornaliero per ogni rullo. Fermo restando il computo delle giornate lavorative come sopra descritto, nella fissazione del termine minimo di consegna nei contratti individuali dovrà essere considerata una giornata di preparazione ogni cinque rulli.

DICHIARAZIONE A VERBALE

A precisazione e integrazione degli ultimi due commi afferenti il computo delle giornate lavorative e la determinazione della data di consegna del copione adattato, relativi alle norme particolari per gli adattatori-dialoghisti, le OO.SS. e l'associazione di categoria (AIDAC) sottolineano l'esigenza di fissare nei contratti individuali, per la tutela della qualità dell'opera e a salvaguardia di tutto il processo produttivo, il parametro minimo di un rullo al giorno più un giorno di preparazione ogni 5 rulli.

Maggiorazioni

Fermo restando che il lavoro viene di norma svolto nei tre turni giornalieri, in casi eccezionali e dietro richiesta dell'impresa, per direttori, attori e assistenti al doppiaggio, il lavoro collocato in orari diversi e ulteriori dai normali turni giornalieri dà diritto a una percentuale di maggiorazione rispetto alle tariffe indicate, nella misura del 30%; tale percentuale è elevata al 50% qualora il turno si svolga nella giornata di sabato, e al 100% qualora le lavorazioni si svolgano nelle giornate festive.

Per gli adattatori dei dialoghi, qualora venga richiesta la consegna del copione in tempi inferiori a quelli indicati nel contratto individuale è prevista una maggiorazione minima pari al costo di un rullo di fascia a) per ogni giornata di anticipo.

Post-sincronizzazione di filmati girati in presa diretta

Per la post-sincronizzazione degli attori partecipanti ai filmati girati in presa diretta, è consentito ai direttori di doppiaggio e agli assistenti di prestare la propria opera anche nelle giornate del sabato. In tal caso i compensi previsti dal presente accordo saranno maggiorati del 50%.

Provini

Agli attori-doppiatori chiamati a effettuare un provino sarà assicurato il solo compenso lordo di presenza. Detto compenso non sarà corrisposto a coloro, tra gli attori-doppiatori, che saranno scelti per le parti per cui hanno effettuato il provino. Il direttore e l'assistente al doppiaggio saranno compensati con l'equivalente di un turno di doppiaggio per ogni turno di provini effettuato.

Colonne separate

Le colonne separate possono essere effettuate sole se richieste dal committente e saranno corrisposti all'attore-doppiatore, oltre al compenso per le righe recitate, tutti i turni previsti dal piano di lavorazione originale.

Doppioni

L'attore doppiatore sarà tenuto a effettuare, se richiesto, un doppione per un massimo complessivo di 12 righe nell'arco del suo turno, purché il suo ruolo non superi le 12 righe.

Per tale prestazione gli sarà corrisposto il compenso lordo relativo alle righe del doppione in aggiunta al compenso previsto dalla normale prestazione.

Brusio

Per brusio si intende il doppiaggio di battute generiche di sottofondo non in sincrono.

Agli attori-doppiatori chiamati esclusivamente per effettuare un turno di brusio sarà riconosciuto il solo compenso lordo di presenza. Le colonne di brusio registrate non possono essere utilizzate al di fuori della lavorazione alle quali si riferiscono.

Rifacimenti

Oltre che al direttore di doppiaggio e all'assistente, agli attori-doppiatori chiamati per effettuare rifacimenti saranno corrisposti i turni di presenza.

Minori

L'utilizzo dei minori è tutelato dalle norme di legge.

Per ciò che concerne il doppiaggio di personaggi affidati a minori, le imprese si impegnano altresì a una distribuzione delle parti e dei turni compatibile e coordinata con le esigenze scolastiche dei soggetti interessati. È fatto divieto di utilizzare i minori

in turni diversi da quelli previsti nella voce relativa del presente accordo nella giornata di sabato e nelle giornate festive.
Resta inteso che per ogni minore sarà realizzato un tetto massimo di righe così articolato:
50 righe a turno per i filmati di fascia I: film, miniserie, sceneggiati, originali TV, filmati di repertorio, TV movies
70 righe a turno per i filmati di fascia II: telefilm, sitcom
80 righe a turno per i filmati di fascia III: cartoni animati, soap opera, telenovelas

Ambiente e sicurezza del lavoro
Per la materia dell'ambiente e della sicurezza del lavoro, fermo restando quanto disposto dalle norme di legge, e in particolare dal D.Lsvo 626/94, si rinvia alle intese tra organizzazioni sindacali dei lavoratori, associazioni di categoria, associazioni delle imprese e Committenza in allegato al presente accordo, afferente alla certificazione UNI-UNITER delle imprese e degli stabilimenti di doppiaggio.

Titoli di coda
I nomi degli attori che doppiano nella produzione straniera i protagonisti dei filmati, del direttore di doppiaggio, dell'assistente al doppiaggio, degli adattatori dei dialoghi, saranno inseriti in testa ai titoli di coda.

Decorrenza e durata
Il presente accordo avrà decorrenza dal 1° gennaio 1999 e avrà la durata di due anni per ciò che concerne la sfera economica dei compensi, con scadenza quindi al 31 dicembre 2000, e di quattro anni per ciò che concerne la disciplina dei rapporti, con scadenza quindi al 31 dicembre 2002.
Resta convenuto esplicitamente che per i doppiaggi già iniziati o avviati o per i quali erano stati stipulati contratti precedentemente al 14 gennaio 1999 continuerà a rimanere in vigore la disciplina precedente fino alla data del 31 marzo 1999. Dopo tale termine anche agli stessi contratti eventualmente ancora in essere si applicherà dal 1° aprile 1999 la nuova disciplina. Le parti concordano che quanto convenuto al precedente comma varrà comunque soltanto per i titoli comunicati alle stesse entro il 28 febbraio 1999.

Il doppiaggio è divenuto indispensabile, vedremo dove e perché, non solo al cinema, ma alla televisione e per quelli che potremmo definire sommariamente gli audiovisivi. Strettissimo il suo rapporto con la lingua. Si parla infatti di una lingua di partenza, quella da cui si traduce, e di una lingua d'arrivo, quella in cui si traduce. In questo terzo millennio, in cui le telecomunicazioni sono un settore trainante, non si può negare che il doppiaggio, nei paesi che lo hanno adottato come scelta di trasposizione per la cinematografia, la televisione, la pubblicità, frequentemente i videogiochi, sia relazionato ad ampie fette di questa sezione del mercato. Il doppiaggio ne è un veicolo primario. Credo quindi che sia importante dedicare a questo strumento – che trova netta collocazione nella "traduzione multimediale" – maggiore attenzione. Esso riguarda i prodotti che apportano al fruitore informazioni assemblate, per la decodificazione delle quali è necessario usare almeno i due canali di percezione: uditivo e visivo. Rientra nella traduzione interlinguistica, poiché la transcodificazione interlinguistica riguarda il passaggio da un sistema di segni/lingua a un altro sistema di segni/lingua. Questo riferendoci a uno dei tre tipi di traduzione distinti da Roman Jakobson. Il secondo è la traduzione endolinguistica, quando la transcodificazione avviene all'interno dello stesso sistema di segni/lingua, come nel caso della parafrasi. Il terzo, la traduzione intersemiotica, è quando si transita da un sistema semiotico a un altro, come nel caso della trasposizione di un'opera letteraria in opera cinematografica.

Il testo multimediale deve essere trasposto, in ogni caso, tenendo presente la sua interezza, qualsiasi sia la soluzione traduttiva utilizzata e soprattutto ricercare l'*intentio operis* dell'autore. L'atto traduttivo deve dialogare e fare i conti con il background knowledge, ossia quell'enciclopedia, quel patrimonio culturale e linguistico dello spettatore: nel caso della traduzione interlinguistica è sicuramente differente da quello dell'autore. Tale bagaglio di conoscenza e sapere inglobato nella sfera conoscitiva dell'individuo include le regole formali innate che governano la sua lingua, ovvero la competenza comunicativa. La traduzione multimediale persegue lo scopo di universalizzare i testi, semplificandoli e naturalizzandoli, per renderli fruibili dall'utente di arrivo. Una conseguenza è il sottoporli a un processo di standardizzazione e appiattimento del linguaggio.

Implicazioni linguistiche ed economiche inducono una nazione a optare per lo strumento di trasposizione che ritengono consono alle loro esigenze.

Gli americani, tranne in rari casi, non usano il doppiaggio essendo poco rilevante la percentuale di prodotti cinetelevisivi che importano e che quindi sono sottotitolati. Prioritario è lo sforzo verso l'esportazione globale delle loro produzioni e la conseguente implicita americanizzazione che rende il mondo un mercato su cui piazzare i modelli culturali americani, modelli che potremmo definire consumistici piuttosto che culturali. Se prendiamo per esempio la produzione italiana, ma anche quella francese esportata negli USA, consiste soprattutto in commedie che descrivono realtà locali, mediterranee, quasi basate su una sorta, per gli americani, di esotismo europeo. E le commedie sono il genere maggiormente difficoltoso da adattare, proprio perché il divertimento attinge profondamente a quelle radici culturali, nel caso italiano spesso dialettali, difficilmente riproducibili, in termini di traduzione, con le stesse valenze.

I paesi del Nord Europa (Olanda, Scandinavia) adottano il sottotitolo principalmente perché vantano ampie e articolate frequentazioni con la lingua inglese e una domanda interna contratta che non potrebbe reggere i costi del doppiato cinetelevisivo. Per questioni di costi inferiori a quelli dei sottotitoli i paesi dell'Est, invece, importano audiovisivi che sono proposti in voice over, ossia un'unica persona fuori campo traduce gli interi dialoghi anche quando le voci si sovrappongono.

In Francia, Germania, Spagna e in Italia, con percorsi e tecniche differenti, attente valutazioni economiche hanno condotto alla scelta del doppiaggio come strumento di trasposizione, non senza la sperimentazione di altri tentativi. La via per l'affermazione del doppiaggio in Italia ci conduce a intersecazioni con veri e propri pezzi di storia del costume.

In televisione conta soprattutto l'audience. Gli spettatori costituiscono il mercato su cui piazzare la merce di cui un programma televisivo si fa venditore mediante messaggi promozionali degli sponsor, spazi pubblicitari o addirittura come per *Centrovetrine*, la soap opera di Canale 5, vere e proprie mini-fiction a puntate costruite per proporre determinati prodotti.

Il nesso è evidente, per rispondere almeno in parte a una delle principali accuse che si muovono al doppiaggio, ossia di europeizzare i contenuti e di adattare realtà differenti alla nostra. Sono i committenti, quindi Rai e Mediaset a richiedere che ciò avvenga. È la condizione principale per porre lo spettatore dinanzi ad un prodotto, che anche solo perché americano è costato molto alla rete italiana, questo senza scordare che da noi giungono principalmente prodotti al top delle classifiche televisive USA. Tale prodotto deve essere di facile fruizione, garantire l'audience e quindi il ritorno in termini di entrate versate dagli sponsor, anche alla condizione di semplificare il linguaggio. Nulla di nuovo sotto il sole. Non dimentichiamo che le caratteristiche merceologiche degli stessi prodotti sono quasi sempre adattate ai vari mercati. La Nutella, per esempio, assume caratteristiche diverse in relazione ai paesi dove è proposta: in Germania è più dolce. La Coca-Cola e poche altre goods appartengono all'esiguo numero di prodotti che si vendono tali e quali in tutto il mondo. I format, ovvero gli stessi formati televisivi, sono venduti e adattati ai gusti del pubblico del paese acquirente.

Lo stesso scopo induce i committenti Rai e Mediaset, ancor oggi, a edulcorare i dialoghi epurandoli da parolacce, o comunque attenuandone il tono, e da espliciti riferimenti sessuali. Operazione ardua soprattutto nel caso delle sitcom che trovano fertile terreno in una comicità piuttosto grassoccia.

Per esempio un prodotto come *Ally McBeal* (che, per altro, ho approfondito con *Friends* nell'ambito della serialità, per scrivere la tesi di laurea dedicata al doppiaggio e alla trasposizione multimediale), molto più che una sitcom, ambientato in uno studio legale di Boston, trasmesso con penalizzanti collocazioni di palinsesto sulle reti Mediaset, ha messo a dura prova l'operato dell'adattatrice Flavia Fantozzi: si è confrontata con intere scene in cui riferimenti più o meno espliciti al sesso, alle varie avventure e abitudini sessuali dei protagonisti o dei clienti dello studio costituivano un'ampia parte dei dialoghi.

Meno invadente è l'atteggiamento dei canali satellitari, soprattutto Telepiù che ha, per esempio, messo in onda una serie ambientata in un carcere americano dal titolo *Oz* mantenendo le coloriture del contesto e del relativo parlato, anzi puntandoci molto.

Il doppiaggio televisivo ha retribuzioni inferiori rispetto a quello cinematografico e tempi di lavorazione più brevi; due motivi per diminuire la qualità della trasposizione. Incide soprattutto su quelle produzioni già a basso costo che non hanno dialoghi importanti o curati, dove spesso le incongruenze devono essere risolte proprio dagli adattatori. Ogni adattatore possiede un suo repertorio consolidato per l'adattamento. Nel caso non abbia il tempo attinge da quello e a volte adatta senza sforzarsi di ricercare soluzioni più consone o colpi di genio come farebbe, per esempio, per la trasposizione di un pun, gioco di parole, o di uno sketch comico per un film importante o per una serie con molto pubblico. Alcuni prodotti seriali di grande attesa o molto seguiti sicuramente sono trasposti con maggiore attenzione e cura. *Star Trek* ha accaniti appassionati che riuniti in fan club forniscono loro stessi dei dizionari con la terminologia fantascientifica e peculiare del telefilm cui attenersi. *E.R. - Medici in prima linea* si avvale della consulenza di medici specialisti. Nonostante questo, in una puntata fu usato scorrettamente il termine midollo spinale anziché midollo osseo e l'Associazione Donatori di Midollo Osseo pretese le pubbliche scuse, pronunciate dall'annunciatrice di Rai 2 presentando la puntata successiva. L'episodio trasmesso lunedì 18 novembre 2002, dal titolo *Ricadute*, conteneva una squisitezza che solo la TV americana ci può servire. Oltre l'auto-referenzialità, per cui la televisione si cita, abbiamo assistito a un'incursione in questa serie di un altro cult negli USA: *Squadra Emergenza*. La dottoressa Susan lascia il Chicago Hospital di *ER* per recarsi a cercare la sorella a New York dove sarà aiutata dalle varie squadre e personaggi di *Squadra emergenza*. Le voci, infatti, non erano le stesse del doppiaggio dell'altra serie ma attinte dalla società che doppia *E.R.* Nonostante lo scrupolo adottato per questa prodotto seriale, il budget destinato al doppiaggio non ha permesso la trasmigrazione di voci o, forse, sono scattate questioni di concorrenza.

Il doppiaggio si confronta attualmente con prodotti televisivi in cui si intensifica la densità dei dialoghi per un semplice motivo: gli esterni costano molto, gli effetti speciali ancor più, conviene quindi allungare le interazioni colloquiali.

Il nostro assistere alla televisione è divenuto talmente naturale che forse non notiamo alcuni particolari modalità di utilizzo del doppiaggio. Molte delle trasmissioni di massimo share e audience adottano recentemente il doppiaggio come strumento per creare ironia o a fini comici. *Striscia la notizia* ne è il primo esempio. Si inquadrano personaggi e gli si fanno pronunciare parole differenti da quelle del contesto ripreso. Riprende lo stesso meccanismo Gene Gnocchi proponendoci commenti su stupidaggini di interesse italiano da personaggi dello star system americano in *Quelli che il calcio*, nell'edizione 2002 del Dopofestival, nella sua trasmissione *La grande notte del lunedì sera*.

Il doppiaggio cinematografico può contare su budget maggiori e ha quindi la possibilità di dedicare tempo e attenzioni alla trasposizione linguistica. I film, inoltre, sono soggetti a visioni attente dalle quali possono scaturire critiche, mentre nel flusso televisivo, che per sua natura genera tranquillità, abitudine, il lavoro del doppiatore sembra quasi scomparire. Le produzioni cinematografiche importanti incaricano sempre dei supervisor ostinati e rigidi a controllare le edizioni di postproduzione. Ecco perché per film come *A Beautiful Mind,* con la direzione di Fiamma Izzo, la Pumais si è avvalsa di un consulente matematico; o come per *Il Signore degli Anelli* il direttore Francesco Vairano ha usato dizionari forniti dall'associazione talkeniana per l'adattamento dei nomi di hobbit, elfi e terre fantastiche.

Lo standard di qualità del doppiaggio cinematografico è quindi spesso superiore a quello televisivo.

Per non parlare delle parole in musica e quindi delle colonne sonore che in alcune telenovelas sono completamente sostituite. Nel già citato *Ally McBeal*, in cui la colonna sonora è molto importante e spesso contestuale, la conclusione di ogni episodio si svolge in un music bar dove Ally – la protagonista della serie – e i suoi colleghi avvocati si esibiscono salendo sul palcoscenico. Bene, tali canzoni, importanti per la perfetta percezione del prodotto televisivo, di grande qualità qual è, non sono neppure sottotitolate privando così lo spettatore di una porzione assolutamente non marginale di ciò che gli autori volevano raccontare. E tutto, presumibilmente, per risparmiare.

Anche nella storia del cinema ci sono esempi di film clamorosamente penalizzati dalla manipolazione delle parole in musica. Ai nostri giorni il rispetto delle colonne sonore è strettamente collegato alle esigenze del mercato musicale. Nel mercato contemporaneo le stesse esigenze di popolarità, o meglio di commerciabilità, inducono, al contrario, a mantenere le colonne sonore originali per promuoverle come successi discografici. In *Moulin Rouge* il direttore di doppiaggio Roberto Chevalier ha optato per i sottotitoli delle canzoni da lui stesso rimati in italiano, mantenendo ovviamente la lingua originale, permettendoci di comprendere il significato pure se nella frenesia del ritmo è impossibile seguirli interamente. Walt Disney, per una precisa scelta strategica e promozionale, è sempre stata un'eccezione: i destinatari sono i bambini e le canzoni cantate con i testi italiani ne facilitano la comprensione e la diffusione. La Disney impone quindi la trasposizione nelle altre lingue, quando non vi sono brani da hit parade di artisti famosi come Phil Collins per *Tarzan* o Elton John per *Il re leone*, e un rigidissimo controllo sulla qualità del prodotto nella lingua d'arrivo.

Nel doppiaggio televisivo i cartoni, utilizzando un termine coniato per adattamento dell'americano cartoons, sono doppiati in tempi brevi e prestando purtroppo poca attenzione, a volte con leggerezza, in alcuni casi dimenticando la tipologia del fruitore. Appartengono all'ultima fascia di retribuzione del doppiaggio. Non in tutti, però. *La Melevisione*, la trasmissione del pomeriggio di Rai 3, di produzione Rai, è un contenitore dedicato ai bambini destinata a un target compreso tra i tre e i sette anni. Il programma dedica, invece, non solo attenzione a come sono confezionati i prodotti, acquistando disegni animati esclusivamente europei e soprattutto caratterizzati da differenti tipologie di animazione, ma nel momento in cui affronta il doppiaggio interviene anche sulle modalità e l'intenzione del messaggio testuale. Persegue quindi tre scopi: la facilità di comprensione del bambino, l'apertura e l'evoluzione delle sue capacità espressive, l'apertura all'integrazione e all'introduzione di nuovi stimoli per la crescita e per il potenziamento della fantasia. Con sufficienti risorse economiche sfruttano il doppiaggio per ottenere un prodotto di buona qualità.

Concluderei con un accenno polemico. I crediti del doppiaggio dovrebbero essere ben leggibili per un'attribuzione dei meriti – nei casi di un doppiaggio di qualità – o delle responsabilità – nei casi di un doppiaggio non propriamente di qualità. In alcuni casi sono ancora tagliati, in altri casi scorrono veloci, in altri appaiono in fondo ai titoli di coda. Per fortuna a volte hanno una collocazione rilevante, invece. Nel recente *Otto donne e un mistero,* del regista francese François Ozon, il direttore di doppiaggio Francesco Vairano appariva all'inizio dei titoli di coda, come per la maggioranza dei molti film da lui diretti. Per non parlare di *Gosford Park* di Altman in cui Filippo Ottoni, anche presidente dell'AIDAC (Associazione Italiana Dialoghisti Adattatori Cinetelevisivi) compare nei titoli di testa addirittura dopo il regista.

Cenni storici: Mario Quargnolo, *La parola ripudiata*, La Cineteca del Friuli, Gemona, 1986

2
La storia e la presentazione integrale del Festival

dal sito di *Voci nell'Ombra*
www.vocinellombra.com

Claudio G. Fava e Bruno Astori, Teatro della Gioventù, Genova, 2010

Le *Voci nell'Ombra* sono i doppiatori, le controfigure sonore del cinema, della televisione e non solo.

Gli *stuntmen* prestano il loro corpo agli attori famosi; i doppiatori le voci: voci squillanti, roche, corpose, calde, materne, sensuali, in alcuni casi imperfette, ma che aderiscono impeccabilmente ai personaggi sullo schermo.

Evocative erano le voci del passato, colme di speranza sono quelle di questi artisti dell'epoca del colore e del business, che combattono con l'esigenza dei risparmi economici e di tempo, con l'imperante legge dell'audience. Riescono, comunque, a mantenere le loro qualità di attori, conquistate in anni di teatro e di turni chiusi nel buio delle sale di registrazione. Sostanzialmente felici di essere premiati per una fatica lavorativa impregnata di arte, sicuramente di altissimo artigianato che spesso sconfina nella creazione artistica.

Perché il premio al doppiaggio si chiama "anello"? L'anello era la "unità di misura" del doppiaggio negli anni passati. Fino agli anni Ottanta per definire i turni di lavoro del doppiaggio si usava, infatti, questo termine. Si trattava proprio di un anello di pellicola, incollato e fatto passare e ripassare all'infinito sulla moviola. La durata poteva variare tra i 25 e i 50 secondi, cioè il tempo di una battuta o più battute che dovevano essere doppiate dagli attori. Si misurava così un turno di doppiaggio in base a quanti anelli erano doppiati. Attualmente, con la digitalizzazione delle immagini gli anelli fisicamente non esistono più, ma quasi tutti i doppiatori usano ancora questo termine per indicare lo spezzone che deve essere trasposto. Oggi è sostituito dal *timecode* (minutaggio).

Il Festival Nazionale del Doppiaggio *Voci nell'Ombra*, sotto la direzione artistica di Claudio G. Fava, la direzione organizzativa di Bruno Paolo Astori, con l'ufficio stampa e le relazioni esterne di Tiziana Voarino, è l'unico a essere stato così continuativo e longevo. Si è svolto con questo organigramma fino al 2011. Nacque da un'idea di Bruno Paolo Astori quando, dopo due anni di Premio Renato Castellani, il regista nato a Varigotti, si esaurì il materiale dei suoi film e sceneggiati. Con il sostegno dell'amministrazione Cervone, per dieci anni il Festival si tenne a Finale Ligure (SV), nei Chiostri di Santa Caterina in Finalborgo.

Per celebrare nel 2006 il decennale di *Voci nell'Ombra*, l'evento è stato lanciato con una conferenza stampa al Museo del Cinema di Roma, mentre le conferenze stampa del 2003, del 2004 e del 2005 sono state presentate alla Mostra del Cinema di Venezia.

Nel 2007 il Festival si trasferì al Teatro Ariston di Sanremo, grazie all'interessamento di Walter Vacchino; l'anno successivo al Teatro del Casinò sempre a Sanremo, nel 2009 al Teatro Cavour di Imperia. La quattordicesima edizione, nel 2010, ebbe come location il Teatro della Gioventù di Genova. Nel 2011 avrebbe dovuto svolgersi sempre a Genova, a Casa Paganini, ma la terribile alluvione del 5 novembre, giorno della premiazione, rese impossibile portare a termine la consegna dei Premi.

Il Festival Nazionale del Doppiaggio è un punto d'incontro, di scambio, di discussione, di apertura verso nuovi sentieri che potrebbero trasformarsi in ampie vie, sempre con l'obiettivo di far emergere queste figure sommerse rispetto ad altri aspetti di maggiore appeal del mondo dello spettacolo. Si pone l'obiettivo di valorizzare il settore doppiaggio.

Gli Anelli d'Oro, assegnati per mettere in evidenza la grande qualità del doppiaggio italiano, sono attribuiti alle varie categorie: miglior doppiaggio generale, miglior voce femminile e maschile, miglior voce caratterista sia per il cinema che per la televisione. La giuria seleziona ogni anno i migliori prodotti ed elegge i vincitori. Grande attenzione è sempre stata posta anche all'adattamento e alla trasposizione multimediale.

Dopo l'Omaggio del 2014, per celebrare la scomparsa di Astori e Fava, nel 2015 la manifestazione è stata rilanciata da Tiziana Voarino, unica rimasta dell'associazione che da sempre produsse il Festival. Rinato sotto la matrice della nuova associazione culturale Risorse - Progetti & Valorizzazione nata nel 2015, si è ampliato lo spettro dei premi e dei riconoscimenti di eccellenza per tutti gli audiovisi e anche per i prodotti di audio narrazioni e per la radio.

Ora la giuria per il cinema e la televisione è composta da: Steve della Casa (presidente), Baba Richerme, Renato Venturelli, Enrico Lancia (presidente onorario), Fabio Melelli, Massimo Giraldi, Alessandro Boschi, Francesco Gallo, Antonio Genna, Tiziana Voarino.

Dal 2015 Il Festival premia tutte le categorie degli audiovisivi e le voci radiofoniche: i giurati di queste sezioni sono Bruno Gambarotta, Delia Chiaro, Chiara Bucaria, Luca Barra, Emanuela E. Abbadessa, Fabrizia Parini, Anna Giaufret, Micaela Rossi, Maurizio Di Maggio, Tony Sansone (in veste di produttore musicale), Arturo Villone, Stefano Ferrara, Pippo Lo Russo, Raffaella Perancin, Lorenzo Doretti, Geoffrey Davis, Dody Nicolussi e Simone Galdi.

In passato ne sono stati membri: Maurizio Porro, Alessandra Comazzi, Roberto Nepoti, Callisto Cosulich, Giovanni Petronaci e Morando Morandini.

Il Festival ha consegnato altri importanti riconoscimenti come la Targa Gualtiero De Angelis, intitolata a uno dei più grandi doppiatori italiani del passato e quindi targa alla carriera, il Premio Renato Castellani, al Ligure che si è contraddistinto nel mondo del cinema e dello spettacolo e la Targa Riccardo Cucciolla, "l'arte della voce, la voce come arte", dedicata al grande attore recentemente scomparso, che premia le voci del cinema e della televisione

Tra gli ospiti e i premiati annovera: Giancarlo Giannini, Omero Antonutti, Paila Pavese, Oreste Lionello, Elio Pandolfi, Adalberto Maria Merli, Arnoldo Foà, il regista russo Nikita Michalkov, il doppiatore russo di Alberto Sordi Artëm Karapetjan, Ferruccio Amendola, Licia Maglietta, Rita Savagnone, Luca Ward, Massimo Lopez, Pino Colizzi, Michele Kalamera, il regista Silvio Soldini, Cristina Boraschi, Sergio Graziani, Dario Penne, Francesco Pannofino, Tullio Solenghi, Cesare Barbetti, Peppino Rinaldi, Riccardo Cucciolla, Nando Gazzolo, Maurizio Crozza, Claudio Bisio, Roberto Chevalier, Cesare Ferrario, Claudio Capone, Silvano Piccardi, Veronica Pivetti, Luca e Paolo, Maurizio Lastrico, Antonio Ricci, Piero Chiambretti, Remo Girone, gli attori inglesi protagonisti de

L'ispettore Barnaby John Nettles e Jane Wymark, il doppiatore russo di Jon Snow de *Il Trono di Spade* Diomid Vinogradov e innumerevoli professionisti del doppiaggio e della voce.

Tra i presentatori della Serata d'Onore, oltre a Claudio G. Fava che ha brillantemente condotto la consegna degli Anelli d'Oro durante alcune edizioni, Lella Costa, Ottavia Piccolo, Carla Signoris, Gianni Ferreri e Daniela Morozzi, Francesca Senette, Michele Gammino, Debora Villa, Max Novaresi e Serena Garitta, Giorgia Wurth. Gli attuali presentatori sono Maurizio Di Maggio, la nota voce di Radio Monte Carlo, e la giornalista di Studio Aperto Patrizia Caregnato.

Dal 2015 la Targa alla Carriera è diventata la Targa Claudio G. Fava, mentre la Targa Astori è il premio alla giovane voce talentuosa al leggio. Fino al 2018 è stata scelta con voto popolare, dal 2019 in combinazione con quello di una commissione di qualità. Molti sono gli altri premi consegnati.

Tra i Patrocini Universitari: Università di Genova, Università di Milano Bicocca, Conservatorio di Milano, Civica Scuola per Interpreti e Traduttori Altiero Spinelli, Università degli Studi di Napoli, Alma Mater Studiorum di Bologna - DIT, State University Aerospace Instrumentation St. Petersburg State University, ITIRI – Università di Strasburgo e Université de Nice Sophia Antipolis.

3

Presentazione integrale del ventennale

dal sito di *Voci nell'Ombra*

«Non dovremmo essere qui. Non dovremmo esserci più». Dedizione, spirito di sacrificio e volontà si sono sommati nella prospettiva di un'unica visione possibile: esserci, invece, con un festival cresciuto, ampliato, organico, con un sito riorganizzato e un logo vestito di nuova grafica, in una grintosa vena di ventennale. Un Festival che sarebbe dovuto scomparire con i suoi ideatori. Un'operazione di rilancio oculata, invece, basata su investimenti personali, ampia inventiva e risoluzione, si è trasformata nella bacchetta magica più straordinaria.

Siamo qui a celebrare il Ventennale, con un lancio alla Mostra del Cinema di Venezia, in collaborazione con le Giornate degli Autori e SIAE. Venti edizioni di un Festival davvero unico, capace di segnare la storia del cinema, spartiacque che ha portato le luci della ribalta nel buio delle sale di doppiaggio e ha contribuito a far scoprire chi sono le "voci nell'ombra" delle star di Hollywood, le controfigure sonore italiane. Prima di *Voci nell'Ombra* solo i Nastri d'Argento riconoscevano i meriti dei doppiatori, seppur non fossero tra le principali categorie. E *Voci nell'Ombra* divenne il premio dei doppiatori, con una giuria di critici, giornalisti ed esperti, all'insegna dello spessore, dello studio, dell'approfondimento culturale, delle testimonianze, della volontà di valorizzare le eccellenze di un'arte italiana tutta da preservare, del premiare quella componente attoriale che solo alcune voci hanno saputo esprimere e trasferire nel nostro bagaglio audiovisivo assorbito fin da piccoli, bagaglio che ci ha accompagnati nel nostro divenire adulti.

Ho visto nascere il Festival, ed è stata una genesi così poetica, cinematografica e irripetibile sulla rena di Varigotti: il *Premio Renato Castellani* dedicato all'omonimo regista ligure. Quell'evento incise nella mia memoria immagini in bianco e nero, tra il rumore delle onde, nel riquadro del borgo saraceno, sotto una pioggerellina pregna d'immaginario filmico. Ed è lì che mi sentii legittimata, per chi non lo sapesse, a proseguire e proteggere le sorti del Festival dopo quindici anni di lavoro indefesso; io che, oltre a Bruno Astori, sempre per chi non ne fosse al corrente, ero l'unica presente nello Statuto dell'associazione che produsse la manifestazione da sempre, l'ho tutelato da possibili prevaricatori che lo avrebbero snaturato o peggio cannibalizzato. È così. Chi ha davvero lavorato nel Festival, chi ha davvero prodotto vantaggio per il Festival, pensando solo ad esso, è rimasto a costruirne altri percorsi. Un obbligo morale, che solo ora riesco a vedere quasi risolto.

Nella prima versione del Festival Claudio G. Fava rappresentò l'autorevolezza, l'eleganza, la saggezza, l'ironia, l'esperienza, la cultura; Bruno Astori fu la mente, il motore, il propulsore, l'inventore e il creativo; il restante ruolo, il mio, gli cucì tutto attorno il tessuto dell'affidabilità, delle fila sempre recuperate, del successo degli speciali usciti sulle principali testate giornalistiche italiane TV, radio e stampa, sulle pubblicazioni internazionali, in tempi in cui non si conoscevano i volti dei doppiatori, tantomeno di quelli italiani. Molti premi dedicati a questo settore, dopo anni di lavoro portato avanti da *Voci nell'Ombra*, hanno iniziato a spuntare a destra e a manca, ciascuno con la propria connotazione e ascendenza; e ancora corsi, accademie, scuole, altro. Ma è *Voci nell'Ombra* ad aver gettato quel seme, e in qualsiasi direzione abbia germogliato si è avuto un avanzamento, un progresso.

Ora il Festival Internazionale del Doppiaggio procede spedito, sempre per la sua strada, nell'ottica dell'obiettività, dell'approfondimento, della valorizzazione dei grandi professionisti del doppiaggio, della trasposizione multimediale, dell'adattamento, in primis nel contesto cinetelevisivo, e nel panorama audiovisivo a tutto tondo, fino al mondo radiofonico e dell'innovazione tecnologica, ma anche nel rispetto dei tanti appassionati dell'"arte della voce".

Nella veste del ventennale arriviamo con un enorme sforzo, probabilmente non all'altezza di un grande Maestro e di un brillante creativo, ma con doti manageriali, sensibilità, attenzione per l'evoluzione, il progresso e la cultura, andando incontro alle esigenze di un settore in difficoltà per cui qualcosa è possibile fare, in un mondo alle soglie del 2020 in cui il cambiamento incede rapidissimo e senza tregua. Il valore aggiunto arriva dalla caratura dei giurati, dei presidenti di giuria e dei presentatori degli eventi, dai consulenti, da chi è vicino al Festival, dalla squadra organizzativa, dalla stima e dal supporto che dimostrano i preziosi sostenitori, da una rete che conta oltre un centinaio di collaborazioni, da chi tiene a questo Festival come un Patrimonio da non dissipare, con un ricchissimo *palmarès* di oltre 260 premi e riconoscimenti assegnati fino a oggi. Oggi con il Ventennale celebriamo non più le *voci nell'ombra*, ma le *stelle del doppiaggio italiano*, ben distinguibili nella grafica del festival; il nome del festival resta questo perché ci ricorda la storia, le origini e il perché nacque. Venti edizioni di un festival che ha dato attenzione ai professionisti del processo di trasposizione multimediale, li ha fatti esprimere e ascoltare. Ascoltare come *audire*, ma anche come soddisfare, esaudire. Quell'ascolto di cui tutti abbiamo bisogno, il cui strumento sovrano è la voce. E che permette a tutti, supportata da parole, storie e opere di scrittura, di "vedere anche a occhi chiusi".

Per me il Festival continua a essere il più assiduo compagno di pensieri e ragionamenti; il primo del mattino e l'ultimo della sera.

„

Mi commuove sempre l'onesta perseveranza, ma Tiziana Voarino che ha legato al "suo" Festival anche la sua intelligenza, la sua dedizione, e quel coraggio da leonessa – così raro di questi tempi – per onorare degnamente la memoria dei suoi illustri amici scomparsi, mi colma di grande ammirazione. E dirle "GRAZIE" é veramente poca cosa.

Elena Pongiglione, vedova di Claudio G.Fava

4

Il sito del Festival

Tutto da ascoltare sulla homepage: il podcast con il percorso sonoro accessibile ai disabili della vista

Inizia così. Su uno sfondo buio, come il buio delle sale di doppiaggio.

Un logo d'oro: un profilo umano stilizzato di fronte a un microfono. Lo sovrasta e lo circonda un'onda di pellicola cinematografica che, come una bobina, crea un possibile zero. Davanti, quest'anno, è posto un due. Quest'anno, infatti, il Festival compie vent'anni. I doppiatori sono le controfigure sonore del cinema, della televisione e non solo. Con questo festival, con il sito e una storia lunga già venti anni, hanno il loro palcoscenico da veri protagonisti.

Non è dimenticata l'attenzione alla parola, alla lingua e al linguaggio, alla trasposizione da una cultura ad un'altra.

Un percorso, quello del Festival, documentato con cura. Si parte dalla storia dei venti anni con un accurato palmares di circa 260 premi, i nomi dei principali ospiti e presentatori degli appuntamenti negli anni. Poi gli approfondimenti sui due ideatori del festival, il promotore o organizzatore Bruno Astori e il critico cinematografico e storico direttore Claudio G. Fava. E la giuria che si è evoluta come i settori di riferimento che vanno dal cinema e televisione, all'adattamento, fino alla radio, alle audio narrazioni e podcast. Una giuria imparziale e oggettiva, costituita da critici ed esperti dei settori di riferimento. Una votazione del pubblico per scegliere la giovane voce, il giovane interprete di talento del doppiaggio italiano, una votazione riequilibrata dalla valutazione fatta dalla commissione di qualità, composta da autorevoli direttori di doppiaggio.

I protagonisti, i professionisti della voce, sempre in primo piano nelle gallery, nei video e nelle rassegne stampa.

Una fondamentale sezione destinata ai sostenitori e alla fitta e numerosa rete di collaborazioni a vario titolo, dal Ministero per i beni e le attività culturali, alle varie università italiane e straniere che collaborano con la manifestazione, dalle associazioni di categoria a chi lavora a sostegno della riuscita del festival. E ancora l'attenzione alle location e agli artisti che hanno realizzato e creato i Premi, vere opere d'arte.

E ancora un blog dal titolo *Doppiaggio & Doppiaggi* per scrutare meglio le evoluzioni, le possibili contaminazioni di un mondo duttile e sensibile all'incedere tecnologico.

Un percorso costituito da anni di manifestazioni che sono figlie del principale Festival, di iniziative sempre realizzate per creare valore, fino a Risorse Academy da cui si torneranno a muovere i passi della formazione.

E infine lo staff che si prodiga per questa "creatura che è il Festival"; una manifestazione che, invece di scomparire con i suoi ideatori, ha trovato la forza di rinnovarsi e ampliarsi alla luce di nuove vocazioni, verso un approccio sempre più completo e attento.

Dalla presentazione del ventennale del direttore del Festival Tiziana Voarino: Siamo qui a celebrare il Ventennale, con un lancio già avvenuto alla recentemente conclusa 76a Mostra del Cinema di Venezia, nelle Giornate degli Autori. Venti edizioni di un Festival davvero unico, capace di segnare la storia del cinema, spartiacque che ha portato le luci della ribalta nel buio delle sale di doppiaggio e ha contribuito a far scoprire chi sono le "voci nell'ombra" delle star di Hollywood, le controfigure sonore italiane. Prima di *Voci nell'Ombra* solo i Nastri d'Argento riconoscevano i meriti dei doppiatori, seppur non fossero tra le principali categorie. E *Voci nell'Ombra* divenne il premio dei doppiatori, con una giuria di critici, giornalisti ed esperti, all'insegna dello spessore, dello studio, dell'approfondimento culturale, delle testimonianze, della volontà di valorizzare le eccellenze di un'arte italiana tutta da preservare, di premiare quella componente attoriale che solo alcune voci hanno saputo esprimere e trasferire nel nostro bagaglio audiovisivo assorbito fin da piccoli, bagaglio che ci ha accompagnati nel nostro divenire adulti.

E per il ventennale un colore caldo, un giallo ha conquistato lo sfondo alla ricerca di una maggiore attenzione. Due poetici occhi chiusi scardinano il giallo verso altri colori autunnali e avvolgenti, con tinte di arancione, rosso, marrone.

Un video promo che parte dai suoni della natura per condurci, con occhi aperti che si chiudono e ci immergono nel mondo della voce, a celebri scene di film dai paesaggi che ci conquistano attraverso le voci dei loro attori, le voci dei loro doppiatori italiani. Poi solo le voci e infine i volti dei doppiatori, i momenti in cui vengono premiati sul palcoscenico del festival, per poi richiudere gli occhi e immergersi – una volta per tutte – in questa ventesima imminente edizione.

"

Vent'anni di storia

Vent'anni di festival

Vent'anni tutti da ascoltare

Per Vedere Ad Occhi Chiusi

Riferimenti e sitografia

Il Palmarès del Festival Internazionale del Doppiaggio è consultabile sul sito di *Voci nell'Ombra* al link www.vocinellombra.com/palmares.

Grazie all'ultima collaborazione con Diari di Cineclub è stato realizzato il podcast

Controfigure sonore, condotto da Tiziana Voarino su DdCR | Diari di Cineclub

Le Arti nello spazio di un podcast.

Tutte le informazioni su *Anello Verde*, il Festival Internazionale dell'Ambiente e della Sostenibilità Green e Smart Economy, sono disponibili su sito www.anelloverde.it.

Un ringraziamento particolare va ad Antonio Genna, che con il suo portale *Il mondo dei doppiatori* www.antoniogenna.net/doppiaggio

ha creato un vero e proprio archivio sul doppiaggio, un database ricco di materiale di settore, da cui sono tratti i box con i crediti del doppiaggio.

Molte mmagini sono tratte dall'archivio di *Voci nell'Ombra*

Biografia

Dopo aver acquisito una formazione linguistica e varia esperienza aziendale, anche come responsabile della qualità, Tiziana Voarino da molti anni si occupa di uffici stampa e relazioni esterne per importanti festival, stagioni teatrali e produzioni televisive.

Per sei anni ha curato una rubrica per il mensile *Primafila*, che si è trasformato, poi, nel trimestrale *In Scena*: uno dei rari appuntamenti fissi della carta stampata sul doppiaggio. Ha, inoltre, scritto di cinema, di televisione, di doppiaggio e di spettacolo per alcune pubblicazioni, tra cui *Filmdoc* e *Film critica*, per poi passare a *Diari di Cineclub*. È intervenuta come esperta di doppiaggio a convegni e, in questa veste, è stata membro della giuria del *Premio Siciliano di Cinema Salvo Randone*, oltre ad aver sempre fatto parte dell'organizzazione e poi anche della giuria del *Festival Internazionale del Doppiaggio Voci nell'Ombra*.

La sua attività include ruoli organizzativi e di consulenza come la co-direzione artistica del *Teatro della Gioventù* di Genova nella stagione 2004-2005. Da oltre quindici anni segue la comunicazione, in alcune situazioni anche l'organizzazione, di kermesse con artisti comici: *Festival dell'Umorismo* di Bordighera, *Ridere a Rapallo*, *Lanterne Comiche* al Teatro della Gioventù con RaiRAdio2, *Belo Horizonte Cabaret* marchio genovese che ha prodotto *Copernico*, in onda sul canale Comedy Central di Sky.

Negli ultimi anni ha collaborato con Sky Italia. Coinvolgendo numerosi enti, aziende, persone, ha creato l'iniziativa di aiuti umanitari *Operazione Stella*. Nel 2015 ha rilanciato il *Festival Internazionale del Doppiaggio* come direttore. Ha dato vita all'Associazione Risorse – Progetti & Valorizzazione, che ha creato appositamente per realizzare progetti culturali e di rivalutazione come anche il *Festival Internazionale dell'Ambiente e della Sostenibilità Anello Verde* e *Le Voci di Cartoonia*, il *Festival delle Sigle e del Doppiaggio dei Cartoni Animati*.

Ha lanciato e ideato il portale online www.isavona.com la città a portata di click con cui valorizza il territorio e le sue attività, uno dei progetti di promozione che propone Risorse. Ha già pubblicato *Varigotti Club, Ultima spiaggia*, il noir riscritto su un manoscritto lasciato inedito da Bruno Astori.